K 저출산의 불편한 진실

한국은 어떻게
국가적 자살을
도모하는가?

최해범 지음

타임라인

K 저출산의 불편한 진실

한국은 어떻게 국가적 자살을 도모하는가?

최해범 지음

타임라인

서문

0.78명이라는 전무후무한 한국의 초저출산 현상은 어제오늘의 일은 아니지만, 그 심각성은 해가 갈수록 더해지고 있다. 한국의 0점대 초저출산은 인류 역사가 기록된 이래 한 번도 경험해본 적이 없는 현상이다. 현재 저출산 현상이 심각해지는 세계적 추세와 비견하더라도 한국만큼 극단적인 출산율을 보이는 나라는 없다. 개도국은 물론 선진국에서조차 이런 현상은 찾아볼 수 없다. 우리보다 먼저 저출산 현상을 맞이한 일본과는 이제 두 배 가까운 출산율 격차를 보이고 있다.

인구학자 데이비드 콜먼 옥스퍼드 명예교수는 이미 17년 전부터 한국의 저출산이 현재처럼 지속된다면, 지구 위에서 사라지는 '1호 인구소멸국가'가 될 것이라고 경고했다. 그는 한국이 저출산 문제를 극복할 수 있는 해법이 있냐는 질문에 "답을 알았으면 노벨상을 받았을 것"이라며 확실한 해답을 내놓지 않았지만, 그 방향에 대해서는 여러 가지로 언급했다. 그는 경제적 지원만으로는 부족하고 문화를 바꿔야 한다고 하며 저조한 비혼 출산, 가부장적인 사회문화 등을 개선해야 한다고 조언했다. 여기에 노동의 유연성과 안정성, 일과 삶의 균형, 사교육 억제 등을 저출산 문제에 대한 해법으로 제시했다.

사실, 그가 조언하는 저출산 대책은 새로운 것도 없다. 그저 유럽 국가들의 문화와 정책을 그대로 도입하자는 것과 다름없다. 그 내용은 대체로 여성 권익 향상, 출산 복지 증진, 삶의 질 향상, 사교육 줄이기 등이다. 하지만 이런 정책들은 지금까지 한국의 언론, 사회단체들이 줄기차게 주장해 왔던 것이고, 정부가 표준 해법처럼 여기며 20년 가까이 시행해 왔던 것들이다. 그런데 그 결과는 어처구니없게도 출산율 하락의 가속화였다. 그럼에도 불구하고 이들은 고장 난 녹음기마냥 같은 내용의 대책을 반복해서 주장할 뿐, 그동안 시행했던 정책들의 실효성을 검증할 생각조차 하지 않는다.

상식적으로 간단히 생각해보자. 과거 50~60년대는 국내외를 막론하고 '베이비붐'이라는 말이 생겨날 정도로 고출산이 일반적이었다. 국내에서는 산아제한 정책이 적극적으로 도입될 만큼 출산율이 아주 높았다. 그 시절, 한국 여성의 처지는 농촌 사회의 가부장제 그늘 속에 놓여있었다. 남녀 간 진학률은 3~4배 이상 차이가 났고 복지 제도는 언감생심이었다. 삶의 질은 형편없었다. 그럼에도 불구하고 출산율의 고공행진은 계속되었다.

현시대를 살펴보더라도 그렇다. 세계적으로 출산율이 가장 높은 나라들은 어디인가? 사하라 이남 아프리카 국가들이다. 그 지역의 합계 출산율은 무려 4.7명이다. 현행 인구 규모를 유지할 수 없는 유럽의 출산율(1.3명~1.8명대)과는 비교조차 되지 않는다. 빈곤에 허덕이는 그 나라들이 저출산에 골머리를 앓는 유럽이나 선진국과 비교해 과연 여성의 처지와 복지, 삶의 질을 논할 수 있겠는가?

같은 문화권으로 볼 수 있는 나라들과도 비교해보자. 아라비아반도

동남단 끝에 예멘이 있다. 이 나라는 이슬람 국가로서 사우디아라비아와 붙어있다. 예멘은 내전과 정치부패로 인해 국민의 38%가 절대빈곤에 처해있고, 실업률이 30% 이상인 최빈곤 국가다. 1인당 GDP는 북한보다도 낮은 500달러 수준이다. 여성들은 악명 높은 샤리아 법으로 인해 제대로 교육조차 받지 못하고 있다. 그런데 이 나라의 출산율은 4명대에 육박한다. 반면 같은 이슬람국가로서 국경을 마주하며 1인당 GDP가 예멘의 50배에 육박하는 사우디아라비아의 출산율은 그 절반에 가까운 2.4명대에 불과하다.

더 극적인 것은 아라비아반도 북반부에 붙어있는 카타르와 UAE(아랍에미리트)다. 이들 나라의 국민은 인류가 경험할 수 있는 최고 수준의 복지를 누린다. 카타르의 국민은 세금을 한 푼도 안 내고, 매월 500만 원 이상의 기본소득을 지원받는다. 의료부터 수도, 전기까지 전부 무상이다. 교육도 무상이다. 대학원은 물론 유학할 경우 해외 유학비까지 전액 지원된다. 아이가 태어나면 1억 원을 축하금으로 지원하고, 출산 여성에게도 230만 원 정도를 평생 지급한다. 결혼하면 주택도 무상으로 공급받는다. 그런데도 이 나라의 출산율은 이슬람국가 중에서도 낮은 편인 1.8명대에 불과하다. UAE도 비슷한 복지제도를 운영하고 있는데, 2020년 기준으로 출산율이 1.46명으로 떨어져 이슬람 문화권에서 가장 낮은 출산율을 보이고 있다.

이렇듯 과거의 한 시점이나 동시대 다른 나라들과 비교하더라도, 삶의 질 측면에서 보면 여성 권익이 향상되거나 복지가 발달한다고 해서 출산율이 높아진다는 것은 미신에 가까운 믿음일 뿐이다. 오히려 여권

(女權)이 미약하거나 빈곤 국가일수록 출산율이 높아지는 것이 더 일반적인 경향이다.

그렇다면 정책 당국과 지식인들이 출산율 제고의 방안으로 주입해왔던 여권신장(女權伸張)과 복지 확대 등은 사실상 출산율 역행 정책이거나, 적어도 출산율을 끌어올리는 것과는 전혀 상관이 없었다는 셈이다. 물론 남녀평등이라든가 국민 복지 향상은 어떤 정책을 위한 수단이라기보다는 그 자체로 인본주의적 가치로서 민주주의 정부라면 추구해야 마땅할 정책인 것만은 분명하다. 그렇더라도 그것은 우리 사회와 경제가 수용할 수 있는 범위 내에 있어야 한다.

한국의 초저출산 문제가 심각한 사회 현상으로 떠오르면서 페미니즘 정책과 복지 증진이 그 해결 수단처럼 제시되다 보니, 이른바 묻지마식 포퓰리즘 정책들이 무차별적으로 시행되었다. 그 결과 국가 재정은 탕진되고 사회적 갈등은 폭증했으며 출산율은 곤두박질쳤다.

21세기 한국 사회에서 가부장제 타령을 하고 있는 일부 여성단체나 지식인들의 언행을 보노라면, 마치 한국이 독립된 지 70년 가까이 지났음에도 반일을 외치며 쉐도우 독립운동을 하고, 민주화된 지 40년이 다 되어 가는데 민주 투사로 빙의하여 50대에 민주대학생 노릇을 하는 자들을 연상케 한다. 사실 그들의 행태도 유사하다. 피해자들을 명분 삼아 각종 이권과 기득권을 챙겨가는 몰염치한 행각이 그렇다.

얼마 전 전북 새만금에서 열린 세계잼버리 행사가 경악할만한 부실과 파행으로 치러지면서 1천억 원대 잼버리 예산의 행방이 주목받았다. 전체 사업비 중 무려 74%를 차지하는 869억 원이 조직위원회 운영비로 사용되었으며, 고작 나머지 금액 235억 원이 상하수도 처리시설과 야영장 시설 조성비 등의 인프라 건설에 투입되었다고 한다. 그나마도 부실투성이었다. 이런 행태는 아마 여성계에서 일상적으로 일어나는 일일 것이다. 여성의 취업이나 지원 등을 이유로 막대한 예산을 타서 단체의 운영비로 쓴다거나, 저출산을 빌미로 철밥통 공공기관을 만들어 왔을 뿐이다.

몇 년 전부터 한국에서 불기 시작한 페미니즘 준동은 한국 사회 현실에서 뜬금없는 일이기도 하다. 유엔개발계획(UNDP)에서 매년 발표하는 성불평등 지수에서 보면 한국은 아시아 1위, 전 세계 10위 국가로서 다른 나라와 비견도 할 수 없을 만큼 여성의 사회적 지위가 높은 나라다. 2018년도 조사에서는 독일, 프랑스 등 서유럽 국가보다도 순위가 높았다. 한국에서 여성의 대학 진학률은 남성보다 더 높아졌으며 취업률에 있어서도 차이가 거의 없다. 그러면서도 과거 가부장제의 반대급부라고도 할 수 있는 가정에서의 경제권은 여전히 여성에게 있다. 또 결혼할 때 남자가 짊어지는 경제적 부담은 통상 여자의 몇 배에 달한다.

그럼에도 불구하고 여성계는 여성을 사회적 약자, 피해자로 프레임에 가두어 할당제와 같은 사회적 배려와 지원을 끊임없이 요구하였고, 정책 당국은 이에 적극 응했다. 심지어 공공 주차 시설마저 여성 전용으로 만들어 장애인과 비슷한 자리에 배치해 놓았을 정도로 여성 배려는 엽기적 수준으로 치달았다.

페미니즘 정책과 포퓰리즘은 문재인 정부 때 그 정점을 찍었다. 문재인은 스스로 페미니스트 대통령임을 자부했다. 정부의 '저출산고령화위원회'는 아예 '저출산 극복'이라는 목표를 포기하고, 대신 '성평등'과 '삶의 질 향상'을 새로운 정책 목표로 삼았다. 저출산 문제 해결을 위해 설립된 조직이 존립 명분마저 스스로 내팽개치는 실로 어처구니없는 사태가 아닐 수 없었다. 그런데 문재인이 집권했던 시기는 혼인율이 역대 기간 중 가장 저조했고, 그에 따라 출산율 또한 가장 급격하게 내려앉아 사상 초유의 0점대로 주저앉은 기간이기도 했다.

저출산 문제를 극복하기 위한 표준적 해법은 여성 정책과 복지 포퓰리즘에만 국한된 것은 아니다. 고용 안정, 주택 가격, 경제 성장 등 경제적 측면에서 저출산 문제의 원인을 찾는 경우도 많다. 이 문제들은 한국 사회가 꾸준히 해결해야 할 과제임에는 분명하겠지만 저출산 문제와 직접적 관련성은 없다.

앞으로 자세히 살펴보겠지만, 지금까지 정부나 언론, 지식인들과 전문가 등 우리 사회 엘리트들이 저출산 문제의 해법이라며 내놓았던 처방들은 사실상 사기에 가까웠다. 그들은 왜 자꾸 틀린 답을 고집하는가? 문제의 본질에 다가서는 올바른 해법보다는 누구에게도 욕먹지 않은 안전한 주장에 관심을 갖기 때문이다. 그래야만 엘리트들 자신들의 지위가 위태롭지 않을 테니 말이다.

이 책은 그동안 저출산 문제에 대한 지배적 담론과 정책에 대해 전면적인 수정을 요구하기 위해 쓰였다. 그렇다고 해서 기존에 전혀 들어 본 적이 없는 얘기를 하겠다는 것이 아니다. 오히려 대중들의 통념에 가까운 내용들이 이 책에 많이 들어가 있을 것이다. 우리 사회의 엘리트들에게 배척된 그 '통념'이다.

이쯤에서 잠시 '통념'에 대해 생각해보자. 대중들의 통념은 개인의 경험과 직관들의 총합으로 이루어지는 경우가 대부분이다. 통념 그 자체는 때론 맞기도 하고, 때론 틀리기도 한다. 인간의 직관적 경험이 미치지 못하는 현대 과학 분야에 들어서면 대중의 통념은 여지없이 무너지는 경우가 많다. 예컨대 천동설이라든가 지구 평면설 같은 것이다. 지극히 작은 인간이 볼 때, 저 아득히 드넓은 평야와 지평선이 끝없이 펼쳐지는 해양이 둥근 원형 지각의 한 조각뿐이라는 사실을 감각적으로 깨닫기 어렵다. 엄청난 크기의 지각과 바다가 태양 주위를 돈다는 사실 또한 인간 개인 경험의 범위를 뛰어넘는다. 통념이 지니는 한계는 이처럼 명확하다. 그 한계를 넘어서기 위해서는 고도의 이성적 사고가 필요하고, 그런 사고를 위해서는 지식의 습득이 필수적이다. 이런 토대 위에서 과학 문명은 발전하였다.

그러나 지식 습득이 곧 진리의 발견으로 이어진다는 보장은 없다. 지식은 본질적으로 관념적이며 고도화된 관념은 현실 생활과 유리되기 십상이다. 조선시대의 성리학, 중세시대의 사변적 철학, 파시즘, 나치즘, 공산주의 등 각종 사상과 이념 등을 보면 고도로 훈련된 지식 집단이라 할지라도 현실과 동떨어진 어처구니없는 행태들을 보이는 경우도 많다.

필자가 운동권 대학생 시절이던 당시의 분위기는 북한 현실에 대해 비판하는 말을 하면 반공이데올로기에 세뇌된 우매한 자로 치부하는 경향이 있었다. 필자는 주사파라는 정파에 소속된 운동권이 아니었음에도 북한에 대한 비판은 다소 거북한 느낌이 들었다. 좌파 지식인들이 쓴 해방전후사나, 사회주의 사상 서적을 읽으면서 개안(開眼)을 했다는 얄팍한 의식도 있는 데다가, 독재 정권이 반공을 빌미로 민주화 운동을 탄압한다는 이유 때문이었을 것이다.

그런데 국민 대다수 관점에서 본다면 무자비한 일인 독재 체제하의 북한, 더욱이 남침을 자행했던 북한 정권을 긍정적으로 보는 사람이야말로 미친놈이었다. 이것이 대중들의 통념이었다. 반면 운동권과 좌파 지식인들은 그들을 '무지한 대중'으로 생각하고 되레 비웃으며 의식화(교화)의 대상으로만 바라볼 뿐이었다. 자 보자, 과연 누가 과연 무지하고 어리석고 교화되어야 할 대상인가?

현재 한국 사회의 저출산 원인에 대해 대중들이 갖는 통념은 여자가 남자에게 요구하는 경제력이 너무 과도하고(즉, 눈이 너무 높고) 경제적으로 아쉬울 게 없어졌기 때문에 혼인을 미루다가 비혼이 되면서 출산율이 저하되고 있다는 것이다. 이는 현실에서 느끼는 솔직한 감각이며, 사실에 정확히 부합하는 내용이다. 그럴 수밖에 없는 게, 혼인과 출산은 대중들의 생활과 긴밀히 얽힌 사안이기 때문이다.

한국의 엘리트들은 바로 이러한 통념에 대해서는 애써 눈감는다. 그 대신 거창해 보이는 각종 사회 제도적 문제를 들먹이며 고준담론하기 일쑤다. 자칫 대중들의 통념을 얘기했다가는 여성계나 언론으로부터 갖은 비난을 당할 우려가 있기 때문에 일부러 외면하는 것인지는 모르겠다. 어쨌든 현재 저출산에 대한 담론을 주도하며 엉뚱한 해법을 내놓는 한국의 엘리트들은 대중의 통념적 진실을 외면하는 80년대 운동권의 오만하고 위선적인 습성과 빼닮았다. 벌거벗은 임금님 모습을 보지 못하는 위선적인 어른의 눈길과도 흡사하다.

2022년도 여성가족부 폐지 공약을 내걸었던 윤석열 후보는 청년 남성들의 절대적 지지를 받으며 대통령에 당선되었다. 문재인 정부와는 전혀 다른 정책 방향을 예고한 셈이다.

그러나 여가부 폐지 공약은 국회 의석 절대다수를 차지하는 야당의 반대가 명확해 추진하지 못하고 있고, 저출산위원회도 저출산 문제에 대해 뚜렷한 비전을 제시하지 못한 채 표류하고 있는 상태다. 이 점에 대해서 많은 비판을 받고 있지만 과거 저출산위원회의 정책을 답습할 바에야 차라리 아무런 일을 하지 않는 것이 낫다는 생각이다. 그동안 저출산위원회는 여성 우대와 보육 지원, 각종 출산 지원과 복지 정책을 중구난방 식으로 집행해왔고, 거기에 십수 년간 수백조 원에 달하는 막대한 재정이 투입되었다. 그럼에도 불구하고 출산율 반등은커녕 출산율 하락폭은 더 커져만 갔다. 이제야 정부는 저출산 문제가 돈을 푸는 지원 정책으로 해소될 성질의 것이 아님을 어렴풋이 깨달은 듯하다. 그렇다고 해서 현 정부의 정책 방향이 새롭게 설정된 것도 아니다. 문제의 본질을 모르면 새로운 해법이 제시될 수 없기 때문이다. 이런 까닭에 저출산위원회가 개점휴업 상태에 놓인 것은 당연한 일이다.

필자가 우려하는 것은 관성의 힘이다. 이미 1980년대에 2명 이하로 출산율이 떨어졌고 1987년도에는 1.53명으로 곤두박질치고 있었음에도 산아제한 정책은 그로부터 무려 10여 년간 지속되었다. 1996년에 이르러서야 정부는 공식적으로 산아제한 정책을 폐지했다. 정부 정책의 관성력이 얼마나 위력적인지 실감 가는 대목이다. 기존 정책의 문제점을 인식하고 있더라도, 새로운 방향타가 설정되지 않을 때 결국 관성대로 흘러가게 되어 있다. 이제라도 기존의 저출산 정책은 전면적으로 수정되고, 새로운 관점으로 재정립 되어야 한다.

과거와는 분명히 구별되는 새로운 저출산 정책 방향 설정에 작은 도움이라도 되기를 기대하며 부족한 책을 내놓는다.

서문

| 목차 |

3장. 현상을 분석하기 위한 인식론적 태도

4장. 저출산에 대한 엉터리 처방들

5장. 유명 인구학자의 허무한 진단

6장. 저출산 현상의 진짜 이유

7장. K 저출산의 사회문화적 배경과 그 현실

8장. 저출산의 독극물 페미니즘

9장. 남성성의 가치; 남자는 무엇으로 사는가?

10장. 저출산고령화 사회를 극복하기 위한 첫걸음

1장

한국의 초저출산과
예고된 재앙

1. 저출산의 풍경

　1984년 1.74명을 기록한 이래 합계출산율은 30년간 가까이 내리 추락하다가, 급기야 2018년 0.98을 기록했다. 세계에서 첫 0명대 출산율이지만, 그 기록은 매년 경신 중이다. 2022년 한국의 합계출산율은 0.78명까지 떨어졌다.

　통계청은 5년마다 50년 단위의 장래 인구 추이 보고서를 발간했다. 2016년에 [장래인구추계(2015~2065)]를 발표했으니, 예정대로라면 2021년에 보고서가 나왔어야 했지만, 갑자기 시기를 3년 앞당겨 2018년에 '장래인구특별추계'라는 이름으로 [2017~2067의 장래인구추계] 보고서를 제출했다. 앞서 발표했던 인구추계가 급격한 출산율 저하를 반영하지 못했던 탓이다. 불과 몇 년 전까지만 하더라도 전혀 예상하지 못할 만큼 최근의 출산율 저하 양상은 심각하다.

　저출산이 초래할 우리 사회의 미래는 그야말로 전대미문의 재앙으로 귀결될 것임은 분명하다. 사회적 피해 영향만 보자면 지진이나 전쟁 같은 재앙을 능가할지도 모른다. 그런 대규모의 재해로 인해 엄청난 인명이 희생되고 기반 시설이 무너졌다고 하더라도, 십수 년 후를 내다보면 회복될 것이라는 희망이라도 가질 수 있다. 그러나 이런 인구 붕괴는 사회적으로 복구될 수 있다는 기약조차 난망하다. 인류 역사상 이런 인구 붕괴는 경험한 적이 없다.

　페스트와 같은 전염병이 초래한 인구급감의 예를 찾아볼 수 있겠지만, 그 당시의 인구 붕괴는 전 연령대를 막론한 인구감소였으며, 노인에 대한 사회적 부양 개념도 없을 때였다. 세계 대전으로 유럽은 젊은 남성 한 세대 전체가 삭제되는 비극을 겪기도 했지만, 전쟁 직후 베이비붐으로 오히려 인구는 급증하였다.

반면 현재 한국에서 진행되고 있는 인구문제는 노인 인구가 생산연령을 압도하는 가분수형 인구 구조상의 문제다. 그것이 초래할 폐해는 우리 사회가 감당할 수 있는 범위를 넘어설 것이다. 오죽하면 장병완 전 기획처 장관이 "저출산은 핵폭탄보다 더 무서운 문제"라고 했을까. 저러한 발언이 나온 것도 이미 15년 전 얘기다. 2007년 그 당시의 합계출산율은 1.26명이었다.

일찍이 저출산 고령화를 맞이했던 서구 선진국들도 출산율을 올리기 위해 안간힘을 쓰고 있지만, 합계출산율 2명을 넘기는 곳은 거의 없다. 그래도 한국보다는 사정이 훨씬 낫다. 유럽 대부분 국가들은 1.5명 전후로 유지되고 있을 뿐만 아니라, 연금 제도가 오랜 기간 동안 정착되어 고령화 사회에 대한 대비가 훨씬 잘 되어 있기 때문이다.

UN은 인구에서 65세 이상 노인이 차지하는 비중이 7% 이상이면 고령화 사회, 14% 이상일 때 고령 사회, 20% 이상이면 초고령 사회로 구분한다. 서구 주요 국가들은 고령화가 진행된 속도도 훨씬 완만했다. 미국, 프랑스 등의 국가들은 고령화 사회에서 초고령 사회로 진입하는 기간이 100년 안팎이었다. 가파르게 고령화 사회로 진입했던 일본은 36년이 소요되었다. 그러나 한국은 2000년에 고령 사회에 진입한 이래, 불과 26년 만인 2026년에 초고령 사회로 진입한다. 이런 속도로 초고령 사회로 진입한 경우는 세계에서 유례가 없다. 그뿐만 아니다. 앞으로 30년 후면 인류사에서 찾아볼 수 없는 세계 최고령 국가로 등극할 전망이다.

[그림 1] 인구 피라미드, 1960~2070년

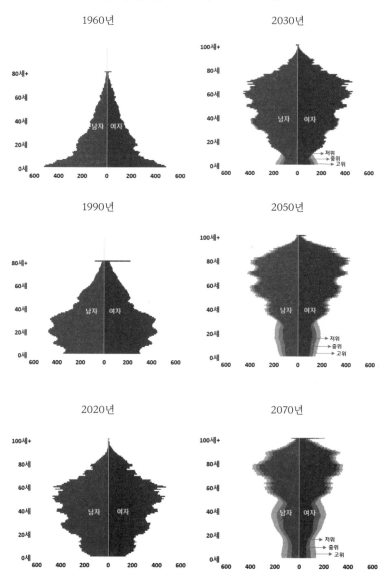

자료: 통계청(2021)

2021년 통계청에서 발표한 장래인구추계를 보면 한국 사회의 50년 후 미래는 인구적 재앙이라는 말 외에는 다른 표현을 찾아볼 수 없을 것이다. 2020년 기준으로 생산연령 인구(15~64세)는 3,738만 명이지만, 앞으로 18년 후인 2040년이면 2,852만 명이 될 것으로 추산된다. 약 1천만 명이 줄어드는 셈이다. 그 후에도 계속 줄어 30년 뒤인 2070년에는 1,730만 명으로까지 감소한다. 이때 총인구는 3,153만 명으로 1969년 인구 수준이 된다.

2. 초고령화 사회의 그림자

인구가 줄어드는 것보다 더 심각한 문제는 고령화에 따른 인구 구조 문제다. 우선 표1에 나와 있는 인구 피라미드를 보자. 30년 전 1990년도 피라미드 모양은 중하층이 비교적 두터운 인구 구조였지만, 앞으로 30년 후인 2050년은 완전한 역삼각형 인구 구조가 되어 버린다. 급기야 2070년에는 전체 인구가 쪼그라드는 가운데 여전히 역삼각형 모양을 하고 있다. 이것은 곧 부양해야 할 노인 인구가 기하급수적으로 늘어난다는 것을 의미한다. 2040년의 한국 사회 중위 연령은 55세에 달한다. 55살이면 웬만한 회사의 정년퇴직 나이다.

2020년 기준 생산연령인구 1백 명당 부양해야 할 노인 인구는 22명이지만, 2050년이면 80명에 달한다. 여기에 유소년 부양비를 합친다면 생산인구 1명이 다른 1명을 부양해야 한다. 65세 노인 인구가 늘어나는 것에만 그치는 것이 아니다. 수명도 함께 늘어난다. 2020년 한국의 평균 기대수명은 83세다. 앞으로도 그 수명은 더 연장되어 2060년

즈음에는 90세로 예상하고 있다.

특히 앞으로 급증할 75세 이상 후기 고령자의 인구 폭발로 인해 의료비 문제는 더욱 심각해질 전망이다. 1인이 평생 지출하는 의료비의 절반이 바로 70세가 넘어 발생한다. 이런 인구가 2020년 350만 명에서 2050년 1,200만 명으로 증가한다. 심지어 그때쯤이면 85세 이상 인구는 500만 명이 되어, 14세 이하 유소년의 인구 400만 명을 훨씬 초과한다.

이렇듯 한국 사회가 급속도로 노화가 되면 건강보험 제도가 지속될지도 의문이다. 현재 전체 인구의 약 15%를 차지하고 있는 노인 인구는 전체 건강보험 진료비의 41%를 차지한다. 65세 이하 연령에 비해 4배 가까이 쓰는 셈이다. 국회 예산정책처는 2030년 건강보험 지출을 160조 원이 될 것으로 전망했다. 10년 만에 보험료 지출이 두 배로 뛰게 된다. 그러나 생산인구가 절반으로 뚝 떨어지는 2050년이 되면 이런 건강보험료 지출을 감당할 수 있을까? 2050년 후에는 건강보험료가 20%를 훨씬 웃돌 것으로 예측해도 무리는 아니다.

국민연금의 경우 사정은 더 심각하다. 현재의 1명 이하 출산율이 지속될 경우 국민연금 적립금은 2039년이면 적자로 돌아서기 시작하여, 2055년에는 기금이 소진된다. 이후에는 건강보험처럼 부과식으로 전환될 수밖에 없다. 현재 국민연금 보험료율은 9%지만, 기금이 고갈된 시점에서 같은 연금 혜택을 유지하기 위해선 25%까지 치솟게 된다. 이건 세대 간 불공평을 넘어 착취에 가깝다. 현행 사회보험 체계가 큰 변화 없이 유지된다면 2050년 이후에는 지역가입자의 경우 소득의 약 절반을 사회보험료로 지출해야 한다. 급여생활자는 그 절반인 25% 수준이겠지만, 사회보험료의 절반을 부담해야 할 고용주 입장에서는 여간 부담스럽지 않을 것이다. 그러나 이것도 소득세를 제외한 금액이다.

세금으로 충당해야 할 복지 재정도 큰 문제다. 대표적으로 기초노령연금이 있지만, 향후 초고령화 사회에 도달했을 때 재정 부담은 기하급수적으로 늘어날 것은 명약관화하다. 복지 재정은 기초연금에만 국한되지 않는다. 건강보험, 공무원 연금 등 공적 보험에 대한 세제 지원 등을 비롯해 근 10여 년간 저출산 대책으로 마련된 각종 복지 프로그램 지원비를 포함하면 복지에 투입되는 재정은 매년 증가일로다. 국회예산정책처가 추계한 바에 따르면, 현재의 국가부채 비율을 유지하는 것으로 가정한 상태에서 2020년 기준 생산인구 1인당 조세 부담액은 1,034만 원이지만, 2040년에는 3,024만 원에 달하게 된다. 20년만에 무려 세 배를 부담해야 한다. 이것도 20년 동안 연평균 2%의 비현실적인 경제성장률을 가정한 낙관적인 시나리오다. 2021년 OECD가 발표한 보고서에서는 2030~2060년 한국의 잠재성장률이 0.8%가될 것으로 내다봤다. OECD 38개국 중에서 최하위다. 성장률이 이렇게 떨어지면 그만큼의 세금을 더 걷거나 국가부채를 늘려야 한다.

3. 지방소멸

출산율 저하가 가져올 재앙적 결과는 재정에만 그치는 것이 아니다. 사회 전반에 걸쳐 심각한 불균형이 야기되면서 갖가지 사회, 경제적 충격이 쓰나미처럼 닥칠 것이다. 2021년 감사원이 발간한 '저출산 고령화 감사 결과 보고서'에 담긴 미래 한국 사회는 살풍경 그 자체다. 우선 지방소멸이다. 이미 2017년 229개 시·군·구 중 83개가 소멸위험지역이다. 앞으로 25년 후인 2047년에는 모든 시·군·구로 확대되고, 이 중 고위험지역이 157개 달한다. 전체 시·군·구의 68%가 소멸고위험지역이 된다. 그 후 20년이 지나면 사실상 전 국토의 94%가 소멸 고위험지역이 된다. 수도 서울도 예외는 아니다. 2047년엔 종로·성동·중랑·은평·서초·강서·송파 등 23개 구가 소멸 위험단계에 진입하며, 2067년엔 노원·금천·종로 등 15개 구가 소멸 고위험 단계에 들어갈 것으로 예측됐다. 국가 소멸이라는 말이 더 이상 과장이 아닌 사회인 것이다.

[그림 2] 시·군·구별 장래 소멸위험지역

	2017년	2047년	2067년	2117년
소멸 고위험	12곳(5.2%)	157곳(68.6%)	216곳(94.3%)	221곳(96.5%)
소멸 위험 진입	71곳(31.0%)	72곳(31.4%)	13곳(5.7%)	8곳(3.5%)

자료: 감사원

4. 교육기관 축소, 경쟁력 후퇴, 안보 위기

인구 충격을 가장 먼저 체감할 곳은 교육기관일 것이다. 저출산으로 인한 학생 수 급감의 영향은 쓰나미처럼 학교에 들이닥치고 있다. 2011년만 하더라도 유초중등 학생 수는 760만 명이었지만 3년 후 700만 명으로 줄어들었고, 그 뒤 10년 후 600만 명대로 붕괴했다. 불과 10년 만에 100만 명 이상 감소한 것이다. 당연히 대학 신입생 충원율도 매년 하락한다. 지난 10년 동안 대학 입학자는 3만 명 이상이 감소했고, 이 추세는 더욱 가팔라질 것이다.

1969년 이래 전국의 3,832개의 초중고교가 폐교했다. 주로 지방에 있는 학교들이었다. 앞으로는 대도시 지역이 바통을 이어받아 줄줄이 폐교될 것이다. 2020년도 학령인구는 대략 50만 명에 대학 진학 인원은 47만 명이었다. 현재 정원은 48만 명으로 대학 입학 정원의 역전 현상이 발생하기 시작했다. 사실상 그 이전부터 지방 대학은 50% 이상 정원을 채우지 못한 곳도 많았다. 지금도 국내 취업을 위해 유학생 명분으로 대학에 이름만 걸어놓고 다니는 해외 학생들이 태반이다. 2024년 대학 정원 미달 규모는 12만 명 정도로 추산된다. 단순 대입하면 전국 대학의 25%가 학생 수를 채우지 못해 파산해야 할 처지에 놓여있다. 앞으로 그 숫자는 매년 늘어나 파산, 합병, 폐교 등이 연쇄적으로 일어날 것은 너무나 자명하다.

2021년 서울대 사회발전연구소와 보건사회연구원이 함께 발표한 보고서에 따르면 2042~2046년 사이에 국내 대학(전문대 포함) 385곳

중 절반이 신입생 부족으로 사라질 것으로 전망했다. 특히 수도권에서 멀리 떨어진 지역일수록 대학의 생존율은 극히 낮아져서, 부산은 23개 대학 중 16개가 사라지고, 울산은 5곳 중 4곳이 없어진다. 경남, 강원, 경북, 전북, 전남 등 다른 지방도 사정은 다를 바 없다. 누군가의 표현대로, '벚꽃 피는 순서대로 망한다'라는 말이 현실이 되고 있다.

문을 닫는 대학이 이렇게 많아지는 것 자체가 문제는 아니다. 그동안 한국 사회는 지나치게 만연한 학력주의로 인해 어떻게 보면 고학력자의 과잉 배출이 사회적 역작용이었다. 고학력 청년 실업자는 넘치는데 반해 고학력이 요구되지 않는 업종은 만성적인 인력난에 시달리는 문제를 안고 있다. 그러나 베이비붐 시대에 한 해에 90만~100만 명에 육박했던 청년 인구가 향후 20만 명대로 대폭 줄어든다면 과연 세계 10대 경제 대국인 한국의 산업 규모에서 요구되는 인재가 제대로 육성될지는 의문이다. 무엇보다 핵심 생산인구(25~49세)가 빠르게 감소함으로써 제조업을 비롯한 산업현장의 경쟁력은 하락할 가능성이 너무 높다.

안보를 책임지는 병력 자원의 문제도 앞으로 더욱 심각해질 것이다. 2038년이 되면 현역 자원이 부족한 사태를 맞이하게 된다. 현재 군 간부를 포함한 상비 병력은 50만 명을 유지하고 있는데, 앞으로 이 규모를 유지하는 건 불가능할 것이다. 안보 역량이 심대하게 흔들리지 않을 수 없다. 부족한 병력은 민간인들로 채워져야 할 텐데 그만큼 국방비 부담은 급증할 것이고, 가뜩이나 복지 지출이 급증하는 재정 상황은 더욱 압박받게 될 것이다.

5. 간병 위기

 교육기관 축소와 병력 자원의 부족, 생산인구 감소가 저출산에서 비롯된 문제라면, 초고령화로 인해 야기될 가장 큰 문제는 치매 등으로 인한 간병의 위기일 것이다. 지금 한국은 세계 최저의 출산율과 동시에 가장 빠른 고령화 속도를 보이고 있다. 65세 이상 고령인구는 연평균 4.4%씩 증가한다. 초고령인구의 증가도 폭발적이다. 치매 발병율이 급증하기 시작하는 75세 이상 인구는 2020년 기준 전체 인구 중에 6.8%지만, 2050년이면 25%에 육박한다. 다시 말해 75세 이상 초고령인구는 350만 명에서 1,200만 명이 되는 것이다. 현재 노인 치매 인구는 대략 85만 명으로 추산되는 데, 발병률(75세 이상 25%)을 대입하면 대략 300만 명의 치매 인구가 발생한다고 볼 수 있다. 이런 환자를 간병해야 할 노동력은 저출산 한국 사회 내에서 충원이 불가능하다. 간병의 특성상 돌봄 노동이 자동화로 해결될 전망은 요원하다. 결국 이민자 확대 외에는 다른 방법이 없을 것이다. 지금까지 간병 일을 주로 맡았던 인력 중에는 조선족이 많았다. 언어와 문화 동질성이 가장 큰 장점이었다. 그러나 근로조건이 더욱 좋은 다른 일자리들이 많다 보니, 조선족들도 간병 일을 기피하고 있어, 최근 간병인 구인난이 심화되고 있는 상황이다. 결국 앞으로는 피부색이 짙은 다른 외국인력으로 충원될 수밖에 없을 것이다. 그러나 뒤에 좀 더 살펴보겠지만, 직업과 사회적 위치에 따른 위계의식이 강한 한국 사회 특성상 이러한 외국 노동자들은 사회적 냉대와 무시, 차별을 겪으며 사회적 갈등의 뇌관으로 작동할 가능성이 높다.

6. 가혹해지는 국제적 경제 환경

저출산 고령화 현상은 지구적 현상이기도 하다. UN은 2100년 110억 명에 도달한 이후 점차 감소세로 돌아설 것이라고 추계했지만, 이에 대한 반박 연구도 존재한다. 미국 워싱턴대학 의대 보건계량분석연구소(IHME)가 '란셋(Lancet)'지에 게재한 논문에 따르면 2064년부터 세계 인구는 줄어들 것이라고 한다. UN의 연구는 50세 이하 가임여성을 대상으로 특정 지역의 출산율을 적용한 단순 모델인 데 반해, 워싱턴대학의 연구는 이주 형태, 치사율 등 다양한 변수를 추가하여 예측의 정밀도를 높였다. 그 결과 세계 인구는 과거 예측보다 훨씬 이른 시기인 2064년부터 빠르게 인구가 감소세로 돌아서는 것으로 나타난 것이다.

실제로 현시점에서 보더라도 세계 주요국들의 출산율 감소는 과거에 비해 매우 빠른 속도로 진행되고 있다. 전통적인 다산 국가로 알려진 이슬람 국가를 비롯해 중국, 인도 등 전통적인 인구 대국들도 출산율이 십수 년째 급감하고 있다.

이처럼 저출산 고령화가 지구적 현상으로 확산된다면 세계 경제는 이런 인구 요소에 큰 영향을 받게 될 것이다. 찰스 굿하트 런던정경대 교수는 그의 저서 [인구대역전]에서 향후 인플레이션 현상이 세계 경제의 큰 흐름으로 자리 잡게 될 것으로 예측했다. 그 이유로는 다음 몇 가지가 있다.

첫째, 생산인구 감소에 따른 노동력 하락으로 인해 성장률은 회복되지 않을 것이다. 둘째, 노동력 감소로 인해 노동의 협상력이 증대함에 따라 실질임금은 오를 것이다.

셋째, 고령화에 따른 인구부양비 증가로 인해 저축률은 하락하고 금리는 인상될 것이다. 아울러 생산인구는 소비를 억제하며, 부양인구는 소비를 촉진한다. 이러한 인구 구조가 역전된다면 소비인구의 증가로 인플레이션 현상이 발생할 수밖에 없다.

넷째, 지난 30년 동안 세계화된 경제 틀 속에서 숙련된 노동력의 저임금 공급으로 지구촌 디플레이션 원천지 역할을 했던 중국의 효과가 거의 다 소진되었다. 중국 역시 급속한 저출산 고령화, 임금 인상, 이농인구의 고갈, 미국의 견제 등으로 이제 더 이상 과거의 속도로 성장을 할 수 없다. 일본이 초고령화 속에서 저금리, 디플레이션 국면이 장기화되었던 이유는 바로 중국의 저임금 노동력 등 주로 해외의 값싼 노동력을 적극적으로 활용하였기 때문이다. 이런 노동력 호황은 종말을 고하고 있다.

국제경제적 환경의 미래가 장기 인플레이션 속의 저성장 국면이라면, 수출 위주의 한국 산업이 처한 조건은 한층 어려워질 것은 분명하다. 생산성 고도화 외에 다른 방법을 찾을 수 없을 것이다. 2040년이면 한국의 중위 연령은 55세를 넘어서게 된다. 이런 정도의 고령화는 인류가 한 번도 겪어 보지 못했다. 청년 인구 절반 이상이 증발하는 이런 나라에서 과연 기술 혁신을 통한 생산성 향상이 지속될 수 있을지 의문이다.

2장

저출산 문제에 대한
정부의 인식

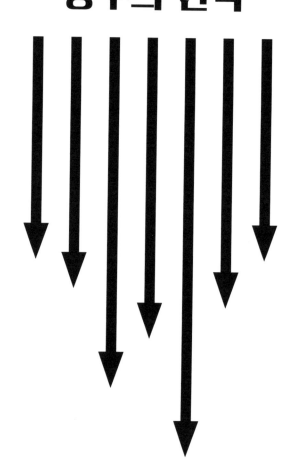

한국의 저출산 현상은 사실 80년대부터 시작되었다. 국제적으로 인구대체수준(인구 현상 유지에 필요한 출산율)은 보통 2.1명을 기준으로 삼는다. 그래서 70년대 초까지 지속된 베이비붐 시기에 강력하게 추진된 출산억제정책은 합계출산율 2.1을 목표로 했다. 그런데 한국은 이미 83년에 2명 이하로 진입하고 85년도에 1.6명대로 떨어졌는데도 출산억제정책을 관성적으로 이어 나갔던 것이다. 일본은 1989년 출산율이 1.57명이 되었을 때, '1.57쇼크'로 명명하며 정부 차원에서 본격적으로 출산 대책에 나섰는데도 말이다. 2명 이하로 출산율이 저하되기 시작한 83년을 기점으로 삼으면 한국의 저출산 현상은 대략 40년간 지속되었다고 볼 수 있다.

출산율이 1.5명으로 곤두박질친 이후에도 산아제한정책은 10여 년간 지속되다가 1996년에 이르러서야 공식적으로 폐기되었다. 그로부터 딱 10년 후 합계출산율이 1.08명대에 이르자, 그제야 정부는 저출산 문제를 국가적 과제로 삼고 2005년 '저출산고령화위원회'를 출범시키며 대책 마련에 나섰다. 정부는 일찍부터 저출산 고령화 현상에 몸살을 앓던 일본과 유럽 선진국들의 정책을 본뜬 출산 지원책을 수립했다. 내용은 다음과 같다.

1) 결혼, 출산, 양육에 대한 사회적 책임을 강화
2) 일과 가정이 양립할 수 있도록 지원
3) 아동 청소년에 대한 지원 확대
4) 청년 일자리, 주거 대책 강화
5) 성평등 정책 강화

이런 정책에 뒷받침하기 위해 저출산 관련 예산은 매해 증액되어 2021년까지 15년 동안 약 200조 원가량이 투입되었다. 0세에서 40세까지 전 세대를 아우르는 광범위한 복지정책이 저출산 대책이라는 이름으로 포장되어 엄청난 예산이 살포된 것이다. 특히 문재인 정부 들어 저출산 예산은 이전 정부와는 비교가 안 될 정도로 늘어났다.

1. 황당한 저출산고령화사회위원회의 행태

박근혜 정부 임기 5년 동안(2007~20012) 저출산 명목의 예산은 약 38조 원이었다. 이것도 이전 정부에 비해(11조 원) 3배 이상 증가한 금액이다. 그런데 문재인 정부 5년(2017~2021) 동안에 뿌려진 돈은 약 150조 원으로 무려 4배 이상 가까이 폭증했다. 2021년에는 한 해에만 43조 원이 집행되었다. 이는 1, 2차 저출산 기본계획(2006~2015) 기간이었던 10년 동안 집행된 금액 37조 원을 단 1년 만에 넘어선 규모다. 그야말로 예산 폭탄이었다. 그러나 그 결과는 0.84라는 사상 최저의 출산율로 나타났다. 과거 정부와 비교도 안 될 정도로 예산을 투입했던 문재인 정부가 출산율로는 역대급으로 가장 낮았다. 정책 효과가 나타나기는커녕 오히려 출산율 저하 현상이 더 심화된 것이다. 어찌 된 일일까?

문재인 정부의 '저출산고령화위원회'(이하 위원회)는 2018년 12월 7일 엽기적인 발상이 담긴 '저출산 고령사회 정책 로드맵'을 발표한다. 이 자리에서 '저출산·고령사회 위원회' 김상희 부위원장은 "출산 장려 정책에서 모든 세대의 삶의 질을 보장하는 것으로 정책 패러다임을 전환했다."라고 하며 "결혼과 출산하더라도 퇴직하고 나이 들더라도 삶의 질 떨어지지 않고 희망을 가질 수 있도록 하는 데 방점을 뒀다."라고 말했다.[1] 합계출산율 1.5 등의 수치화된 목표는 개개인의 선택을 존중하지 않는 국가 주도의 출산 장려 정책이라는 관점에서 수정되어야 한다는 설명이 뒤따랐다. 말하자면 수치화된 출산율 목표를 아예 버리고, 국민의 삶의 질을 높이겠다는 추상적 의지를 표명하는 것으로 정책 목표를 대체한 것이다. 이런 '패러다임의 전환'으로 새롭게 밝힌 정책 로드맵은 '모든 세대가 함께 행복한 지속가능사회'라는 비전 아래 △삶의 질 향상 △성평등 구현 △인구변화 적극 대비를 목표로 설정했다. 급기야 위원회는 2021년 3월, '중앙행정부처 및 지방자치단체 저출산·고령사회 시행계획'으로 80조 원을 투입해 아동, 청년, 신중년, 노년까지 아우르는 대책을 발표하기에 이르렀다.

이쯤 되면 '저출산고령화위원회'가 마치 또 하나의 정부인 듯한 착각마저 들 정도다. '전 세대에 걸친 삶의 질 향상'이라는 정책은 국민을 책임지는 정부라면 기본적으로 갖고 있는 헌법적 책무이지, 일개 정부 산하 위원회에서 목표로 삼을 과제인가? 이렇듯 광범위하고 모호한 목표를 두다 보니, 귀에 걸면 귀걸이, 코에 걸면 코걸이 식으로 자의적인 성격의 정책이 시행되기 일쑤였다. 출산율은 0점대로 계속 곤두박질치는데, 출산율 자체에 대해 신경 쓰지 않는다는 식으로 '패러다임'을 전환했으니 아무런 책임 의식도 없는 것이었다. 되레 예산을 더욱 증액하여 사업을 늘려나갔다. 심지어 "출산보다 낙태할 권리에 더 관

---

1) [정부, 출산율 버리고 성평등 택했다], 여성신문(2018.12.10)

심이 많다"라고 말하는 20대 여성이 수십조 원의 예산을 기획하는 '저출산고령화위원회' 위원으로 임명되기까지 했다. 페미니스트를 자처하는 그 위원의 발언은 갈수록 점입가경이다.

"우리는 국가에 동원되기 위해 태어나고 살아가는 게 아닌데, 국가 시스템을 유지하기 위해 출산해야 하나 싶어 화가 난다.... 저출산위원회가 출산 지표를 위한 조직일까. 정말 애를 낳아야 하고 안 그러면 나라가 망하는 것인지, 경제활동인구가 정말 중요한 것인지 근본적인 질문을 해봐야 하는 게 아닌가 싶다."

저출산위원회의 황당한 인물은 이 사람만이 아니다. 한겨레경제연구소 출신 이원재 위원은 '저출산이 축복'이라는 지론을 펼치는 사람이다. 그는 페이스북에서 다음과 같이 말했다. "최소한 향후 30년은, 저출산이 오히려 축복일 수 있다. 출산율을 높이자고 국가가 목표를 설정하고 개인을 윽박지르는 일은 이제 그쳐도 된다. 출산율의 급격한 제고는 가능하지도 바람직하지도 않다."

저출산 문제에 대해 국가가 개입해서는 안 된다는 시각을 갖고 있고, 저출산이 왜 문제냐는 반론을 제기하는 사람들이 저출산 위원으로 활동하고 있었던 것이다. 출산은 개인의 선택권이기 때문에 국가가 개입해서 안 된다는 발상이라면, 도대체 저출산위원회가 왜 존재해야 하고, 왜 본인들은 그 자리에서 활동하는가? 더 나아가 저출산 정책의 패러다임을 전환한다며 그들이 새로 과제로 설정한 '삶의 질 향상', '워라벨', '성평등'과 같은 사안 역시 개인의 삶과 긴밀하게 연관된 것인데, 왜 그 문제에 대해서는 국가가 개입해야 하는가?

저출산고령화위원회의 이런 자가당착적이고 비상식적인 인식 속에 문재인 정부 임기인 2018년부터 2021년까지 4년간 한국의 출산율은 0점대에 머물러 세계 최저 출산율을 기록했다.

[그림 3] 세계에서 가장 낮은 합계출산율

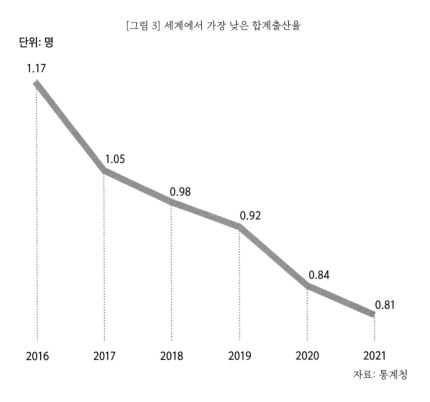

단위: 명

자료: 통계청

저출산 문제에 대한 정부의 의식

2. 정부의 저출산 원인 진단

저출산 현상이 오래 지속되었던 만큼, 그 원인에 대한 진단은 거의 표준화처럼 정립되어 있다. 내용을 종합해보자.

1) 가부장제의 잔재로 가사와 육아는 여성에게만 전담되어 여성이 출산에 대해 두려워한다. (독박육아, 독박가사)
2) 여성의 경력단절 위험에 따른 혼인 부담.
3) 육아비, 사교육비 등 자녀부양비 부담.
4) 노동환경이 가정 친화적이지 않다.(장시간 노동으로 인한 육아 시간 부족)
5) 좋은 일자리 부족, 청년 실업.
6) 과도한 수도권 집중으로 인한 경쟁 격화와 주택 가격 부담.

각 전문가들의 가치관과 관점에 따라 중요도의 차이는 있을지언정 나열된 항목은 저출산 이유로 수없이 변주되는 내용들이다. 요컨대 여성계나 복지 전문가들은 1), 2), 3) 항목을, 경제학자라면 3), 4), 5) 항목에 높은 비중을 두고 저출산 원인으로 삼을 것이다. 최근 인구 전문가 조영태 교수는 지나친 수도권 과밀에 따른 과도한 경쟁 구조가 저출산 문제의 결정적 원인으로 지목하기도 했다.

어찌되었든, 위 항목들은 저출산에 관련된 논문, 보고서, 그리고 언론이 지적한 저출산 요인 전반을 일별한 것인 만큼 언뜻 보면 자명한 사실처럼 생각된다. 지금까지 시행된 정부의 저출산 대책도 대부분 전문가와 여론의 진단에 대응한 결과였고, 무려 20년 가까이 이런 방향으로 정책을 집행했다. 그런데 정책 효과는 전무하거나 오히려 부(−)의 결과만을 양산했다. 그렇다면 그 이유는 둘 중의 하나일 것이다. 첫째, 원인 해소에 재정이나 대책이 충분히 지원되지 않았거나, 둘째, 원인 진단 그 자체가 잘못된 것이다.

첫 번째로 이유로 거론될 '지원 부족'은 우선 말이 안 된다는 것을 알수 있다. 그동안 투입된 200조 원은 다른 나라와 비교해도 결코 적은 금액도 아니거니와, 과거보다 4배 이상 증가한 예산 폭탄을 투하한 문재인 정부에서 역대 가장 낮은 출산율을 기록했다. 결국 저출산 현상에 대한 원인 진단 그 자체가 잘못되었다는 사실만이 남는다. 이 문제를 집중적으로 살펴보기 전에, 현상 분석에 대한 우리의 메타 인지를 우선 점검해보도록 하자.

3장
현상을 분석하기 위한 인식론적 태도

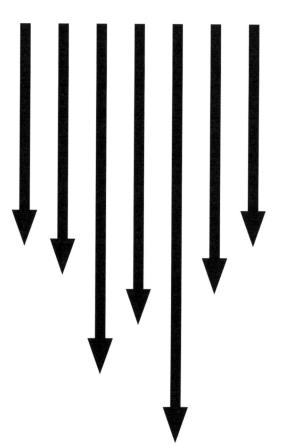

사람은 언뜻 이성적 동물인 듯 보이지만, 사실은 인간 대부분은 온갖 비이성적 발상과 미신적 사고 속에 젖어 들기 일쑤다. 예컨대 교통사고를 당했다면 안 좋은 꿈 탓으로 돌린다거나, 나에게 잘못을 저지른 누군가가 불행한 일을 겪으면 인과응보라는 생각이 들기 일쑤다. 우연히 얻은 행운에도 과거에 수행했던 어떤 긍정적 행위에 대한 보상이라고 여기는 것이 사람의 심리다. 대부분 인과관계와 무관한 일인데도 말이다. 이런 본성은 착한 일(좋은)에는 상으로, 나쁜 일에는 벌을 줘야 한다는 신상필벌, 인과응보의 도덕적 감정과 얽혀있기도 하다. 어쩌면 사회와 자연 현상을 분석하는 데까지 이런 도덕적 원칙이 스며들어갔을 것이다.

종교가 생겨난 과정도 이런 인식과 연관되어 있는 것 같다. 지진, 가뭄, 홍수 등 자연재해라는 부정적 현상을 겪으면, 그에 따르는 부정적 원인을 찾게 되어 '신의 노여움' 등을 상상하여 제사를 지내고 제물을 바친다. 풍년이 들거나 길한 일이 생기면 신이나 조상의 은덕으로 돌리는 것도 같은 이유다. 이처럼 결과의 좋고 나쁨에 따라 자동적으로 그 원인에 대해서도 좋고, 나쁨을 찾는 것이 인간의 본능처럼 느껴진다.

18세기 영국의 정치경제학자 애덤 스미스의 국부론이 명저인 이유는 사람들의 이 같은 습관적 인식 틀에서 벗어나 현상의 본질을 꿰는 통찰이 담겨 있기 때문이다. 이른바 '보이지 않는 손'이다. "우리가 매일 식사를 마련할 수 있는 것은 푸줏간 주인과 양조장 주인, 그리고 빵집 주인의 자비심(慈悲心) 때문이 아니라, 그들 자신의 이익을 위한 그들의 고려 때문이다."

그는 나라의 부가 증진되는 생산력 발전의 근본적 동기를 생산자들의 이기심에서 찾았다. 국부 향상이라는 긍정적 현상 이면에 이기심이라는 부정적 요인을 발견한 것이다. 애덤 스미스가 도덕적 통념에만 의존했다면 이런 발견은 없었을 것이다. 설령 그런 점을 인식했었다 하더라도, 그 의미를 적극적으로 찾지는 못했을 것이다. 그 자신이 도덕철학자이기도 했지만, 본능적인 도덕 감정을 누르고 냉정히 현실을 관찰했다. 마치 벌거벗은 임금님을 본 아이처럼 정직한 눈으로 현상을 바라보았던 것이다.

물론 우리가 일상생활을 하다 보면, 긍정 현상에서는 긍정 요인이, 부정 현상에는 부정 요인이 순조롭게 작동하는 것처럼 보인다. 성적이 좋은 것에는 노력이라는 긍정 요인이 필요하다, 좋은 배우자를 얻는 것에는 매력적인 외모나 화술 등의 요인이 있다. 사업적 성공에는 노력과 더불어 안목, 사업 수완 등 다양한 긍정적 요인들로 가득한 것 같다. 이렇게 보면 얼핏 세상은 필연의 왕국처럼 느껴진다. 그러나 단순해 보이는 현상들이라도 좀 더 심층적으로 살펴보면 사태는 그리 간단치가 않다.

같은 노력을 기울이고, 열심히 공부했다고 하더라도 그에 비례해서 똑같은 성적이 나오는 것은 아니다. 자기에게 맞는 배우자를 찾아서 결혼했더라도, 시간이 지남에 따라 매력적으로 생각했던 모습은 약점으로 비칠 수도 있다. 사업의 성공 요인은 너무나 복잡해서 무엇 하나를 원인으로 두기 힘든 경우도 많다. 혁신적인 제품을 개발했더라도, 시대에 너무 앞서거나 관련 인프라가 조성되지 않아 망한 기업도 있다. 과거에는 성공 요인이었던 것이 시대 흐름에 따라 실패 요인으로 작용하기도 한다. 개발도상국에서의 사업은 뇌물과 유착 등 부정적 요인과 긴밀히 얽혀 있는 경우가 대부분이다.

얼핏 단순해 보이는 사회 현상이라도 그 요인을 분석해보면 긍정, 부정으로 환원될 수 없는 다양한 변수들이 숨어 있다. 사실 우리가 '긍정', '부정'으로 평가내리는 가치 자체부터 인간 관점에 따른 임의적이고, 상대적이고, 일시적인 것이다.

지구의 소행성 충돌로 공룡이 멸종된 일을 생각해보자. 공룡이 절멸되지 않았다면, 포유류는 몸집이 커지는 진화압이 생기지 않았을 것이고, 그에 따라 인간이라는 종은 생태계에 등장하지 않았을 것이다. 그렇다면 공룡 멸종은 부정적 현상인가? 긍정적 현상인가? 지진이나, 화산폭발 같은 재해가 발생하면, 그 지역에서 피해를 입은 인간에게는 매우 부정적인 일이겠지만, 그런 지각 활동이 없다면 생명체가 현재처럼 진화하지도 못했을 것이다. 과거 정복 전쟁이 없었다면 인류 문명 전파가 없었을 것이고, 문명 교류에 따른 발전은 없었을 것이다. 당대 인간들은 전쟁으로 인한 비극을 겪었겠지만, 문명의 혜택을 받는 후손들은 전쟁의 유익한 효과를 받고 있는 셈이다.

따라서 우리는 어떤 현상–원인을 두고 분석할 때, 가치 판단을 최대한 배제한 채 통념적인 담론에 구애받지 않고 사태를 객관적으로 통찰하려는 노력이 필요하다. 바로 이것이 과학적 태도다. 아무리 논문의 형식을 갖추고 객관적 서술의 외양을 띠더라도 연구자들이 선입관과

현상을 분석하기 위한 인식론적 태도

통념에 사로잡혀 있다면 그것은 똑같은 소리를 내는 군중의 함성에 소음 하나를 보태는 것 이상이 될 수 없다.

이런 관점에서 볼 때, 우리 사회의 학계와 언론 등에서 거론하는 저출산 담론은 어처구니가 없을 정도로 엉터리투성이다. 저출산이 문제 상황으로 부각되다 보니, 반사적으로 우리 사회의 부정 요인을 열거하며 그 원인으로 설명한다. 현실에 대한 실증적 조사도 없이 그저 망상 속 관념으로 이것저것 갖다 붙여 저출산 문제의 해법으로 내놓는다. 이런 허황된 진단이 여론으로 둔갑하고, 정부는 그 내용을 수용하여 대책을 만들어 집행했다. 그 결과가 지난 십수 년간 수백조 원의 예산만 탕진되고 문제 상황은 악화된 오늘날의 현실이다.

한국의 저출산에 대한 주류적 견해가 얼마나 자의적이고, 일면적이었는지 이제 본격적으로 분석해보기로 하자.

4장
저출산에 대한
엉터리 처방들

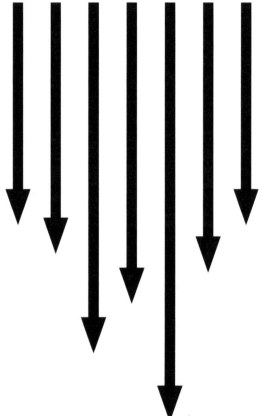

저출산 이슈는 우리 사회의 존속을 걱정할 정도로 매우 부정적인 문제 상황이지만, 저출산 그 자체는 긍정적이거나 부정적인 현상은 아니다. 사회적 맥락에 따라 얼마든지 그 현상에 대한 가치 판단은 달라질 수 있다. 과거 인구 과잉 시기에 저출산은 긍정적인 현상이었다. 현재도 아프리카에는 합계출산율이 6명을 넘기며 인구 과잉으로 몸살을 앓는 나라들도 흔하다. 이런 곳에서는 저출산이 긍정 현상으로 평가받게 될 것이다. 저출산이 문제가 된 배경에는 복지 국가 출현이 있다. 고령화로 인한 연금과 의료비 지출 과다가 국가의 부담으로 작용하기 때문이다. 생산인구 감소에 따른 경제적 침체도 선진국으로서는 해결해야 할 과제다.

경제가 발전하고, 여성의 사회진출이 활발할수록 즉, 선진국이 될수록 저출산 현상은 매우 뚜렷해진다. 따라서 저출산 현상은 부정적 요인으로 발생할 만한 필연적 이유가 전혀 없다. 오히려 여성의 사회적 지위가 낮고, 빈곤이 만연했던 사회일수록 고출산이 일반적인 현상이었음을 감안한다면 저출산은 긍정 요인에서 기인한 사회적 현상으로 보는 것이 상식적일 것이다.

그런데 2000년대 들어 저출산이 문제 상황으로 떠오르자, 그동안 많이 개선되어 왔던 한국의 사회 경제적 현상들이 느닷없이 저출산의 원인으로 설명되는 여론이 조성되었다. 특히 출산이 여성의 몸에서 이루어지다 보니 성 불평등 문제를 거론하는 페미니즘 진영의 목소리가 커지고 이들이 제기하는 불만들이 확대 재생산되면서 저출산의 이유로 등장한다. 이런 경향은 해가 거듭될수록 그 위세는 더욱 거세지다 못해 이제는 '저출산고령화위원회'의 기본 목표가 저출산 문제의 해결이 아니라, 아예 성평등으로 전환될 정도가 되었다.

그들의 기본 인식은 이렇다. '독박육아, 독박가사, 임금차별 등 성차별이 없어져야 저출산 문제가 해결된다.', '여성 행복이 저출산 문제 해결의 근본이다.', '치열한 경쟁, 삶의 질 저하가 저출산 문제의 핵심이다.' 등의 주장들이다. 과연 이 주장이 사실과 부합하거나, 저출산 문제와 긴밀히 연관된 것일까? 구체적으로 하나씩 살펴보자.

1. 독박가사(육아)는 사실인가?

2020년 8월 통계청은 성인남녀 가사 노동 시간에 대한 조사 결과를 발표했다. 자료에 따르면 맞벌이 가구 중 남편이 하루 평균 54분 동안 가사 일을 하는 반면, 아내는 187분을 하여 가사 시간 격차가 2시간 13분으로 드러났다. OECD 통계에선 한국 남자의 가사 시간은 49분, 여자는 215분으로 약 4배 정도의 차이를 나타내고 있다. OECD 평균 남자의 가사 시간은 136분이다.

언론들은 가사 분담 시간 조사 결과를 발표할 때마다, 독박가사(육아) 프레임으로 저출산 문제를 다루기 일쑤다. 노컷뉴스의 2021년 10월 2일 자 [초저출생:미래가 없다]라는 시리즈물은 아주 전형적인 예다. '맞벌이인데 여자만 집안일?.. 머나먼 가정 내 성평등'이라는 선동적 제목의 기사는 앞서 언급한 통계청의 가사일 분담 시간 조사 결과에 으레 '독박가사'의 프레임을 씌운 뒤, 이에 꿰맞춘 내용으로 인터뷰를 진행한다.

"혹자는 저출생의 원인이 부동산 때문이라고 하지만 결국 여성이 희생해야 하는 불평등한 구조 탓이다.... 결혼 후 여성에게만 희생을 요구하는 구조가 지속되는 한 청년들이 결혼과 출산을 선택하지 않을 것"이라는 허민숙 국회입법조사관의 허황된 소리를 마치 저출산 문제의 근본 해법처럼 소개하는 것이다. 이렇게 얼핏 보면, 한국 남자의 가사 참여 정도가 매우 낮다는 것이 사실처럼 보인다.

그런데, 남녀 간의 가사 시간 격차를 이렇게 단순 비교하여 '독박가사' 현상을 설명하는 것이 맞는 일인가? 맞벌이라 하더라도 남녀 간 취업 시간의 차이는 크다. 통계청의 2018년 자료[2]를 보면 남편의 취업 시간은 주당 46.7, 아내는 38.1시간으로 주당 8.6시간 차이가 난다. 자녀가 6세 이하인 경우에는 주당 11.7시간으로 취업 시간 격차는 더 벌어진다. 출퇴근 시간을 포함한 이동 시간은 일 평균 30분을 남자가 여자보다 더 소모한다. 그만큼 남자는 더 먼 곳의 직장도 마다하지 않는다.

OECD는 무보수 근로(가사일) 시간만 따로 조사하는 것이 아니라, 임금 근로 시간을 같이 나란히 조사한다. 그리고 이 둘을 합친 남녀 간 총 근로 시간을 함께 산출한다. 그 결과는 아래 도표와 같다.

---

2) 「맞벌이 가구 및 1인 가구 고용현황」, 통계청(2018)

저출산에 대한 엉터리 처방들

[표 1]

OECD 성별 일평균 근로시간

국가	무보수근로시간 (가사시간)		임금근로시간		일일 총 근로시간		남녀 간 총 근로시간 차이
	남자	여자	남자	여자	남자	여자	B-A
한국	49	215	419	269	468	484	16
미국	165	271	331	247	454	481	20
영국	140	248	308	216	448	464	16
프랑스	134	224	235	175	370	399	29
독일	150	242	289	205	440	447	7
일본	40	224	451	271	492	495	3
스웨덴	171	220	313	275	484	495	11
...							
OECE 평균	136.5	263.4	317.8	217.7	454.3	481.1	26

*시간 단위:분
*출처:OECD(2020) https://stats.oecd.org/index.asp

가사 시간을 포함한 한국 남성의 총 근로 시간은 468시간으로 OECD 대부분 국가의 남성 근로 시간보다 길다. 한국의 남녀 간 총 근로 시간은 불과 16분밖에 차이가 나지 않으며, 이는 OECD 평균 26분보다도 10분 짧은 것이다. 더욱이 무보수 근로(가사) 시간에는 쇼핑, 자원봉사 같은 일도 포함된다. 남자 임금 근로 시간이 여성보다 압도적으로 높기 때문에, 같은 근로 시간이라 하더라도 남자의 근로 강도는 매우 높다.

그런데 정부와 언론들은 임금 근로 시간은 제외하고, 표 왼쪽의 가사 시간만을 도려낸 채 '독박가사' 프레임을 씌우며 선동하고 있는 것이다. 남녀 간 임금근로 시간 차이에 대해 그 어떤 언론도 단 한 줄 보도한 적이 없다. 이것은 명백한 사실 왜곡이며 날조가 아닐 수 없다.

더구나 가사 참여 시간 격차는 15세에서 55세까지 전 세대에 걸친 평균을 산출한 것이다. 젊은 세대 남자만을 따로 분류해 조사한다면 남편의 가사 참여 시간은 훨씬 길어진다.

기혼 남성의 세대별 가사 노동 시간 차이를 연구한 논문[3]에 따르면 세대에 따라 가사 참여 시간은 차이가 크다. 논문은 각 세대를 50~65년생(베이비붐세대), 65~79년생(X세대), 80년대~90년대 중반 출생세대(Y세대)로 나누었는데, 가장 젊은 Y세대 남성은 가사 참여도 매우 높고, 참여자의 가사 시간 평균은 무려 133분이다. 노년인 베이비붐세대보다 훨씬 높은 시간을 가사 일에 사용한다. 이는 서구 기혼 남성들의 평균보다 훨씬 웃도는 수준으로 참여하고 있는 것이다. 가사에 참여하는 남성들만을 대상으로 참여 시간을 세대별로 나열해 보면 다음과 같다.

[표 2]

	남편 가사 참여도	가사참여 행위 남자 가사시간 평균	전체 남편 가사시간 평균
노년 베이비붐세대	54.7%	80분	44분
중년 X세대	64.7%	102분	66분
청년 Y세대	78.1%	133분	104분

출처:이현아, 김주희, '세대별 기혼남성의 가사노동시간 연구', [가족자원경영과 정책] (2021)

사실, 요즘 젊은 세대 중에 맞벌이 남편이 가사 일에 참여하지 않는

3) 이현아, 김주희 「세대별 기혼남성의 가사노동시간 연구」, 『가족자원경영과 정책』(2021)

경우를 찾아보기란 쉽지 않다. 위의 조사 결과는 우리가 평소 생활에서 목도한 바와 거의 일치한다. 특히 한국은 다른 나라보다 맞벌이 비중이 매우 낮음에도 불구하고, 청년 세대 남성이 이렇게 높은 가사 참여율을 보이는 것은 그 어떤 세대보다 남자가 더 희생적인 활동을 한다는 것을 보여주는 셈이다.

[그림 4] 자녀를 둔 부모의 고용상황에 대한 분석결과

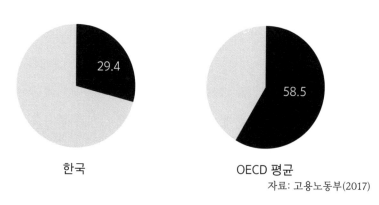

한국   OECD 평균

자료: 고용노동부(2017)

가사 일을 돕지 않는 베이비붐세대에서 출산율이 가장 높았고, 가사에 적극적으로 참여하는 현 Y세대의 혼인·출산율이 가장 낮았다. 굳이 혼인과 가사 일의 상관관계를 따진다면, 남성이 가사에 참여하지 않을수록 출산율이 높다고도 볼 수 있는 것 아닌가? 이를 보더라도 가사 분담과 혼인 출산의 연관성을 결부시키는 것은 합리적 판단이 될 수 없음을 알 수 있다. 이른바 '독박 가사(육아)' 현상은 실체가 없을뿐더러 사실도 아니다. 현세대 젊은 남편들은 서구 어떤 나라들보다 더 많은 시간 동안 임금 근로를 하면서도, 가사 일에 더 많이 참여하고 있다.

2. '경력단절 여성' 현상은 사실인가?

먼저 이 '경력단절'이라는 개념 자체부터 문제가 많다. [경력단절여성 등의 경제활동 촉진법]에서 규정한 경력단절 여성의 개념은 '혼인, 임신, 출산, 육아와 가족 구성원의 돌봄 등을 이유로 경제활동을 중단하거나, 경제활동을 한 적이 없는 여성 중에서 취업을 희망하는 여성'을 말한다. 이는 사실상 취업하지 않은 모든 여성을 지칭하는 것이나 다를 바 없다. '경제활동을 한 적이 없는 여성'인데, 어떻게 해서 경력이 '단절'되었다는 개념이 성립할 수 있는가? 또, 단순히 출산이 아닌 '혼인'이라는 사유로 일을 그만둔 것을 출산 관련 경력단절 이유로 꼽는 것도 의문이다.

모든 실업은 '경력단절'이다. 실업자가 자신의 과거 직무를 살려서 재취업했다면 경력 취업자가 되는 것이고, 그렇지 않다면 신규 취업자가 될 것이다. 출산과 육아로 일을 그만두었다고 일반 실업자와 구별될 이유가 뭐가 있는가? 자신의 경력을 살려서 다시 재취업했다면, 그것은 경력 취업자가 되는 것이지, 경력 단절자의 취업이 아니다.

보통 우리가 상식적으로 생각해 볼 때, 여성이 출산과 육아를 이유로 직장을 그만둔 후 자신의 커리어를 계속 이어갈 수 없는 상황이 이른바 '경력단절'이라는 개념일 것이다. 커리어의 단절이 매우 큰 손해로 작동되는 곳은 대개 대기업이나, 공기업, 전문직 등 사회적 선호도가 높은 고소득 직장인 경우가 대부분이다. 그런데, 단순히 출산을 이유로 어렵게 입사한 고소득 직장을 포기하는 여성이 실제로 얼마나 있을까? 더구나 그런 직장들은 대체로 출산, 육아휴직이 잘 보장되어 있다. 만일 육아에 전념하겠다고 그런 직장을 그만두는 여성이 있다면, 남편이 고소득자일 확률이 매우 높다. 수천 대 1이라는 엄청난 경쟁률을 뚫고 공중파 방송국 정규직으로 취업한 여성 아나운서 중에 재력가와 결혼해 일을 그만둔 사례들이 얼마나 많은가.

출산과 육아로 인해 실업을 택한 여성들이 재직하는 곳은 저임금 단순 직종인 경우가 대부분이다. 단순 판매, 생산, 단순 서비스직인 경우 굳이 '경력단절'이라는 말을 쓸 이유도 없다. 직무 변동성이 잦을 뿐만 아니라, 숙련도 차이도 크지 않으며 비교적 취업 문턱이 낮다.

예컨대 콜센터, 마트 캐셔, 보육교사, 판매원 등의 서비스직에 근무하는 여성일 경우 '경력단절'이라고 굳이 불릴 필요가 있을까? '실업'과 도대체 무슨 개념적 차이가 있나? 그런 일자리는 굳이 '경력단절'을 명분으로 재취업 활동을 지원할 이유가 없다. 대부분 만성적으로 구인난을 겪는 곳이기 때문이다. 정부에는 다양한 취업 지원 정책이 있는데, 여기에 '경력단절'이라는 타이틀을 단 취업 지원 정책은 그야말로 옥상옥 정책의 전형이다.

출산과 육아 때문에 일을 그만둔다면, 육아에 투입하는 비용이 여성의 소득과 큰 차이가 나지 않을 경우 발생하는 일시적 실업인 경우가 대부분이고, 그런 직종의 취업 문턱은 비교적 낮기 때문에 직장을 그만둔 여성이 향후 재취업할 때 불이익을 겪을 일도 별로 없다.

한국노동연구원 자료[4]에 따르면 2009~2020년까지 조사에 응했던 여성 퇴직자 6,408건을 분석해 본 결과 출산과 육아로 인한 퇴직은 전체에서 불과 7.12%였다. 계약 기간 만료 9%, 더 좋은 일자리 13.17%, 휴·폐업 7.63% 등의 사유보다도 낮다. 또, 재취업에 소요되는 기간은 1.7년에 불과하다. 출산 육아로 직장을 그만둔 여성 중 56%는 다시 취업했으며, 나머지는 전업주부로 남았다. 전업주부의 길을 가는 여성들은 취업 의사가 애초부터 없는 경우가 많다.

2015년 결혼정보회사 '듀오'의 조사에 따르면 20~30대 미혼 직장 여성 중 73%는 애인이 결혼 후 일을 그만두라고 말하는 것에 대해 '부담을 더는 배려이다, 경제적 여유가 있는 남자이다' 등의 이유로 긍정적으로 평가했다. 이런 여론 조사 결과가 당연한 것이 대부분의 직장 생활이 힘들기 때문이다. 가계를 꾸리는 데 소득이 부족하지 않다면, 특히 영유아기 자녀를 둔 경우라면 직장 일과 가사의 병행을 달가워할 여성들은 별로 없을 것이다. 결혼할 당시 무직자인 비율도 2020년 기준 20%에 육박하지만, 자녀가 없다고 하더라도 기혼녀 40%는 직업을 갖지 않는다.

이처럼 '경력단절'은 커리어를 계속 이어가고 싶은데, 출산과 육아 때문에 자신의 직업적 커리어를 어쩔 수 없이 '희생'하여 실업이 고착되는 경우는 허구적 상상의 산물일 가능성이 크다. 대부분 여성은 결혼과 동시에 여건이 허락된다면 직장 생활을 그만두고 싶어 하거나, 경제활동을 하더라도 부담스럽지 않을 정도의 시간으로 일하고 싶어

---

4) 고영우, 「여성의 경력단절 원인과 재취업 결정요인 분석」(2021), 한국노동연구원

한다. 물론 출산과 육아로 인한 일시적 실업 상태 현상이 없는 것은 아니다. 그러나 그 자체는 감내해야 할 부분이지, 해소될 수 있는 성질의 것이 아니다. 영유아기 아동은 생후 2년간 부모와의 애착 형성이 매우 중요한 시기이기 때문이다. 육아로 인한 실업 우려가 저출산의 이유가 될 수 없는 것은 직장 생활의 고충이 자발적 실업의 원인으로 작용한다고 말할 수 없는 것과 같다.

보건사회연구원의 조사에 따르면[5] 결혼 의향이 없는 미혼 여성 중 아직까지 결혼하지 않은 이유에 대해 결혼과 직장일 병행이 어렵기 때문이라고 대답한 비율은 4.5%에 불과했다.

사실 경력단절이든 실직이든, 실업이 가장 문제가 되는 성별은 남자다. 남자는 대부분 가정을 부양해야 할 책임을 지고 있다. 남자가 경력이 끊겨 저임금 직종으로 옮겼을 때나, 실직으로 가정 부양을 못 하게 되는 경우 대부분 가정불화를 겪는다. 심지어 가정이 해체되기 일쑤다. IMF 외환위기 당시 많은 가정이 깨지고 노숙자가 급증하게 되었던 것도 바로 가정 부양책임을 진 남자들이 대규모로 직장을 잃었기 때문이다. 남자들도 승진 탈락, 회사 경영난, 사업 실패 등 다양한 사유로 경력이 단절되는 경우는 부지기수다. 남자의 '경력단절' 문제야말로 가정에 직접적인 타격을 가하는 심각한 사회 현상임에도, 이와 관련된 연구나 조사조차도 없다. 그저 실업률과 이직률의 숫자만으로 존재할 뿐이다.

---

5) 보건사회연구원, 「2015년 전국 출산력 및 가족보건·복지실태조사」

반면, 기혼 여성은 직장을 그만두었다고 해서 가정이 해체되는 경우는 거의 없다. 그럼에도 여성의 경력단절 문제는 각종 여성 기관에서 앞다투어 연구하며 조사하고, 언론들은 여성의 경력단절이 대단한 문제인 양 여론을 조성하며, 정부는 관련법까지 만들어 별도의 기관을 두고 지원하고 있다. 그리고 그 지원책조차 실효성은 별로 없다. 그럴 수밖에 없는 것이 애초에 여성의 '경력단절' 문제는 정부가 지원할 수 있는 성질의 것이 될 수 없기 때문이다. 여성이 자발적으로 그만둔 직장을 정부가 억지로 취업시킬 수 있는 것도 아니고, 여성들이 선망하는 곳에 강제로 취업시킬 수 있는 것도 아니기 때문이다. 그저 지방마다 '여성 경력단절 지원센터'와 같은 공공기관을 만들어 (준)공무원들 밥통을 늘린 것 외에는 아무런 효용 가치가 없을 뿐이다. 우리 사회 여성 경력단절 담론은 뭔가 단단히 잘못되었다.

3. 복지 정책 부족이 문제인가?

한국의 저출산 대책 표준 모델은 유럽 국가들의 보육 지원 정책이었다고 해도 과언이 아니다. 프랑스의 경우 1990년대 1.7명대 수준에 머물러 있다가, 2010년에 2명대로 출산율이 반등하여 주목받은 바 있다. 한국의 언론들도 프랑스의 양육 정책에 극찬을 쏟아내며 출산과 육아에 대한 지원 강화를 주문해 왔고, 정부도 그에 맞춰 보육료 지원을 대폭 확대했다.

프랑스를 비롯한 유럽의 많은 나라들은 국가가 양육을 책임진다는 모토 하에 출산 장려 대책을 오래전부터 시행해왔다. 프랑스는 임신 7

개월째 약 120만 원의 장려금을 비롯해 출산 후 자녀 1인당 월 25만 원 정도의 수당을 3세까지 지급한다(가구 소득 월 600만 원 이하). 첫 산후 휴가 후 6개월간 50만 원 정도의 보조금도 받을 수 있다. 국공립 탁아소와 유치원도 잘 정비되어 있고, 무료에 가깝게 운영된다. 이후 11세까지 자녀 수에 따라 월 15만 원에서 40만 원 정도를 공보험으로 지급받는다. 언론에선 프랑스의 출산율 증가가 이 같은 양육 시스템 덕분으로 설명하는 경우가 많다. 그러나 국가의 이런 양육비 보조금 확대와 증액이 출산율 제고에 과연 효과가 있었는지는 의심스럽다.

프랑스가 유럽에서 출산율이 가장 높게 유지된 배경에는 복지 정책에 따른 결과라기보다는 그저 이민의 효과일 가능성이 높다. 우리나라 현실에서 볼 때 프랑스는 애초부터 그렇게 심각한 저출산 국가도 아니었다. 90년대 이후 출산율 역대 최저치와 최고치와의 차이는 불과 0.3명에 불과하다. 프랑스는 복지 정책에 별반 변화가 없음에도 합계출산율이 2011년 2명을 넘어섰다가 최근 들어 1.8명대로 다시 떨어졌다. 프랑스 출산율이 1.7명에서 2.0명으로 증가하던 기간(1995~2018)은 이민자 인구가 급증했을 때와 시기적으로 일치한다.

[그림 5] 1921년부터 2020년까지 프랑스 이민자 비율

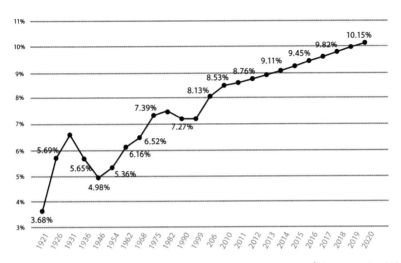

자료:Insee, statista 2021

지난 100년간 프랑스 전체 인구 대비 이민자 인구 비율을 나타내는 그래프를 살펴보면 21세기 들어 이민자 급증의 규모가 얼마나 상당한지 실감할 수 있다. 전후 복구와 경제 호황으로 부족한 노동력을 보충하기 위한 프랑스로의 이민 물결은 1945년에서 1975년도까지 상당히 거셌다. 그 덕에 전체 인구에서 이민자 비중은 1945년 5%에서 1975년 7.4%로 30년간 2.4% 증가했다. 그 후 오일쇼크 등으로 인해 경제 성장 엔진이 멈추고 불황이 찾아들자, 이민 수요는 급감하였고 프랑스 당국은 이민 규제를 강화해서, 20세기 말까지 이민자 인구 비중은 7퍼센트대로 유지되었다. 그러다가 1990년대에 출산율 저하가 부각되자 2000년대 들어 이민을 대폭 받아들이기 시작하여, 이민 인구는 다시 급증세를 보인다. 불과 20여 년 만에 이민 인구 비중은 7퍼센트 대에서 10퍼센트대로 올라 프랑스의 이민 역사상 가장 짧은 시기에 이민

인구 비중이 가장 가파르게 상승하였다. 바로 이때가 프랑스 출산율이 2명대로 회복되던 시기다. 프랑스의 출산장려정책과 복지 제도에 큰 변화가 없음에도 2015년 이후부터 출산율은 다시 하락세로 돌아서서 2020년 기준으로 1.8 명대로 떨어졌다.

프랑스 태생 여성의 합계출산율은 대략 1.7명인 반면, 이민자 출신 여성의 경우엔 2.7명이다. 이민자의 출산율이 프랑스 태생 여성보다 무려 60% 이상 높다. 이런 현실을 일부러 외면한 채, 유럽의 출산율 증가가 각종 출산장려정책에 기인한 것이라는 주장은 신빙성이 없다.

한국 언론과 정부뿐만 아니라 프랑스 당국도 공식적으로는 출산율 증가 원인을 가족복지정책으로 보고 있다. 프랑스 정부는 출산 여성 중 이민자 비율이 18%밖에 차지하지 않기 때문에 이민자 여성이 프랑스 전체 출산율에 기여하는 부분은 0.11에 불과하다고 말한다. 그러나 프랑스 정부는 이민자 2세부터 원주민으로 셈을 하고 있기 때문에 이민자의 출산 증가율 기여에 대해 과소평가하고 있다. 특히 프랑스는 자국 인구의 인종별, 민족별 분류를 금지하고 있어 프랑스 본토박이 백인 여성과 이민자 인구의 출산율 비교가 매우 어렵다. 대략적으로 추측할 수 있을 뿐이다.

프랑스에서 이민자들과 직계 자녀들(2세대)을 포함하면 2013년 기준 이민자 총수는 1,250만 명으로 추산되며 인구의 20%에 육박한다. 프랑스 인구학자 미셀 트리발라는 제3세대 이전까지 포함하면 60세 미만의 프랑스 인구의 30%가 외국 출신인 것으로 추측한다. 이들 이민자 가구들은 프랑스 내에서 빈곤층을 형성하는 비중이 높다. 저임금 직종이나, 실업에 머무르는 인구가 토종 프랑스인에 비해 2배 이상 높은 비율을 차지하고 있다. 그래서 가족수당 등 복지에 의존하며 사는 경우가 많다. 아이가 3명이면 상당한 액수의 양육 보조금을 받을 수 있어, 직업을 갖는 대신 가족 수당을 생활 수단으로 삼는 인구가 늘어나고 있다.

프랑스와 유사한 출산 장려 정책은 유럽 국가 대부분에서 시행되고 있다. 독일은 가족 보조금으로 매년 2,650억 달러 정도의 막대한 예산을 퍼붓고 있지만, 출산율은 1.5 정도 수준에 머물러 있다. 그마저도 이민자들에 의해 유지되는 출산율이다. 본토박이 독일인들의 출산율은 그보다 더 낮은 1.3 언저리에 머물러 있다. 90년대 독일의 출산율은 1.2~1.3명에 머물러 있었다. 2000년대 들어 중동과 사하라 이남 아프리카인들의 이민을 대거 수용하면서부터 출산율이 1.5명대로 겨우 올라선 것이다. 프랑스 독일만이 아니라, 21세기 들어 유럽은 이민자들을 대규모로 받아들였다. 흡사 19세기 중반부터 20세기 초까지 경험한 대 이민의 시대를 방불케 할 정도였다.

영국에서는 현재 20세 이하 인구에서 비유럽계 인구는 이미 토종 백인 인구를 넘어섰다. 10세 미만 인구 중 방글라데시, 파키스탄 계통의 인구만으로도 영국계 백인에 비해 2배가 많다. 인종별 통계 분류를 하지 않는 프랑스도 아마 이와 비슷한 사정일 것이다. 5~6년 전 한국의 언론들은 저출산 이슈만 나오면 프랑스 출산율 증가를 들먹이며 보육비 지원 등 출산장려정책 강화에 목청을 높였다. 그러나 최근 들어 프랑스의 출산율 하락 추세가 뚜렷해지자, 그런 목소리는 약속한 듯이 자취를 감췄다.

북유럽 국가들 또한 언론이 단골로 저출산 탈출의 모범으로 제시되던 나라들이다. 고도로 발전한 복지 제도와 성평등 정책 등은 우리가 추구해야 할 하나의 이상향으로 포장되었다.

[표 3]

북유럽 3개국 전체인구대비 이민1세대~2세대 인구 비율

	2000년	2010년	2015년	2020년
스웨덴	14.5%	19.1%	21.5%	25.5%
노르웨이	6.3%	11.4%	15.4%	18.2%
핀란드	2.9%	4.4%	6.6%	7.9%

자료: statista

그러나 북유럽 나라들의 출산율 증가도 21세기에 유럽으로 몰려드는 거대한 이민 물결 덕분이었다는 것이 최근의 출산 저하 현상으로 드러나고 있다. 2000년도 이후 불과 20년 만에 북유럽 국가들의 이민자 인구 비중은 최소 2배에서 최대 3배로 급격히 증가했다. 그에 따라 출산율도 함께 반등했다. 이민 증가세가 둔화되자 출산율은 다시 떨어지기 시작했다.

스웨덴은 2000년도 합계출산율 1.5명으로 바닥을 쳤지만, 10년 후인 2010년 1.98명으로 드라마틱한 출산율 반등을 이뤘다. 그로부터 10년 후인 2020년 현재 출산율은 다시 1.66명으로 주저앉았다. 노르웨이 또한 마찬가지다. 2009년 1.9명을 넘어선 합계출산율은 2020년 1.48명으로 곤두박질쳤다. 핀란드의 사정은 더 심각하다. 2010년

1.87명을 기록했지만, 2019년 1.35명으로 추락했다. 북유럽 국가들의 출산복지 정책에 어떤 변화도 없었으나, 출산율의 급격한 하락을 피할 수 없었다.

한국의 경우 저출산 관련 예산이 2006년 약 1조 원에서 2021년 43조 원으로 무려 43배가 뛰었지만[6] 출산율은 오히려 곤두박질쳤다. 이런 사례를 보면 양육 보조금 등 출산지원정책과 출산율 사이에 인과관계는커녕 상관관계조차 찾을 수 없다.

4. 장시간 노동과 삶의 질 하락이 원인?

문재인 정부의 '저출산고령화위원회'(위원회)가 저출산 문제에 대한 뾰족한 해법이 보이지 않자, 아예 목표를 '저출산 해소' 대신 '삶의 질 향상'이라는 어처구니없는 발상으로 '패러다임 전환'을 선언한 이래, 이른바 워라밸(일과 가정생활 양립)이 위원회의 핵심 과제 중의 하나로 자리 잡았다. 육아휴직의 활성화, 근로 시간 단축 및 유연화 등이 워라밸의 핵심을 이루는 정책들이다. 이러한 제도는 새삼스러운 내용이 아니다. 앞서 언급했던 '경력 단절 해소', '출산지원정책' 등 기존의 저출산 대책과도 겹친다.

한국은 OECD 국가들과 비교해서 근로 시간이 가장 긴 나라로 손꼽히고 있고, 이는 저출산 문제를 악화시키는 요인으로 흔히들 지적한다. 2018년 국회예산정책처는 여성의 주당 근로 시간이 1시간 증가할 때

---

6) 국회예산정책처, 「저출산 대응 사업 분석,평가」, 2021.8

마다, 1년 이내 임신 확률은 줄어든다는 보고서를 내놨다. 보건사회연구원도 보고서를 통해 한국 남성의 근로 시간이 길기 때문에 돌봄 일에 참여도가 낮아 저출산 문제를 가중시킨다고 지적했다. 그러나 이러한 연구들은 패널 설문 조사, 외국 사례 등을 취합하여 추론한 것일 뿐, 경험적으로 입증된 결과는 아니다. 사실 저출산과 근로 환경의 관계를 밝히려는 시도는 앞 절에서 분석했던 내용처럼 여성 삶의 편익이 증진되면, 아이를 더 낳을 것이라는 기대를 연구에 투영한 것에 불과하다.

2021년 기준 한국의 근로 시간은 연간 1,908시간으로 조사되었다. OECD 평균 1,687시간보다 221시간 더 일한다는 통계다. OECD 37개국 중 35위를 차지하며 장시간 노동 국가라는 이미지를 갖고 있다. 하지만 OECD 근로 시간 통계를 맹신하면 곤란하다. OECD 연간 근로 시간은 실업률, 고용률과 같이 국제 표준이 정립된 방식이 없다. 나라마다 산출하는 방식이 제각각이기 때문에 동일한 기준으로 비교할 수 없다. 예컨대 독일은 주별 노동 시간을 기초로 시간제 근로, 파업 등을 모두 고려해 근로 시간을 계산한다. 주별, 월별로 계산하는 한국보다 과소로 집계되는 이유다. 미국의 경우, 행정 사무직이나 전문직 등의 근로 시간은 계산에 포함하지 않는다. 그래서 전문가들은 근로 시간에 대해서만큼은 나라별 비교는 큰 의미가 없다고 말한다.

체험적으로 보면 한국의 근로 시간이 유럽보다 긴 것은 사실이다. 이는 한국의 자영업자와 풀타임 근무자가 높은 비율을 차지하고 있는 것이 큰 요인이다. 예컨대 덴마크의 경우 주당 40시간 근무자 비율은 불과 30% 안팎이고, 20시간 미만 근로자의 비율은 20%가 넘을 정도로 단기 근로자가 많은 비중을 차지한다. 반면 한국은 주당 40시간 근무자 비율은 80%가 넘고, 파트타임 근무자는 상대적으로 적다. 또, 초과 근로 할증률(50%)도 높아, 연장 근무를 하려는 동기가 강하게 작용한다. 이런 점들은 초단기 일자리가 성행하는 유럽보다 고용의 질이 훨씬 낮다는 걸 반증하는 사례이기도 하다. 한국의 노동 시간이 OECD 다른 나라에 비해 유별나게 긴 것은 아니다. 미국은 법정근로시간 40시간에 화이트칼라는 예외로 둔다. 그들에게는 초과근무 수당조차 없다. 유럽에서 가장 적은 근로 시간을 갖는다는 프랑스도 풀타임 비정규직의 경우 2015년 연간 실질 근로 시간은 2,335시간이다. 한국 평균 근로 시간보다 무려 400시간이 더 많다.

한국의 근로 시간과 출산율 간의 인과관계를 주장하려면 이를 입증할 경험적 증거를 제시해야겠지만, 그런 자료는 전혀 없다. 한국의 연간근로시간은 1990년 2,677시간에서 꾸준히 하락하여 2021년 현재 1,908시간으로 약 30년간 무려 700시간이 넘게 줄어들었다. 2011~2017년 한국의 주당 근로 시간은 4.5% 감소했는데, OECD 국가 중 가장 큰 폭으로 떨어진 것이다. 주당 52시간 근로제가 법제화가 된 이후로 근로 시간은 한층 더 적어질 것이다.

지난 수십 년간 한국의 근로 시간은 꾸준히 감소해 왔고, 같은 기간 출산율도 최대 폭으로 떨어졌다. 이런 점을 고려하면 오히려 근로 시간이 짧아질수록 출산율은 하락한다고 주장해야 맞지 않을까? 정부·언론·학계가 출산율 저하 원인에 대해 얼마나 주먹구구식으로 진단하는지가 잘 드러나는 대목이다.

5. 경제적 문제가 원인일까?

인간 생활의 기초가 되는 가족을 구성하는 일은 기본적으로 경제 행위가 바탕이 되는 일이기 때문에, 일자리와 주택이 혼인과 출산에 큰 영향을 준다는 생각을 갖기 십상이다. 따라서 저출산에 대한 설명에는 청년들의 일자리, 소득, 주택 등이 항상 거론된다. 그런데 과연 경제적 요인이 한국의 저출산 문제의 원인일까?

한국은 공무원, 대기업, 공기업 등 20%의 고소득 철밥통 일자리와 나머지 저임금 하청 비정규직, 중소기업으로 노동 시장이 양분화되어 있다. 대기업과 중소기업 간 임금 격차는 두 배에 이른다. 2020 통계청 자료에 따르면 대기업 평균소득은 529만 원, 중소기업은 259만 원이다.

기업 규모에 따라 이렇게 임금 격차가 큰 나라는 찾아보기 어렵다. 국내 500인 이상 규모 기업의 평균임금은 PPP 기준 6,097달러로 미국(4,736달러), 일본(4,104달러), 프랑스(5,238달러) 등 주요 선진국을 능가한다. 국내 대기업의 1인당 GDP 대비 평균 임금은 190.8%로서 미국(100.7%). 일본(113%,), 프랑스(155%)보다 월등히 높다. 500인 이상 대기업 대비 평균임금 비중은 54.2%로 미국(88.7%), 일본(88.1%), 프랑스(72.8%)보다 훨씬 낮다. 심지어 1~4인 기업은 32.6%, 5~9인 기업은 48.3% 수준에 불과하다.

이처럼 기업, 직종 간 고용 안정성과 임금의 격차로 인해, 좋은 직장에 대한 선호는 강렬하다. 특히 한국 사회 문화에서는 직장 규모 또는 직장 네임밸류 등에 지위 효과가 강하게 작용한다. 또, 대학 진학률이 80%에 육박한 세계 최고의 고학력 사회이다보니 넘치는 고학력자들의 눈높이는 대부분 고용 안정성과 고임금이 보장되는 상위 10% 직장에 맞춰 있다. 사교육비와 대학 등록금 등 많은 비용을 투입하였으니 그에 걸맞은 고소득 직장을 구하려는 청년들의 심정도 이해할 만하다.

국내 대기업이 전체 고용에서 차지하는 비중은 불과 12.8%다. 250인 이상 규모의 대기업 수가 700개로 일본(3,576개)의 20% 수준이다. 인구 차이를 감안해도 약 40%에 머무른다. 결국 청년들이 만족할 만한 일자리에 대한 경쟁이 치열해질 수밖에 없는 구조다.

그런데, 이런 임금 격차와 치열한 취업 경쟁이 저출산 현상과 직결되는 것은 다른 문제다. 사람들이 선호하는 고임금 일자리는 전체 일자리에서 차지하는 비중이 아주 적기 때문이다.

소득 불평등이 출산율에 영향을 준다면, 결혼 적령기 혹은 출산 가임기 연령대의 소득 격차를 따로 봐야 할 텐데, 65세 이하 근로 연령층의 소득 분배 지표는 다른 OECD 국가에 비해 나쁜 편은 아니다. 소득 분배를 측정하는 지표는 여러 가지 있지만, 그중 상대적 빈곤율, 소득 5분위 배율, 지니계수 이 세 가지가 국제적으로 가장 널리 사용된다.

[표 4]

소득격차 지수 비교(2018년~2020년 기준)

	상대적 빈곤율		소득 5분위 배율		지니계수	
	전체	근로연령층	전체	근로연령층	전체	근로연령층
한국	16.7%	11.1%	5.8배	5.19배	0.331	0.312
OECD 평균	11.1%		5.4배		0.316	
비고	미국: 17.8% 이스라엘: 16.9%				미국 0.390	

자료:OECD

먼저 상대적 빈곤율을 살펴보자. 상대적 빈곤율은 중위 소득의 50% 이하에 해당하는 가구의 비율을 말하는데, 이는 곧 빈곤 가구의 규모를 나타낸다. 2018~2019년 기준 한국의 상대적 빈곤율은 16.7%로서 OECD 37개국 중 4위에 랭크되어 높은 수준이다. OECD 평균 3배 수준에 달하는 노인 빈곤율 때문이다. 연금 제도가 늦게 도입되어 소득이 없는 노인 인구가 늘고 있어서다. 혼인·출산에 관련된 근로 연령(18~65세)만 떼어놓고 보면 상대 빈곤율은 11.1%로 OECD 평균과 동일하다. 더욱이 우리보다 상대 빈곤율이 높게 나온 3개국 중 미국(17.8%)과 이스라엘(16.9%)은 출산율이 한국보다 월등히 높다.

소득 5분위 배율을 보더라도 비슷한 결과가 도출된다. 5분위 배율은 상위 20%의 소득을 하위 20%의 소득으로 나눠 도출하는 통계로 배율이 낮을수록 분배가 양호한 것으로 본다. 2019년 OECD 평균치는 5.4배다. 한국은 2020년 기준 5.8배로 OECD 국가의 평균을 상회하지만, 근로 연령(18~65세)에서는 5.19배로 OECD 국가 평균보다 훨씬 낮아진다.

소득의 불평등 정도를 나타내는 대표적인 지수인 지니계수는 1에 가까울수록 불평등이 높음을 나타낸다. 한국의 지니계수는 처분가능소득 기준 2013년 0.372로 측정된 이래 꾸준히 하락하여 2020년 0.331까지 떨어졌다. OECD 평균인 0.316보다는 다소 높지만, 미국(0.390)보다는 훨씬 양호하다. 이 역시 근로 연령층에선 0.312로 OECD 평균보다 낮은 수준이다.

이처럼 혼인·출산에 관계된 생산 가능 인구층만을 대상으로 보면 한국은 OECD 평균보다 훨씬 균등한 사회다. 소득 격차가 저출산과 상관관계를 갖는지도 따로 살펴봐야 할 일이겠지만, 설사 그 문제가 저출산 현상과 연관성이 있더라도, 한국의 저출산 문제에 소득 격차는 설명 요인이 될 수 없다.

결혼 적령기 인구의 소득이 적지 않느냐는 반문이 가능할지도 모른다. 그러나 국내 20~40대 임금 수준은 일본과 비교해보았을 때도 낮지 않다. 2016년 기준으로 한국과 일본의 연령별 임금 수준을 비교해보자.

2016년 일본의 1인당 GDP는 38,761달러였고, 한국은 29,288달러였다. 일본 국민소득이 한국보다 대략 25% 많다. GDP 격차를 적용하여 단순 계산해 보면, 한국의 임금 수준은 일본에 비해 최대 15% 정도 더 받는 셈이다. 명목 GDP가 아닌 통화의 실제 구매력을 나타내는 구매력평가 환율(PPP)로 계산한다면 한국 근로자의 1인당 가처분 소득은 매우 높은 편이다. 2018년 한국은 4만 1,409달러, 일본은 4만

1,001달러로 이미 일본을 앞선다. 일본뿐만 아니다. 2015년 구매력 기준 가처분 소득으로 본다면, 한국의 세후 소득은 독일, 영국, 미국 보다도 높다.

[그림 6] OECE 회원국 세전, 세후 소득 비교 *임금은 구매력 평가 적용 (단위: 달러,%)

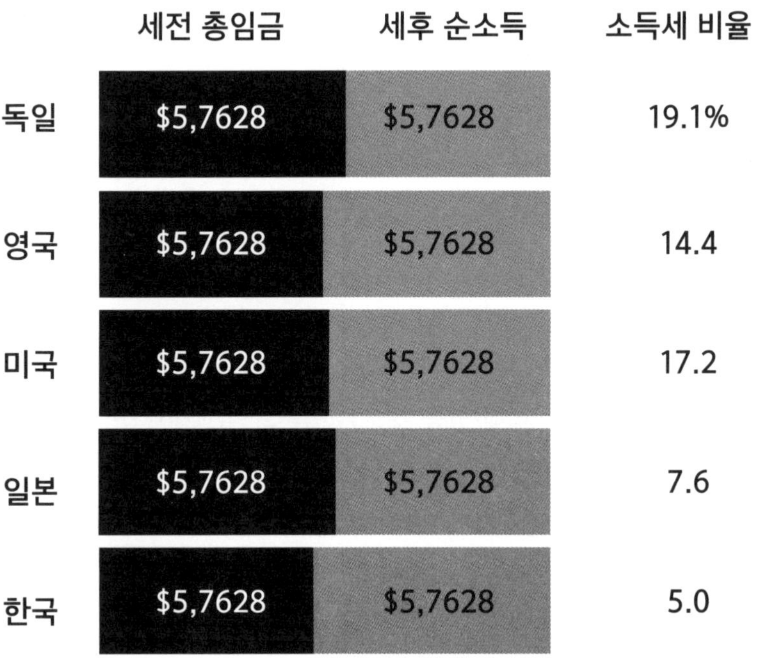

	세전 총임금	세후 순소득	소득세 비율
독일	$5,7628	$5,7628	19.1%
영국	$5,7628	$5,7628	14.4
미국	$5,7628	$5,7628	17.2
일본	$5,7628	$5,7628	7.6
한국	$5,7628	$5,7628	5.0

자료:OECD, 이미지: 경향신문(2015.05.06) 온라인

실업률과 고용률 지표를 보더라도 한국은 OECD 국가에 비해 유별 난 차이는 없다. 2020년 기준 15~29세 청년 실업률은 9%로 OECD 평균 13.4%에 비해 훨씬 양호하다. 핵심 노동 인구(25세~54세) 고용률은 75.2%로서 OECD 36개국 중 29위로 비교적 저조한 편이나,

OECD 평균 77.3%와 그렇게 큰 차이가 난다고 볼 수 없다.

그렇다면 결혼을 주저하게 만드는 이유로 꼽히는 주거 환경은 어떤가? 1인당 주거 면적은 2020년 기준 33.9㎡로서 OECD 평균 37.9㎡와 큰 차이가 나지 않는다. 최저 주거 기준에 미달하는 가구도 2006년 16.6%에서 2020년 6.7%로 대폭 축소되었다.

[표 5]

주거환경 및 주거비

가구소비 대비 주거비지출	1인당 주거면적	최저주거기준 미달가구
11.2%(한국, 2018)	33.9㎡(2021)	6.7%(2020)
19%(OECD 평균)	37.9㎡(2019)	5.3%(2019)

자료: 통계청, OECD

주거비는 다른 국가에 비해 저렴한 편이다. OECD 국가들과 비교하면 한국의 주거비가 얼마나 낮은지 실감할 것이다. 가구 소비 지출 대비 주거비 지출 비율(2018)을 보자면 OECD 33개국 평균은 19%지만, 한국은 11.2%로 가장 낮다. 최근 2~3년간 주택 가격이 폭등하여, 주거 문제가 저출산의 가장 큰 요인처럼 부각되고 있다. 그러나 집값 폭등 이전 10여 년간 지속되어온 주택 가격 안정세 속에서도 출산율이 반등하거나 올랐다는 소식은 없다.

이렇듯 저출산 현상의 경제적 원인으로 꼽히는 고용, 소득, 분배, 주거 등의 주요 사안을 살펴보았지만, OECD 나라들과 견주어 특별히 악화된 지표는 찾기 어려웠다. 오히려 긍정적 지표를 더 많이 발견하기도 했다. 그렇다면 저출산 현상을 심화시키는 다른 요인은 도대체 어디에 있단 말인가?

5장

유명 인구학자의
허무한 진단

1. 한국의 교육 문제가 저출산 원인이 될 수 있는가?

현재 한국이 직면한 가장 큰 문제가 저출산이다 보니, 국내 인구학의 권위자로 통하는 조영태 서울대 보건대학원 교수가 가장 핫한 인물로 떠올랐다. 그는 '정해진 미래', '인구, 미래, 공존' 등의 저서를 통해 한국의 저출산 문제를 다루어 왔다. 유감스럽게도 그가 진단하는 한국의 저출산 문제의 원인과 해법은 모호하기 그지없다.

2016년 '정해진 미래'를 발간했을 당시에 그는 한국의 저출산 현상의 가장 큰 원인으로 사교육 및 교육제도를 꼽았다. 획일적인 교육제도로 인해 청소년들이 다양한 미래를 준비하지 못하고, 오직 사회적으로 인정받는 좁은 직업군에만 몰리기 때문에 경쟁이 치열해진다는 것이다. 바로 이런 사회 문화가 혼인율을 떨어트리는 요인이라는 것이 그가 주장하는 요체다. 참으로 허무한 진단이다.

물론 한국의 유별난 교육열은 사회적 낭비일 수도 있고, 획일적 가치관이 과도한 경쟁을 유발한다는 지적 자체가 틀린 말은 아니다. 그런데 이 현상이 저출산 원인으로 지목되려면 최소한 이를 입증할 실증적 자료는 제시되어야 할 것 아닌가? 유감스럽게도 그런 증거는 찾아볼 수 없다.

1960년대 한국의 교육 현장은 살풍경 그 자체였다. 그때만 하더라도 입시 경쟁은 국민학교(초등학교)부터 시작되었다. 당시 중학교는 평준화가 되지 않았기 때문에 명문 중학교를 향한 입시 경쟁은 무지막지했다. 입시 스트레스를 상징하는 용어인 '고3병' 이전에 '국6병'이라는 말이 먼저 생겨났을 정도로 국민학교(초등학교) 6학년 학생의 입시 스트레스는 극에 달했다. 심지어 입시 스트레스로 자살하는 학생들이 속출했다. 매일 밤 10시 넘어서까지 공부하는 것은 예사였다. 당시 6학년 학생들 상당수가 쏟아지는 잠을 이겨내기 위해 카페인이 듬뿍 들어 있는 각성제를 먹어야만 했다. 여학생 60% 이상이 복용한다는 통계까지 나왔다. 6학년 교실은 매일 같이 배치고사를 치르며 학생들은 시험 기계가 되었다. 6학년 담임교사가 정상적인 교육을 할 수 없다는 하소연까지 할 정도였다. 이런 교육 광풍은 그 부작용이 걷잡을 수 없을 만큼 심각해지자 1969년, 서울을 시작으로 중학교 평준화 정책이 시행되며 막을 내리게 된다. 70년대 말에 들어 서울, 부산 등 대도시권의 고등학교도 평준화되어 고교 입시 경쟁도 잦아들었다. 그럼에도 2000년대 초반까지 비평준화가 유지된 지방과 수도권에서는 고교 입시 경쟁도 대입 경쟁을 능가할 정도로 치열했었다. 새벽 12시가 넘어서까지 중학생들이 학원에서 시험 준비에 매달리기 일쑤였다.

이 같은 광경은 이제 벌써 먼 과거의 일이 되었다. 요즘 학생들에게 이런 얘기를 들려주면 도대체 그 시절을 어떻게 견뎌냈냐고 놀라워할 것이다. 한 반 학생이 70명이 넘나드는 교실, 심지어 오전반, 오후반으로 나눌 만큼 과포화 상태였던 초중고의 모습도 현세대에게는 6.25 시대처럼 느껴질 것이다. 이제 한 반 정원은 20명대로 줄어들었고, 학교 교육 프로그램도 과거와 비교가 안 될 정도로 다양화되었다. 국정 교과서제도도 검인정으로 모두 바뀌었다.

교사의 주당 1인당 수업 시간은 OECD 평균 38시간과 동일하다. 수업 일수도 190일로 OECD 평균 183일과 차이가 별로 없다. 초중고 교사의 순수업 시간은 OECD 평균 688시간에 비해 무려 150시간 이상 적은 535시간이다. 2020년 한국의 1인당 초중고 공교육비는 PPP(구매력평가 지수) 기준으로 13,579달러로 세계에서 가장 높은 수준이다. OECD 평균(10,547달러)과 유럽 23개국 평균(10,766달러)을 훌쩍 뛰어넘는다. GDP 대비 초중고의 공교육비도 5.3%로서 OECD 평균 4.9%를 능가한다.

이처럼 한국의 교육 여건은 결코 나쁘지 않은 수준이며, 정부의 교육 투자도 그러하다. 아마 조영태 교수는 교육 환경이 문제가 아니라, 교육의 질과 명문대를 향한 입시 경쟁 자체를 문제시하는 듯하다. 그는 동아일보에 투고한 칼럼을 통해, 현행 공교육 방식과 대입제도가 저출산 문제의 근원으로 지목했다.

"어떻게 해야 지금의 10대가 오늘의 청년과 다른 삶을 영위할 수 있을까? 교육제도 개혁이 답이다. 지금의 10대가, 오늘의 청년들이 10년 전에 겪었던 파행적인 공교육과 끊임없는 사교육, 그리고 아무런 목적의식 없이 치르는 대입제도를 그대로 답습하면 10년 뒤에 오늘의 청년들과 다름없는 삶을 살게 될 가능성이 매우 높다. 이들이 결혼과 출산을 기피하게 될 것은 당연하다."

한국의 입시 경쟁이 과연 교육제도 자체에서 기인한 문제일까? 터무니없는 진단이다. 과거 모든 정부가 이런 근시안적인 관점에 입각하여, 수십 번이나 입시제도를 뜯어고쳤다. 거의 4년에 한 번꼴로 뒤바

뀌는 대입 제도로 인해 학생, 학부모, 교육 현장은 혼란에 빠지고 그에 적응하는 데 애를 먹었다.

사실 한국의 역대 정부는 모두 사교육비 절감과 대입 경쟁 완화에 올인해 왔다. 전두환 정부는 모든 사교육을 금지시키는 가장 급진적인 정책을 시행했다. 민주화 이후, 과외 금지법이 위헌 판결이 나면서부터 사교육은 다시 창궐했다. 학교 시험제도가 획일적이라는 점은 수십 년 전부터 회자되던 지적이었다. 매 정권이 들어설 때마다 입시제도에 손을 댔다. 김영삼 정부 이후부터 대입제도는 전면적인 수술에 들어갔다. 세계화가 열리는 시대에 창의적인 인재가 발굴될 수 없다는 명분이었다. 학력고사를 수학능력시험으로 대체했다. 대학 입학시험 비중이 너무 높으면 학교 교육이 파행으로 흘러간다는 지적 때문에 내신 반영 비율을 높였다.

김대중 정부에서는 더 과감한 개혁을 진행했다. 획일적인 입학시험 대신 대학이 자율적으로 다양한 인재를 뽑는다는 취지로 대학별 고사가 부활되었고, 전형방식도 대학 자율에 맡겼다. 그러나 이는 사교육비의 폭증으로 이어졌고, 대입 진학 지도에 큰 혼란이 불어닥쳤다. 객관식 시험이 학생들의 암기식, 주입식 교육의 주범이라며 선진국의 입시제도를 도입했다. 프랑스 고교 졸업 시험인 바칼로니아가 롤모델로 부각되면서 논술고사가 등장했다. 그러자 논술 과외가 폭증했다. 학생들은 학생들대로 교과 외 시험으로 학습 부담은 더욱 커져 비명을 질렀다. 논술 때문에 교육 현장이 파행적으로 흘러가고, 학생과 학부모의 원성이 잦자, 결국 몇 년 지나지 않아 논술 비중은 줄어들거나 폐지되었다.

그럼에도 대학 입시 다양화 정책은 미국의 대입제도를 모방하며 지속적으로 확대되었다. 점수로 줄 세우기는 안 된다며 수능 등급제가 시행되었다. 더욱이 수능시험 성적만으로 뽑는 정시 비중은 갈수록 줄어들고, 수시 비중은 늘어났다. 수시에서는 교과목 성적만 보지 않고, 학생들의 다양한 활동을 전형에 반영한다는 취지로 교과 외 활동 등 학생부종합전형이 입시에 결정적 요소로 작용한다. 이러다 보니 교과목 시험 성적 외에 수행평가, 봉사활동, 교과 외 활동 등이 모두 기록되는 학생기록부는 스펙 전형이나 마찬가지가 되었다. 입시 전형이 너무나 복잡하고 다양화되다 보니, 입시 전략을 짜 주는 컨설팅 업체까지 성행한다.

평가의 다원화는 스펙 쌓기로 변질된 지 오래며, 자녀의 교과 외 활동을 관리해 줄 여력이 되는 고소득자에게 유리한 제도일 수밖에 없다. 미국도 이 같은 다원화된 평가제도가 학부모들의 교과 외 활동 관리와 교육비 부담을 높이는 부작용을 겪고 있다. 미국 공립학교에서 방학마다 진행되는 다양한 캠프 프로그램에 참여하려면 4천 달러에서 1만 달러까지 소요된다. 미국도 체험 프로그램 사교육에 들이는 비용이 만만치 않다.

이른바 '창의교육', '열린 교육'이 교육의 빈익빈 부익부만을 초래한다는 비판은 오래 전부터 제기되었다. 미국의 공교육은 교과 학습 경시 풍조로 인해 학습 격차가 매우 심한 나라다. OECD 국제학업성취도(PISA) 등급도 수학의 경우 OECD 평균에도 미치지 못한다. 미국 오바마 대통령이 오죽하면 미국 교육의 본받아야 할 국가로 한국을 꼽

앉을까.

그럼에도 서구권은 기본적으로 사회적 신뢰가 두터운 만큼 추천, 교과 외 활동 등에 부정이 개입하는 경우는 드물지만, 한국은 조국 사태에서 드러나듯, 품앗이 스펙, 허위 스펙, 추천제 악용 등 온갖 편법과 불법이 난무하며 제도 도입 취지를 형해화시켰다. 미국 한인 사회에서는 여전히 한국식 교육 풍조는 여전하다. SAT 입시학원이 등장하고, 족집게 과외가 성행하여, 타 인종들마저 북적일 정도로 일각에선 한인들이 아예 미국 일각의 교육 풍토마저 바꿔 놓았다.

이처럼 입시제도는 과거와 크게 변화했지만, 사교육 성행과 대학 입시 풍조가 과거와 다르게 느껴지지 않는 이유가 무엇인가? 명문대를 향한 국민적 열망과 대학 서열 의식 자체가 과거와 크게 다르지 않기 때문이다. 이는 학력과 학벌, 직업과 소득에 따른 사회문화적 위계의식이 강한 한국 사회 풍조에서 기인한 것이지, 교육기관의 학습 방식이나 입시제도 자체에서 발생된 문제가 아니다. 조선시대에 과거시험 제도를 개선해서 양반들의 관직을 향한 경쟁심을 완화시킬 수 있었겠는가?

그동안 한국의 정책결정자들이나 언론 들은 사교육과 대입 경쟁 과열을 입시제도 자체에서 원인을 찾고 해법 마련에 골몰했다. 그 결과 정책 목표 달성에는 항상 실패하고, 새로 도입된 제도의 부작용으로 학생들은 실험 쥐가 되어 정책 실험 대상의 희생자가 되고, 학생과 학부모의 적응 비용만 잔뜩 높였을 뿐이었다.

조영태 교수의 교육 문제 진단은 그동안 조변석개로 입시 변화를 주도해 왔던 교육 당국자들의 얄팍한 인식과 조금도 차이가 없다. 게다가 그는 현 입시제도가 자신과 동일한 문제의식에 따른 결과였다는 사실조차도 잘 모르는 듯하다. 이런 단편적인 진단이 저출산 문제의 해법으로 제시되는 것이 과연 설득력이 있을까?

2. 수도권 집중으로 인한 경쟁 격화

조영태 교수는 최근 종래의 입장에서 벗어나 저출산 현상에 대해 새로운 진단서를 발급했다. 2021년 발간한 그의 책 [인구 미래 공존]을 통해 수도권으로의 과도한 집중 현상을 저출산 문제의 근원으로 삼고 있다. 그의 논지는 이렇다.

맬서스가 인구론을 통해 설파했듯이, 한정된 자원과 공간에서 개체 수가 급증하면 종들은 살아남기 위해 경쟁이 격화될 수밖에 없고, 생존이 우선인 상황을 맞이할 경우 이때 생존 본능이 재생산 본능을 능가하게 되어 출산을 억제한다는 것이 저출산의 기본 메커니즘이다. 요컨대 경쟁이 너무 격해지면 재생산 본능마저 억누르고 생존 본능이 더 크게 발현되는 것은 거대한 자연의 법칙인데, 이것이 한국의 저출산 현상에 적용된다는 것이다.

이런 가설을 검증하기 위해 출산율 2명 이하의 국가들을 조사해 본 결과 인구밀도가 높고, 인구의 지역 편중도가 높을수록 출산율이 저하되는 현상이 뚜렷하다는 것을 발견했다. 인구밀도가 높을수록 미래지향적인 성향이 짙으며, 그럴수록 출산하지 않으려는 경향이 강하다는 것이다. 특히 싱가포르, 마카오와 같이 인구밀도가 높은 도시국가들의 출산율이 세계에서 최저 수준에 달한 것은 시사하는 바가 크다. 한국은 도시국가는 아니지만 인구의 절반이 수도권에 몰려 있어, 그에 준하는 저출산 현상이 일어났다.

수도 서울은 자원이 편향적으로 투자되어 인구를 끌어당기고, 도시 인프라, 문화는 더욱 발달한다. 이것은 다시 새 인구를 유입시키는 동력으로 작용한다. 결국 대도시 수도권과 지방 사이에는 인구의 부익부 빈익빈 현상이 가속화된다. 친구들이 서울로 이동할수록 지역에 남은 청년들은 수도권을 지향하는 동경이 커져만 간다. 이로써 수도권의 공간적 밀도만이 아니라, 심리적 밀도를 높인다. 좁은 수도권에 인구가 과편중되면서 한정된 자원을 둘러싼 경쟁이 치열해지고, 청년들의 '생존 본능'이 '재생산 본능'을 능가하여 극심한 저출산 현상이 발생한 것이다. 따라서 저출산 문제 해법의 핵심은 인구 분산이다. 세종시, 혁신도시 등 그동안 진행해 왔던 인구 분산 정책은 수도권과 경쟁하기에는 도시 규모가 너무 작아 실패했다. 청년들이 즐길 만한 문화 인프라가 적은 탓이다. 따라서 서울 수도권과 경쟁할 수 있는 대규모 도시 건설이 저출산 문제의 정책적 대안이다.

이상의 내용이 조영태 교수의 저출산 문제에 대한 진단과 처방이다. 단도직입적으로 말해 그의 진단은 오류와 억측으로 가득 차 있다. 진단이 잘못되었으니 제대로 된 해법이 나올 리도 없다. 그가 18세기 맬서스 이론을 자신의 입론으로 삼고 있는 것부터 황당하기 그지없다. 맬서스의 인구론은 당시의 시대적 한계로 인해 현재의 기술 발달을 전혀 예측하지 못해, 천동설처럼 박물관 속에 사장된 이론이기 때문이다.

● 21세기에 맬서스 이론이라니

영국의 고전파 경제학자 맬서스가 1789년에 발표한 인구론은 맬서스 트랩(덫)으로 유명하다. '식량은 산술급수적(2, 3, 4, 5배)으로 증가하지만, 인구는 기하급수적(2, 4, 8, 16배)으로 증가'하는 경향이 있기 때문에, 출산을 저지하지 않으면 대량의 기아 사태를 피할 수 없고, 남은 사회구성원들은 복리후생을 제공받을 수 없다는 것이 그 이론의 요지다. 농업 생산 기술이 발달한다고 하더라도 대다수는 빈곤과 기근을 피할 수 없는데, 그 메커니즘은 다음과 같다.

기술 발달 → 임금/식량 생산 증가 & 위생 여건 개선 → 인구 증가 → 위생 악화/질병/전쟁 → 인구 감소 → 임금/식량 생산 증가 & 위생 여건 개선 → 인구 증가 → (반복)

바로 이것이 그 유명한 맬서스 트랩이다.

그가 살던 18세기 말엽 당시 가장 선진국이었던 프랑스의 보통 가정에서는 곡물을 구입하는 비용으로 수입의 절반을 썼다. 그러고서도 만성적인 기아와 영양부족으로 신음하는 현재의 사하라이남 아프리카인의 평균보다 더 적은 칼로리를 섭취했다. 당시 영국과 프랑스에 살던 사람의 20퍼센트는 일을 전혀 할 수 없을 정도의 영양실조 상태였고, 대다수 농민들도 영양결핍을 겪었다. 두 세기 전까지만 해도 유럽의 기근은 정기적으로 찾아오는 자연재해와 비슷했다. 프랑스에서는 15

세기에 일곱 번, 16세기에 열세 번, 17세기에 열한 번, 18세기에는 열여섯 번의 전국적인 기근을 겪었다. 각 지방에서는 세기마다 수백 번씩 기근을 겪으며 아사자가 매해 속출했다. 17세기 말 핀란드에서는 대기근이 찾아와 인구의 3분의 1이 굶어 죽었다. 벼농사를 짓는 중국과 인도 등 아시아에서는 사태가 훨씬 심각했다고 역사학자 브로델은 지적한다. 그는 인도의 기근을 목격한 네덜란드 상인의 말을 빌려 기근의 끔찍한 참상을 전했다.

"움푹 꺼진 눈과 핏기 없는 입술, 끈적끈적한 진물 범벅에 뼈가 앙상하게 드러난 거친 피부, 배는 텅 빈 채 매달린 주머니에 불과했고... 어떤 사람은 배고파 울부짖고 다른 사람은 땅바닥에 뻗은 채 비참하게 죽어가곤 했다. 버려진 아내와 아이들, 부모에 의해 팔린 아이들, 살기 위해 그들을 버리거나 스스로를 판 사람들, 집단 자살... 굶주린 사람들이 죽거나 죽어가는 사람들의 배를 갈라 자신들의 배를 채우기 위해 창자를 끄집어냈다, 수십만 명이 굶어 죽어 온 나라가 시체로 뒤덮였다. 그 바람에 천지가 악취로 진동했다... 수순트라 마을에서는.. 장터에서 인육을 팔았다."

조선시대에도 기근이 주기적으로 찾아와 굶주림으로 목숨을 잃는 일은 태반이었다. 특히 17세기 경신대기근 때에는 무려 100만 명으로 추정되는 인구가 굶주림과 역병으로 사라졌다. 조선 전체 인구의 25%였다.

맬서스의 이론은 이와 같은 시대 현실을 정직하게 반영한 것이기도

했다. 그의 묘사에 따르자면, '인류의 적'인 낙태, 영아 살해 등은 인구를 줄이는 가장 유능한 '일꾼'들이다. 이것으로 인구가 줄어들지 않으면, 전염병, 흑사병 등이 발생해 수천, 수만 명을 휩쓸어버리거나, 기근이 다가와 인구를 세계의 식량 생산량 수준으로 맞춰버린다.

그럼에도 맬서스는 식량 가격 하락을 가져올 곡물법 폐지에 대해 지주의 입장을 대변하며, 격렬하게 반대했다. 자본가는 자본 축적을 위해 이윤을 저축만 할 뿐이고, 노동자들은 생존에 필요한 최저 생계비만 받는 존재다. 지주만이 유일하게 소비하는 계급인데, 곡물 수입자유화로 지주가 몰락하면 국내 유효 수요가 줄어들어 경기는 침체되고 농장만 타격을 입게 된다는 것이 맬서스의 논리였다. 곡물법을 둘러싸고 맬서스와 논쟁했던 리카도를 비롯해 마르크스에 이르기까지 이 당시 고전파 경제학자들이 보기에 노동자들은 항상 생존에 필요한 딱 그만큼의 생계비만 받을 뿐 그 이상의 임금을 받을 수 있으리라고는 상상조차 못 했다.

맬서스뿐만 아니라 당대 경제학자들 대부분이 자명한 법칙처럼 여기던 현상들은 오늘날 더 이상 현실이 아니다. 19세기 그 어떤 몽상가들도 오늘날과 같은 현실은 꿈꾸지 못했을 만큼 경제의 생산성과 대중의 생활 수준은 기적같이 향상되었다.

20세기 가장 위대한 기술 혁신은 하버-보슈 공정에 따른 질소 인공 비료였다. 이 기술이 없었다면, 현대 세계 인구의 5분의 2는 존재할 수 없었을 것이라는 주장이 있을 정도다. 인공 비료가 등장하면서, 경작지의 효율이 3배 이상 증가했다. 1961년 이후 세계 인구는 2배로 늘어났어도, 경작지는 불과 13% 증가했을 뿐이다. 그런데도 산업화된 국가의 1인당 칼로리 섭취량은 3,100Kcal를 넘어 100년 전에 비해 거의 50% 가까이 늘어났다. 체형도 달라졌다. 1870년경 서유럽 남자의 평균 키는 167cm에 불과했지만, 100년 후 179cm로 커졌다. 이는 선진국들만의 사정이 아니다.

20세기 중반 녹색혁명의 위대한 주역인 미국의 농학자 노먼 블로그는 품종 개량을 통해 왜소종 밀을 개발해, 개발도상국의 식량 문제를 해결했다. 이 새로운 밀은 병충해에 강하고, 일조시간에 예민하지 않아 다양한 기후에서 자랄 수 있다. 이 때문에 기존 품종에 비해 무려 6배나 생산량을 확충될 수 있었다. 멕시코에 이어, 파키스탄, 인도 등 아시아 전역으로 보급된 이 품종으로 인해 밀의 생산량은 인구 증가를 압도했다. 인도와 파키스탄은 이제 1965년보다 일곱 배 많은 밀을 생산하고 있다. 당시 이란, 중국, 인도네시아 등 저개발국가들의 국민들은 1961년도에는 1일 2,000칼로리 이하만 섭취할 수 있었다. 오늘날 1일 섭취량은 2,800칼로리를 넘는다. 1969년만 하더라도 영양부족을 겪고 있는 세계 인구는 29%였지만, 이제 그 비율은 10% 미만으로 줄어들었다. 오늘날 산업 국가들에서는 고열량 식품이 무한할 정도로 값싸게 공급되고 있다. 그래서 현대인들의 걱정거리는 굶주림이 아니라 비만이다. 빈곤할수록 비만 비율이 높아질 정도다.

미국의 경제학자 멘큐는 한 세기 전 당대 세계 최대 부호 록펠러보다 현대 미국인 중산층의 생활이 훨씬 더 윤택하다고 말한다. TV, 인터넷, 자동차, 비행기, 에어컨, 스마트폰 등 현대 문명의 이기를 경험할 수 없었던 록펠러가 어떤 면에서는 현대인보다 삶의 질이 우수했다고 말할 수만은 없을 것이다.

● 한국의 경제발전

한국의 20세기 발전은 전대미문의 드라마다. 1950년대 극빈국에서 세계 10대 무역 국가로 올라서는 데 걸린 시간은 불과 50~60년이었다. 두 세대 만에 이런 경제발전을 이루어낸 것은 '기적' 외에는 달리 표현할 말이 없다. 대만, 싱가포르 등 동아시아 호랑이가 비슷한 예이지만, 5,000만 인구 규모에서는 한국만이 유일하다. 이후 60여 년간 경이적인 경제 성장을 통해 당대의 한국인이라면 누구나 실감할 수 있을 만큼 상전벽해 수준으로 생활 수준이 향상되었다.

한 세기 전만 하더라도, 한국에서 세끼 밥을 먹는 건 그래도 중상류층에 속했다. 1920년대 고창군 인구 약 10만 명 중 하루 세끼 먹는 인구는 23%, 두 끼 먹는 인구는 45%, 한 끼로 겨우 배를 채우는 인구는 31%나 되었다. 그나마도 잡곡에 풀뿌리를 섞거나(25%), 나무껍질로 연명하는 인구(4.6%)가 약 30%를 차지했다. 해방 후 한국은 농지개혁을 통해 농가 대부분이 자기 땅을 가지게 되면서 기아 인구가 사라졌다고는 해도 전쟁의 폐허 속에 한동안 빈곤의 그늘은 짙었다. 전후세대의 작가 김훈은 그 시대 가난의 기억을 다음과 같이 묘사했다.

"내가 어렸을 때는 전쟁고아들이 거리를 헤매고 다녔다. 끼니때마다 깡통을 찬 거지 아이들이 문 앞에 와서 '밥 좀 줘'라고 외쳤다. 나의 집은 밥이 남지 않아서 거지에게 줄 수가 없었다. 나는 내 또래 거지 아이들의 구슬픈 외침 소리를 들으면서 내 밥을 먹었다. 그 어린 날의 당혹감과 슬픔은 지금도 내 마음에 남아 있다."[7]

1960년대 경제 개발이 본격화되고 이촌향도 현상으로 도시 인구는 급증했다. 그러나 도시 인프라가 뒷받침되기도 전에 많은 수의 인구가 대도시로 몰려들면서 판자촌, 쪽방촌 등 빈민촌이 대규모로 형성되고 1980년대까지 도시민의 생활과 주거 환경은 말할 수 없을 만큼 열악했다. 특히 전쟁 이후 베이비붐 시대가 20년 가까이 지속되어 늘어난 도시 인구를 뒷받침할 만한 주거 환경은 갖추지도 못했다. 단칸방에 3~4식구는 기본이고, 8명이 기거하는 경우도 흔했다. 도시 난방의 주 연료는 연탄이었다. 일산화탄소 중독으로 사망하는 사람이 매년 평균 2,000명을 웃돌았다. 연탄가스로 일가족이 사망한 사례도 부지기수였다. 1960~1980년대까지 약 30년간 연탄가스 사망자만 대략 6만 명이었다.

가정마다 석탄을 때고, 공장, 자동차 등에 대한 환경규제도 별로 없던 시기라서 도시의 대기 오염 상황은 심각했다. 80년대에 들어서야 대기질을 측정하기 시작했다. 1984년 서울의 미세먼지 농도는 254μg/㎡로 조사되었다. 2020년 20~30μg/㎡에 비해 10배 수준이다. 대기 중 아황산가스는 1980년 0.094ppm으로 가장 높았는데, 이는 서울시 연평균 기준치인 0.01ppm의 9.4배에 해당하며, 2020년 측정치인 0.003ppm의 30배 농도다.

---

7) 김훈, 「거리의 칼럼:긴급재난지원금」, 한겨레 2020.6.15.

80년대까지 한국의 위생 수준은 매우 열악했다. 화장실을 갖춘 가정도 드물었다. 대부분 주민들은 공중화장실을 이용했다. 집에 화장실을 갖춘 경우에도 수세식 변기보다 재래식 변기 비율이 훨씬 많았다. 1990년도에 이르러서야 수세식 화장실 사용 가구 비율이 50%를 겨우 넘어섰다. 70년대까지 기생충 감염자 비율은 인구의 70%에 달했다. 기생충 때문에 해마다 평균 2천 명이 숨지고, 내과 환자의 40%가 기생충으로 인해 발병하였다. 1980년도까지 상수도 보급률은 60%를 넘지 못했다. 수도가 없는 가정이 그만큼 많았다. 같은 기간 서울에서 전화가 없는 가구도 50% 정도였다. 세탁기 보급이 50%를 넘긴 것도 1980년대 후반에 이르러서였다. 1987년까지만 해도 인구의 절반은 국민건강보험의 혜택을 받지 못했다.

1955년 한국의 기대수명은 42세였으며, 남자는 37.7세로 40세도 채우지 못했다. 20년 후인 1975년도에는 20년 증가했지만 63세에 불과했다. 이때도 남자는 60세를 넘기지 못했다. 70~80년대 한국의 도시 근로자는 2020년의 근로자 보다 대략 400시간 이상 일했다. 주5일 8시간을 기준으로 한다면 두 달을 더 일한 셈이다. 1970년도 당시 초등학교 졸업자의 약 40%는 중학교를 진학하지 못했고, 중학교 졸업자의 70%만이 고등학교에 진학했다. 초등학교 졸업자의 절반만이 고교에 진학한 것이다. 자녀들의 중고교 수업료를 감당할 수 없는 가구가 그만큼 많았다. 오늘날 초중고교의 학비는 물론 급식비조차 모두 무료다.

[표 6]

국민소득대비(GNP) 연간 대학등록금

연도	사립대 등록금	1인당 GNP	1인당 GNP대비 등록금 비율
1975년	260,000	290,000	89%
1980년	710,000	1,030,000	68%
2020년	7,520,000	37,620,000	20%

*단위: 원
*출처: 대학알리미

　1975년 평균 서울 사립대 기준 연간 평균 등록금은 26만 원, 1980년은 71만 원, 2020년은 752만 원이다. 이 당시 1인당 국민소득 대비 등록금 수준은 각각 89%, 68%, 20%다. 70년대에 대학을 다니려면 버는 소득의 거의 전부를 내야 할 정도였다. 웬만한 가정에서는 대학 보내는 게 보통 버거운 일이 아니었다. 이 당시 한국의 중간 나이는 19.6세였다. 그만큼 한 가구에서 책임져야 할 부양가족이 많았다.

　오늘날은 어떤가? 부양해야 할 자녀 수는 2명 이하고, 소득은 선진국 수준에 도달했다. 소득에서 대학 학비가 차지하는 비중은 20% 이내다. 게다가 국가장학금 제도로 인해 소득 8분위부터 1분위까지 대다수 중산층 이하 가구는 소득에 비례하는 장학금 혜택을 받아, 실제로 부담하는 대학 등록금은 훨씬 적다. 대학에 합격하고도 등록금을 마련하지 못해 대학 진학을 포기했다는 과거의 숱한 일화는 이제 시대극에서나 볼 일이다.

　1960~1980년대는 산업화와 고도성장을 특징으로 하는 한국 경제의 황금기로도 일컬어진다. 현재와 비교했을 때, 과거가 유일하게 내

세울 만한 장점일 수 있겠다. 그렇다고 해서 사회적 경쟁이 덜했을까? 실업률을 비교해보자.

[표 7]

한국의 고도성장기 VS 현 시기 실업률 비교

	1963~1979	1980~1989	2015~2020
전체평균 실업률	5.0%	3.8%	3.7%
서울 평균 실업률	14%	7.7%	4.45%
15~29세 실업률	자료없음	7.1%	9.3%

*출처:통계청

잘 알려지다시피 1960~1980년대는 산업화와 3저 경제 호황으로 한국 경제가 매년 10% 가깝게 가파르게 성장하며, '한강의 기적'을 과시하던 시대였다. 그런데도 현재보다 실업률이 높았다. 1960년대 서울의 평균 실업률은 18%, 70년대는 10.4%에 달했다. 반면, 2000년대의 실업률은 4~5%를 유지하고 있다. 청년실업률만이 80년대보다 대략 2% 높지만, 4년제 대학 진학률이 80%에 육박하는 현세대의 특징을 감안하면 청년실업률은 사실상 과거와 차이가 없다. 80년대에는 4년제 대학 진학률이 30% 미만이었다.

과거 1950~70년대 한국 사회와 도시의 형편을 다소 장황하게 개괄한 이유가 있다. 바로 이 시기가 한국의 출산율이 역대 가장 높았던 베이비붐 시대이기 때문이다. 아무리 고도성장 시절이었다고는 하더라도 일반 국민들 삶 전반은 궁핍과의 전쟁이었다. 21세기 한국 사회의 생활 환경만을 접했던 현세대의 젊은이들이 타임머신을 타고, 그 시대를 경험한다면 과연 얼마나 버틸 수 있겠는가? 도시환경, 주거 여건, 교육, 복지, 소득과 소비수준, 근로 시간과 여가 활동 등 그 어떤 지표와 비교하더라도, 베이비붐 시기와 현재 삶의 질은 비교 불가다.

● 생존 본능이 재생산 본능을 능가한다는 궤변

그렇다면 조영태 교수는 현시대가 과거와 비교해 어떤 어려움이 더 있기에 청년들의 '생존 본능'이 '재생산 본능'을 압도하는 시대가 되었다고 말하는 것일까? 경쟁이 너무 치열한 사회라는 것 외에는 다른 설명이 없다. 그리고 과도한 경쟁의 유일한 근거는 인구 절반이 몰려 있는 수도권의 과밀한 인구라는 것이 전부다. 당혹스러울 정도로 허무한 설명뿐이다.

우선 인구밀도가 높으면 무조건 경쟁이 격화되는가? 대도시는 경쟁보다는 그만큼의 기회가 훨씬 많은 곳이다. 도시경제학자 에드워드 글레이저가 그의 책 [도시의 승리]에서 설명했듯이, 도시의 인구집중은 환경, 기회, 문화, 생산성 등 여러모로 유익한 효과를 가져다준다. 교육수준이 높은 전문적이고 숙련된 인력이 모여들고, 같이 협력하여 혁신이 이루어지기 좋은 환경을 제공한다. 가난한 사람도 농촌에서 얻지 못할 기회를 도시에서 얻을 수 있다. 도시가 사람을 가난하게 만드는 것이 아니라, 기회가 무궁하기에 가난한 사람을 끌어들인다. 도시는 부자와 빈자 모두에게 기회를 제공하는 곳이다. 그래서 지역의 가난한 사람들이나 이민자들이 대도시로 몰려드는 것이다.

그가 말한 대로 '생존 본능'을 일깨울 만큼 수도권이 경쟁 격화의 끔찍한 현장이라면, 도대체 왜 인구 절반이 불나방처럼 그 경쟁의 불구덩이에 몰려든단 말인가? 게다가, 그 '경쟁'은 도대체 무엇을 염두에 둔 것인지도 의문이다. 명문대를 향한 입시 경쟁이라면, 수도권과 지방의 학생들 사이에 무슨 차이가 있겠는가? 취업 경쟁도 마찬가지다. 공무원, 전문직, 대기업 정규직 등 고소득 직종을 선호하고 지원하는 것에 수도권과 지방 출신들 사이의 경쟁이 구분되는가? 기업이나 자영업자 간의 경쟁에서 수도권과 지방의 차이가 있는가? 무엇보다 인구밀도라는 변수로 저출산을 설명하는 것은 과거 베이비붐 시절과 비교해볼 때 더욱 말이 안 된다.

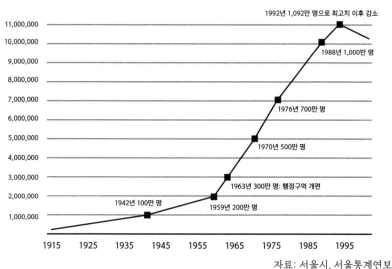

[그림 7] 인구 증가 추이 (단위: 명)

자료: 서울시, 서울통계연보

베이비붐이 한창이던 1960년대 서울 전체 인구 대비 청년 인구 비중은 34~40%로 현재(29%)보다 더 높았다. 1962~1983년 사이의 불과 20년 동안 서울의 인구는 300만 명에서 920만 명으로, 600만 명 이상 늘었다. 연평균 30만 명의 인구가 매년 서울로 향했다. '무작정 상경'이라는 말이 관용어처럼 쓰이던 시절이었다. 이토록 짧은 기간에 이 같은 규모의 인구 증가는 세계적으로도 찾기 힘들 것이다. 당시 이렇게 급증하는 인구를 뒷받침할 주택이나, 일자리, 사회 인프라는 턱없이 부족할 수밖에 없었다.

1970년 당시 서울의 총가구 수는 99만 9,531가구인데 비해 총주택 수는 모두 58만 977채에 불과했으며, 무허가 판잣집 등 불량주택의 수도 18만 7,000채에 이르렀다. 농촌에서 서울로 올라온 사람들은 도심 하천변 및 구릉지 등 빈 땅이 있으면 아무 허가도 받지 않고 무작정 주택을 짓고 살기 시작하였다. 그곳에는 무허가 판자촌이 난립했다. 방 한 칸에 다섯 식구 이상이 몰려 사는 것은 흔한 광경이었다. 1975년 당시 1인당 주거 면적은 불과 7.9㎡로 불과 2평 남짓이었다. 2021년 현재 국내의 주거 면적 평균 33.9㎡(10평)의 20% 수준이다.

조영태 교수의 말대로 설사 인구밀도와 경쟁이 비례관계에 있다고 하더라도, 현재 서울의 청년 인구는 30~40년 전보다 대략 10% 줄어들어 과거에 비해 경쟁은 훨씬 감소했다고 볼 수도 있다. 베이비붐 시대의 서울은 강남, 서초, 송파 등 강남권이 개발되기 이전이라, 체감 인구밀도는 현재와 비교가 안 될 만큼 조밀했다. 서울 청년 인구 대부분은 경기도로 많이 빠져나갔다. '수도권'으로 통칭하여 인구과밀을 강조하는 건 적절치 않다. 서울과 경기도의 인구밀도는 무려 10배 이상 차이가 난다. 이처럼 시계열적 비교를 통해 검토해 보면, '인구밀도-

과잉경쟁'이라는 단순 도식으로 저출산을 설명하는 것은 전혀 들어맞지 않는 내용투성이다.

● 사이비 자연선택론

점입가경인 것은 진화생물학자 장대익 교수까지 가세하여 다윈의 자연선택론으로 조영태 교수의 논지를 더욱 강화해주고 있다는 사실이다. 맬서스 인구론의 영향을 받은 다윈의 자연선택론은 만물에 적용되는 이론인데, 맬서스가 저술한 출산 조절 현상이 자연사적 과정과 흡사하다는 이유다. 요컨대 그들의 논지는 이렇다.

① 자원은 한정적이다.
② 공간의 밀도가 개체당 쓸 수 있는 자원의 양을 결정한다.
③ 공간은 한정돼 있는데 개체 수가 급증하면 조절이 일어난다.
④ 종들은 살아남기 위해 서로 경쟁한다.
⑤ 이때 본인의 생존 본능이 후손 재생산 본능보다 우선한다.

자연의 이런 기본 메커니즘은 인간 사회에 그대로 적용된다. 인구밀도가 높거나 경쟁이 심각하다고 지각하는 순간, 진화를 거쳐 형성된 인간의 심리의 반응체계가 작동하여, 사회적 공격성이 증가하고 사람들의 목표와 가치가 획일화되기 시작한다. 그 결과 경쟁은 더 치열해지고 일자리는 줄어든다. 이런 환경에서는 번식을 앞당기기보다는 늦추고 짝짓기보다는 양육에 더 투자해서 경쟁력을 높이려고 한다.[8] 현재 한국이 직면한 저출산의 근본적인 원인은 이 같은 다위니즘적 자연

---

8) 장대익 외, 「저출산 정책의 실패인가 진화의 결과인가」, 『아이가 사라지는 세상』, 김영사(전자책)

선택에 따른 자연적 결과라는 것이 조영태, 장대익 교수의 결론이다.

앞서 말한 대로 과거 한국 사회의 베이비붐 시기를 떠올려 보면 이들의 결론은 억지춘향식 꿰어맞추기 설명이 아닐 수 없다.

더욱이 맬서스 트랩이든 자연 선택이든, 개체 조절의 핵심 변수인 '식량'을 '자원'으로 은근슬쩍 바꿔치기한 것부터 심각한 이론적 왜곡이다. 맬서스가 말한 '식량'은 결코 '자원'으로 대체할 수 있는 메타포적 의미가 아니다. 말 그대로 식량 그 자체인 것이다. 상술했다시피 맬서스 시대에 기아는 정기적으로 찾아오는 자연재해와도 같은 실질적 위협이었다. 맬서스가 죽은 지 10여 년 후에도 아일랜드에서는 대기근이 발생하여, 무려 당시 인구 800만 명 중 8분의 1인 100만 명이 아사했으며, 또 다른 100만 명은 기근을 피해 이민 길에 올라 전체 인구의 25%가 줄어들 정도였다.

이들의 '자연선택론'을 듣자면 마치 목초지에 방목된 초식동물의 생존 양식을 연상케 한다. 천적인 육식동물이 사라졌을 시 일시적으로 초식동물이 증가할 수 있지만, 생존영역에서의 단위 면적당 먹이 부족으로 인해 개체수가 조절되는 생태 메커니즘을 인간 사회에 적용하는 것은 정말 난센스다.

인간은 개체가 영역을 중시하는 동물이 아니다. 개미처럼 군집 생활이 특징이며 고도의 사회성을 통해 대규모의 집단을 이루면서 문명을 개척해왔다. 이런 특성을 무시한 채 인구밀도라는 변수 하나만으로 저출산 현상의 원인을 파악하는 것은 문제를 지나치게 단순화한 것이며,

통계학적으로 흔히 범하는 인과관계의 오류이다.

도시가 농촌에 비해 출산율이 낮은 경향이 있는 것은 사실이지만 이는 인구밀도라는 요인 때문에 발생한 것이 아니다. 여성의 교육 수준 향상과 높은 사회적 진출, 양육의 질을 높이기 위한 교육비 증가, 자아실현 욕구 등 오히려 풍요로 인해 나타나는 현상이다. 현대 사회에서의 경쟁은 자연의 삶처럼 한정된 먹이에 사활을 걸고 싸우는 쟁탈전이 아니다. 더 나은 지위를 점하기 위한 상대적 경쟁이다. 즉, 군비 경쟁의 성격이 짙다. 그리고 이 경쟁의 강도는 각 나라의 사회문화적 성격에 따라 다르게 나타나지, 자원(?)의 양에 따라 결정되지 않는다.

또 도시에서의 경쟁에 '자원'이라는 개념을 끼워 넣은 것도 어색하다. 자원의 사전적 개념은 '어떤 목적을 위해 자연계(自然界)에서 얻고 생산되는 물질'이다. 도시에서 이런 사물을 두고 경쟁한다는 것은 있을 수 없는 얘기다. 사실은 더 많은 소득을 얻기 위한 경쟁인데, 이것은 제로섬 게임이 될 수 없다. 소득은 '한정된' 자원이 아니기 때문이다. 한국 경제는 물론이고, 세계 경제는 계속해서 성장해왔다. 그 성장은 다름 아닌 소득의 증가다. 그런데 조영태, 장대익 교수는 왜 굳이 '소득' 대신, '자원'이라는 적절하지 않은 용어로 경쟁을 설명하려 했을까? 아마도 자연에서의 '한정된 먹이'와 '자원의 희소성'을 연상케 하여, 제로섬 게임으로 보이기 위한 의도인 듯하다. 그렇다면 이것은 기만이다.

사실 맬서스의 주장은 20세기 초부터 이미 영향력을 상실했다. 특히

1920~30년대 경제 대공황 여파로 인해 유럽 출산율이 2명 이하로 급전직하로 떨어졌을 때, 유럽 각국은 줄어드는 인구에 대해 국가적 위기감을 표출할 정도였다. 영국은 1880년만 하더라도 4.85명의 합계출산율을 보였지만, 이후 하락세로 돌아서기 시작하더니 1935년에는 1.75명으로 떨어졌으며, 독일도 같은 기간 5.2명에서 1.77명으로 대폭 감소했다.

[그림 8] 1800년부터 2020년까지 영국의 합계출산율

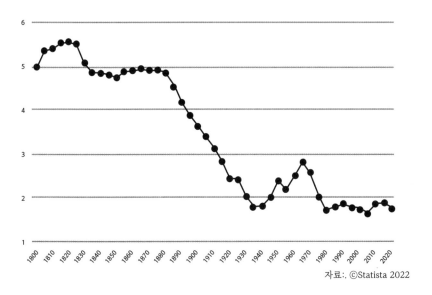

자료:. ⓒStatista 2022

[그림 9] 1800년부터 2020년까지 독일의 합계출산율

자료:. ⓒStatista 2022

영국의 작가 G.K 체스터턴은 1930년에 "출생률이 앞으로도 현재처

럼 감소하면 아기가 한 명도 존재하지 않는 상황이 닥칠 것이다."라고 했다. 경제학자 케인스는 1935년의 상황에서 "인구 성장에서 인구 하락으로의 전환은 굉장한 파국을 몰고 올 수 있다."라고 하며 깊은 우려를 나타냈다. 심지어 유럽보다는 사정이 비교적 나았던 미국에서도 출산율이 지속적으로 하락하자, 시어도어 테디 루스벨트 대통령은 "의도적인 불임은 죄이며, 그 형벌은 국가의 죽음과 인종의 자살"이라고까지 말했다. 이탈리아 파시스트 지도자인 무솔리니는 "이탈리아가 세계에서 중요한 역할을 하기 위해서는 6,000만 명 이상의 국민이 있어야 한다."라고 하며 강력한 출산 장려 정책을 시행했다. 낙태와 피임은 금지되고, 독신자에게는 세율을 높였다. 독일도 바이마르 공화국 시절부터 출산 장려 정책을 시행했는데, 나치 정부에서는 더욱 강화되었다. 히틀러는 출산한 자녀 수에 따라 여성들에게 금, 은, 동 훈장을 수여할 정도로 열성적이었다. 이처럼 20세기 들어 출산율이 급락했던 서구 국가들은 인구를 국력의 핵심으로 여기고 출산 장려에 적극적으로 나섰다. 맬서스주의는 전혀 고려의 대상이 아니었다.

그러나 2차 대전 이후 호황의 여파 등의 요인으로 출산율이 급격히 오르면서 분위기는 반전하였다. 1945~1960년 사이 개도국 출산율은 평균 6명대 이상이었고, 선진국들도 3~4명으로 전전(戰前) 시기보다 두 배 가까이 증가했다. 베이비붐이 전 지구적으로 확산되고 평균수명은 날로 길어졌다. 이처럼 출산율과 수명이 늘어나면서 인구가 급증하자 맬서스주의가 새롭게 부활했다. 학자에 따라서는 2050년 전 세계 인구가 200억을 넘을 것이란 전망까지 나올 정도였다. 맬서스주의적 공포에 기름을 부은 것은 1972년 발간된 로마클럽의 '성장의 한계' 보고서였다. 세계 각국의 과학자, 경제학자 등의 학자들이 설립한 연구단체인 로마클럽은 보고서에서 과잉인구, 식량 및 자원고갈, 환경오염 등 지구상의 각종 지표가 악화되고 있음을 보여주며, 이 상태가 지속된다면 지구는 대재앙을 피할 수 없다는 종말론적 예측을 경고했다. 보고서는 암울한 전망으로 가득 찼다.

세계 인구가 연 2.1%씩 증가하는데, 식량 생산은 이런 증가율을 따라잡을 수 없다고 단언했다. 수자원도 부족해지고, 환경오염은 30년 안에 두 배로 증가하고 오존층은 붕괴될 것으로 예측했다. 석유, 가스, 니켈, 주석 등 주요 자원은 2010년 정도면 완전히 고갈될 것이라고 주장했다. 맬서스 인구론의 20세기 업그레이드판이라고 할 수 있다. 보고서는 당시 세계 지식인과 각국 정부에 큰 충격을 가했고, 출산율이 높았던 한국과 중국 등 아시아 국가들의 산아제한 정책에 많은 영향을 미쳤다. 특히 1973년 1차 오일쇼크는 이들 주장에 더욱 신빙성을 더했고, 보고서의 권위를 더욱 높여주는 계기가 되었다. 한국의 가족계획 정책이 62년부터 시작되었지만, 합계출산율이 2명 이하로 떨어진 90년대 초까지 산아제한 정책이 지속된 것도 보고서가 경고한 자원 한계론이 맹위를 떨쳤기 때문이다.

● **사이비 종말론과 황당한 인구분산론**

그러나 보고서가 발간된 지 50년이 지난 오늘날 현실에서 보면 맬서스의 인구론처럼 이들의 예언도 대부분 어긋났다. 인구가 폭발하기는커녕 세계 인구증가율은 2009년부터 줄어들고 있었고, 감소세는 날이

갈수록 가파르다. 세계 각국은 출산율 저하 문제로 골머리를 앓고 있다. 식량은 지난 50년간 두 배 이상 늘어났으며, 기아 인구 비중은 반대로 1970년 대비 3배 가까이 감소했다. 고갈된다는 석유는 셰일가스 등장 등 1950년대 측량된 양보다 오히려 20배 가까이 더 늘어났다. 수은, 망간, 주석, 니켈 등 다른 자원들 역시 생산량이 증가했다. 자원 고갈 얘기는 이제 어디에서도 잘 들리지 않는다.

자원만이 아니다. 과거 인류를 짓누르던 갖가지 부정적 지표들은 지구적 차원에서 드라마틱하게 변화했다. 아동 사망률은 1800년 44%에 달했지만, 2000년대 들어 4%로 떨어졌다. 천연두는 완전히 박멸되었다. 1930년대 971명(10년 평균, 1,000명당)에 이르던 재해사망률은 2010년대에는 불과 72명으로 줄어들었다. 1970년 160만 톤에 달하던 오존 파괴 물질의 배출은 현재 2만 톤 이하로 뚝 떨어지면서 무려 99% 가까이 감소하여 오존층 구멍 이슈는 완전히 사라졌다. 이 밖에도 매연 입자 수, 아동노동 인구, 핵무기 개수 등 인류를 위협하는 부정적 요인들은 과거와 비교가 안 될 만큼 괄목할 만한 개선을 이뤘다.

인류가 역사에 등장한 이래 오늘날만큼 인간 수명이 증가하고, 보통 사람의 식량 사정이 양호하며 생활이 윤택했던 적은 없었다. 아마 맬서스가 다시 살아나서 현시대를 본다면 경악하지 않을 수 없을 것이다. 자신이 살던 시대보다 인구가 8배 가까이 증가했는데, 식량과 자원이 풍부하며 굶주리는 사람이 거의 없다는 사실에 한 번 놀라고, 그럼에도 출산율이 급락하고 있다는 사실에 또 한 번 놀랄 것이다. 다시 태어난 맬서스라면 자신의 이론을 폐기했을 것임은 분명하다. 거듭 말하지만, 자원 부족과 인구 폭발을 경고하기 위해 만들어진 맬서스주의나 다윈의 자연선택론으로 저출산 문제의 원인을 찾는 것은 난센스 중의 난센스다.

이처럼 '인구과밀-〉경쟁격화-〉저출산'이라는 단순 논리에 기대어 출산 문제를 바라보니, 해법은 수도권 인구 분산으로 귀결된다. 조영태 교수는 혁신도시처럼 잘게 쪼개진 인구 분산이 아니라, 수도권과 견줄만한 대도시가 만들어져야 한다고 말한다. 수도권과 같은 높은 산봉우리를 하나만 둘 것이 아니라, 그런 산봉우리 한두 개를 더 만들어 인구의 물리적, 심리적 밀도를 완화해야 과도한 경쟁에 노출된 청년들의 숨통이 트이고 재생산 욕구도 살아난다는 것이 그의 주장이다.[9]

인프라 규모가 수천조 원을 훌쩍 뛰어넘는 수도권과 견줄만한 도시를 건설한다는 것부터 현실적으로 말이 안 되는 발상이다. 촌락이나 지방 도시에서 경쟁력 있는 도시로 인구가 집중되는 것은 물이 아래로 흐르듯 자연스러운 현상이다. 가장 발달된 도시를 버리고 생활권이 전혀 다른 새 도시로 많은 청년 인구가 이동한다는 것은 공상 속에서나 가능할 것이다. 그런 역사적 전례도 없다. 그리고 새 도시를 채울 젊은 인구도 없다.

한국과 비슷한 인구 규모의 영국과 프랑스를 살펴보자. 런던은 서울보다 경제력 집중도가 훨씬 높고, 파리는 서울보다 인구밀도가 더 높다. 그렇다고 런던, 파리와 견주는 도시를 인공적으로 만들 생각이나

---

9) [국민연금 20XX년에 고갈된다? 인구절벽이 그리는 암울한 미래: 한국은 이미 멸종의 길에 들어섰나], https://youtu.be/t6wRxOufGhs

유명 인구학자의 허무한 진단

할 수 있을까?

한국 수도권의 1인당 소득과 생산액은 다른 나라에 비해 높은 편도 아니다. 더욱이 수도권에 인구가 조밀하게 몰려있지 않더라도 저출산 문제가 해소된다는 보장도 없다. 독일이나 스페인, 이탈리아는 영국, 프랑스만큼 인구와 경제력이 수도권에 집중된 나라가 아니다. 그러나 유럽에서 출산율이 가장 저조한 대표적인 국가들이다.

조영태 교수는 한국에서 가장 조명을 받는 인구학 전문가다. 해마다 갱신되는 저출산 기록으로 인해 각종 매체, 정부 기관, 단체마다 그의 조언을 듣기 위해 줄을 선다. 윤석열 대통령직인수위원회의 인구 테스크포스 위원장까지 맡았다. 그는 책뿐만 아니라, 유튜브나 방송을 통해 저출산 문제에 대해 활발하게 의견을 개진하고 있다. 그의 서울대 유튜브 강의는 300만 조회수에 육박한다. 이처럼 영향력이 큰 전문가가 '인구 과밀 - 과도 경쟁 - 출산기피'라는 잘못된 진단을 유포하는 것은 심각한 문제다. 저출산 문제 해결을 더욱 미궁에 빠트리고, 해법 마련에 들여야 할 시간과 예산이 엉뚱한 곳으로 탕진될 수 있기 때문이다.

6장

저출산 현상의
진짜 이유

1. 기혼자들이 자녀를 적게 갖는 이유

● 게리 배커의 합리적 선택론

출산율 저하는 크게 보면 두 가지 현상에 의해 전개된다. 첫째는 기혼자들이 과거보다 자녀를 덜 낳는 것이다. 둘째는 혼인을 미루거나 포기하는 미혼자들이 늘어나는 것이다. 우선 기혼자들이 아이를 덜 낳는 이유에 대해 생각해보자.

한스 로슬링이 기념비적 저서 『팩트풀니스』에서 각종 지표를 통해 밝혔듯이 인류의 삶은 과거에 비해 훨씬 나아지고 있다. 예컨대 곡물 수확량은 50년 전에 비해 1헥타르당 4배 정도 늘어났고, 안전한 상수도물을 사용하는 인구 비율도 88%나 된다. 이는 1980년도 58%에 비해 30%가 증가한 것이다. 이밖에 전기 보급률, 인터넷 보급, 여학생 증가, 문맹률, 여성의 투표권, 암 생존율 등 거의 모든 생활상 지표가 과거와 비교도 안 될 만큼 개선되었다. 인류 역사상 이렇게 풍요를 경험한 시대는 없다. 그런데도 21세기 들어 저출산 현상은 전 지구적으로 확산되고 있다. 상위 소득 계층일수록 자녀 수가 더 적은 경향이 있다.

노벨 경제학상을 수상한 게리 배커 교수는 이런 현상에 대해 비용 대비 편익의 '합리적 선택' 이론으로 분석한다. 그는 부모의 소득이 높아질수록 뛰어난 자질의 자녀를 두고 싶어 하는 욕구도 함께 늘어나기 마련이며 이는 곧 자녀에 대한 투자 증가로 이어진다고 봤다. 결국 자녀가 늘어나면 총 양육비용은 상승할 수밖에 없기 때문에 많은 수의 자녀를 갖는 대신 기존 자녀의 질을 높이는 쪽으로 투자를 집중하게 된다는 것이 베커의 설명이나. 한 마디로 양보다 질을 추구하는 전략인 셈이다. 소득 증가에 따른 저출산 현상에 대해 어느 정도 설득력 있는 설명이다.

그런데, 비용-편익의 경제모형만으로는 설명될 수 없는 부분이 많다. 이 이론에 따르자면, 양육비 부담(비용)이 감소하면 더 많은 자녀(편익)를 갖게 될 터인데, 현실에선 양육비와 출산율 간의 인과관계가 분명치 않다. 자녀 양육비에 대해 부담을 크게 느끼지 않는 초고소득 계층조차 대부분 2명 이하의 자녀를 둔다. 한국 재벌들의 가계도를 보면 재벌 3세 이하 세대들은 거의 자녀 수가 1~2명에 그친다. 한국의 대표 재벌 삼성전자 이재용 부회장의 자녀는 둘이고 그의 여동생 이부진 신라호텔 사장은 한 명뿐이다. 다만 그의 여동생인 이서현 씨만이 4명의 자녀를 두었다. LG그룹 후계자인 구광모 회장도 자녀는 2명이다. 현대가도 마찬가지다. 3명 이상의 자녀를 둔 경우는 극히 드물며 대부분 자녀 수는 2명에 그친다.

국가적 수준에서 보더라도 양육비와 출산 상관율은 그리 높지 않다. 스웨덴은 자녀 양육에 관한 한 모든 지원을 아끼지 않는 국가로 유명하다. 양육과 교육에 들어가는 거의 모든 비용을 국가에서 지원해주고 있어서, 양육에 대한 부모의 경제적 부담은 매우 낮은 편이다. 반면 미국은 유럽 평균에 비해서도 복지 제도가 매우 미흡하여 양육의 경제적 부담은 매우 높은 편이다. 그럼에도 출산율은 유럽보다 오히려 미국이 더 높다. 이런 점에서 볼 때, 출산율 증감은 단순히 양육비용이라는 변수만으로 설명할 수 없는 다른 요소를 생각해봐야 할 것이다.

● 여성의 사회경제적 지위 향상

우선 출산은 여성의 몸에서 이루어지고, 양육을 주로 책임지고 있기 때문에 출산에 대한 결정 권한은 대체로 여성이 갖고 있다. 그렇다면 문제 범위를 좁혀 왜 여성들이 과거에 비해 출산을 적게 하는지 생각해봐야 한다.

과거 여성은 남성에 비해 상대적으로 덜 교육을 받았고, 외부 경제활동이 활발하지 않았다. 따라서 외벌이 남편에게 경제적으로 종속되었다. 자식을 잘 키우며 가정을 돌보는 일이 여성들의 규범화된 생활이었다. 자식에게 사랑을 베풀고, 커가는 아이들을 보며 느끼는 보람이 여성들 삶의 낙이기도 했다. 교류의 폭도 좁았다. 가족과 친인척 그리고 비슷한 사정의 이웃들이 기혼 여성들이 맺는 인간관계의 전부였다. 그러나 여성들이 교육받고 사회진출이 활발히 이루어지면서 기혼녀의 표준적인 삶은 달라졌다.

고학력화 여성의 자아실현 욕구는 가정에만 머무르지 않게 되었다. 사회적 성취와 지위 상승에 따라 사회적 인정을 얻으려는 욕망도 함께 커졌다. 도시에서의 삶이 보편화됨에 따라 학교, 직장, 동호인 등 인적 교류 영역도 넓어졌다. 자신보다 더 높은 부와 지위를 누리는 주변 여성들과 비교하며 생활 수준을 높이려는 동기도 훨씬 강렬해졌다. 미디어의 발달은 끝없이 소비를 자극하고 그 욕구를 충족시키려는 개인의 욕망은 한없이 커진다. 높아진 소득은 다양한 영역에서 개발된 여가와 편의를 즐기게 해준다.

소득 활동을 하는 기혼녀 중에는 소득이 높을수록 아이를 적게 가지려는 경향도 크다. 아이를 양육할 때 잃을 수 있는 기대 소득이 크기 때문이다. 한국개발연구원(KDI)에서 발표한 논문에 따르면 여성 임금이 10% 올라가면 첫 아이를 낳을 확률이 2.5% 감소하고, 둘째 아이를 낳을 확률은 2.7% 낮아지는 것으로 나타났다. 반면 배우자인 남성의 임금이 10% 오를 경우엔 둘째 아이를 낳을 확률이 최대 3.2%까지 올라갔다.[10]

● **페미니즘의 영향**

페미니즘 발호에 따른 가치관적 변화도 무시할 수 없다. 기업이 개인의 욕구를 개발하고 자극하듯, 페미니즘 진영은 여성들의 불만을 채굴하듯 발굴하며 현대인의 가치관을 바꾸어 놓았다. 이들은 가정에 충실한 여성의 삶을 가부장제도에서 일방적으로 희생된 삶으로 묘사하기를 즐겨한다. 어머니로서 아이를 키우고 가족에 헌신하는 것보다는 여성 개인으로서 자기 욕망을 충족시키는 삶을 더 가치 있는 것으로 여기게 한다. 이를 통해 여성 개인의 욕망 추구는 더욱 합리화되고, 부추김을 받는다. 어느샌가 모성애는 성 역할을 고착화시키는 성차별 언어가 되어버렸다.

페미니즘은 여성만이 아니라, 남성에게도 큰 영향을 미쳤다. 양성평등이라는 명분하에 남성들은 부양책임과 더불어, 자녀 양육에 대해서도 아내와 동등한 책임을 지는 주체가 되어야 했다. 한때 아내의 출산 현장에 남편이 참여하는 것이 유행처럼 번질 정도였다. 남편들에게 보육에 대한 분담 요구가 늘어나자, 남성들도 출산에 대해 훨씬 신중해

---

10) 김정호, 「여성의 임금수준이 출산율에 미치는 영향 분석」, 『한국개발연구』(통권 104호,2009)

질 수밖에 없게 되었다.

● 도시인구 급증과 노후대비

한편, 사회 심리학적으로 도시에서 생활할수록 미래지향적인 사고를 하는 경향이 더 강하다는 연구가 있다. 오늘날 인구 대다수가 거주하는 도시에서 생활하는 부모들은 미래를 대비하려는 노력이 강박적으로 이루어진다. 도시는 대체로 변화가 빠르다. 직장, 사업, 장사 등 일상에서 영위하는 경제활동이 언제까지 보장될 수 있을지 확실치 않은 환경이다. 더욱이 인간 수명은 크게 늘어나고 있다. 특히 핵가족화로 은퇴 부모가 자식으로부터 부양을 기대할 수 없는 시대이다 보니, 도시인들은 미래 대비를 위해 소득 활동과 자산축적에 더욱 매진하고 상대적으로 출산에 대한 관심은 떨어지게 된다.

이런 점들을 종합해보면, 소득이 증가함에도 출산율이 높지 않게 되는 이유는 다음 몇 가지로 요약할 수 있을 것이다.

① 양육에 있어 양보다 질을 추구하는 전략을 사용함에 따라 자녀의 보육과 교육에 투자하는 비용이 많이 늘어났다.
② 여성의 사회경제적 지위 향상으로 인해, 자녀를 양육하는 데서 오는 보람과 기쁨 못지않게 여성 자신의 자아실현과 여가 생활을 중시하는 경향이 높아졌으며, 여성의 소득이 증가할수록 기회비용이 늘어남에 따라 아이를 덜 가지게 된다.
③ 페미니즘 영향으로 여성 개인의 삶을 더 중시하는 가치관이 확산되어 양육의 가치는 사회적으로 하락하였다.

④ 보육에 대한 남성의 책임이 강화되면서, 남편들도 자녀 출산에 소극성을 띠게 되었다.

⑤ 도시 생활이 보편화되고, 수명이 늘어나면서 자녀의 부양에 노후를 기대할 수 없는 부모들은 출산을 최소화하는 대신 자신들 미래에 대비하는 데 더 많은 투자를 기울이려고 한다.

자녀를 적게 출산하려는 원인이 이처럼 다양한 사회문화적 요인들이 중첩되어 작용한다면, 보육료 절감 정책이 왜 출산율 제고에 별반 효용이 없었는지를 이해할 수 있을 것이다. 재정을 투입하면 출산율이 오를 것이라는 기대는 흡사 자판기에 동전을 넣어 제품을 얻는다는 사고방식과 조금도 다를 바 없다. 이런 막가파식 출산 정책으로 인해 출산율 제고에는 전혀 효과 없이 재정만 탕진되고 말았다.

2. 미혼 현상 급증

이제 출산율 저하를 불러오는 두 번째 원인인 미혼 현상에 대해서 생각해보자. 현재 한국의 저출산 현상은 바로 이 미혼 인구가 급증한 것이 가장 결정적 원인이기도 하다. 미혼 현상의 심각성은 수치가 극명히 보여준다. 2020년 기준으로 30대 남성은 50.8%, 여성은 33.6%가 미혼이다. 이는 1990년 30대 남성 9.5%, 여성 4.1%였던 데 비해 무려 각각 5배에서 8배 이상 증가한 것이다.

도표를 보면, 90년대 이후부터 미혼 인구는 그야말로 선형적인 곡선을 그리며 증가하고 있다. 특히 2000년대 들어서면서부터 증가 양상은 더욱 가파르다. 이렇듯 미혼 인구가 90년대 이후 급증하게 된 것에는 대학 진학률이 80년대에 비해 2~3배 가까이 늘어난 것이 가장 큰 요인으로 작용했다. 고교 졸업자 80%가 대학을 진학하게 되면서부터 대학은 사실상 보통교육화되었다.

[그림 9] 30대 미혼 인구 비중 (단위: %)

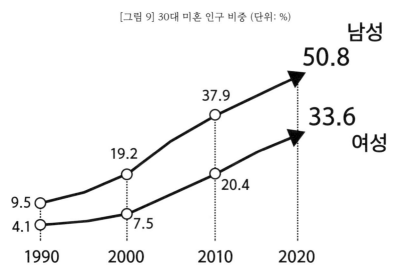

자료: 통계청

[그림 10] 대학 진학률

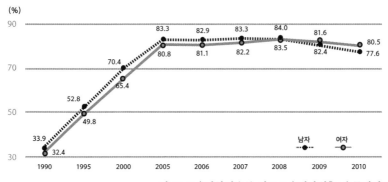

자료: 교육과학기술부·한국교육개발원『교육통계연보』

대학 졸업자들은 고교 졸업자들에 비해 사회에 진출하여 직장을 구하기까지 기본적으로 4년의 시간이 더 소요된다. 여기에 재수, 휴학, 군 복무 등 한국적 현실을 고려한다면 남자들의 경우 취업 이후 혼인할 여력을 갖출 수 있는 나이는 적어도 30살 전후에 이르게 된다. 따라서 만혼 현상은 고학력화 사회의 자연스러운 귀결이라고 볼 수 있다. 그렇더라도, 비슷한 대학 진학률을 보이는 다른 나라와 비교해보면, 한국의 30대 미혼율은 비정상적으로 매우 높다. 단순히 혼인 연령이 뒤로 늦춰진다는 사실만 갖고서는 설명이 되지 않는다.

이에 대해서 그동안 한국 사회의 주류 학계, 언론 등은 취업난, 주택난 등 주로 경제적 요인으로 이 현상을 설명해왔고, 정부 당국도 이를 조준하여 정책을 설계하고 집행해왔다. 앞서 살펴본 대로 그와 같은 진단은 현실과 동떨어진 내용뿐이다. 그렇다면 한국의 미혼 현상은 심층적인 차원에서 접근해야 하지 않을까? 먼저 진화론적 관점에서 혼인에 대해 살펴보자.

●진화론적 관점에서의 여성의 상승혼 본능

잘 알려지다시피 자연선택은 환경에 적합한 종이 좀 더 잘 살아남는다는 원리로 찰스 다윈이 발견한 진화적 메커니즘이다. 여기서 말하는 환경은 기후, 지형을 비롯해 포식자와 피식자의 공생관계까지 포함하는 개념이다. 환경은 항상 변화하기 마련이다. 이런 변화하는 환경 속에서 생존에 적합한 형질을 지닌 개체군이 생존에 이익을 누리며 번식해서 살아남는다.

영국 산업혁명 시기 공업지대인 맨체스터에서 대기오염으로 많은 나무가 그을음으로 색이 어두워졌는데, 나무에서 휴식을 취하는 회색 가지나방의 검은 개체가 밝은 개체보다 포식자에게 눈에 덜 띠면서 생존에 유리한 환경에 처하게 되었다. 검은 개체의 형질이 환경에 유리하게 작용하자, 더 많은 생존 기회를 갖게 되고 세대를 거듭하면서 이 서식지에서는 어두운색 나방이 우세종으로 자리 잡게 되었다.

다윈은 진화론의 탄생을 알리는 『종의 기원』을 통해 이와 같은 자연선택의 원리를 밝히고 진화론을 정립했다. 그러나 한편으로 다윈은 수컷 공작의 화려한 꼬리를 두고 고민하지 않을 수 없었다. 공작새의 화려한 깃털은 분명 포식자의 눈에 잘 띄게 마련이고, 이것은 생존에 극히 불리한 형질이다. 그런데도 현란한 모습의 공작새는 성공적으로 존속해왔다. 왜 이런 형질이 끝까지 살아남게 되었는지가 찰스 다윈이 갖게 된 의문이다. 결국 그는 암컷 공작새가 화려하고 긴 꼬리를 선호하기 때문에, 그런 형질을 지닌 수컷이 번식 성공률을 높이면서 진화가 이루어진다는 사실을 이해하면서 성선택론을 제시했다. 어쩌면 진화의 핵심은 생존(자연선택)이 아닌 '재생산'(성선택)에 있는지 모른다. 수컷 사마귀는 암컷 사마귀에게 잡아먹힐 위험이 있는 줄 알면서도 교미에 나선다. 진화를 이끄는 자연선택의 궁극적 목적은 결국 재생산을 위한 것이기 때문이다.

성선택은 성간(性間) 선택과 성내(性內) 선택으로 나뉜다. 성간 선택은 수컷이 암컷에게 구애하기 위해 신체 특징을 발달시키는 현상이며, 성내 선택은 암컷을 차지하기 위해 수컷끼리 경쟁하면서 생성되는 신체 특징이다. 숫사자의 갈기, 코끼리물범의 큰 몸집, 사슴의 뿔 등은 이러한 성선택으로 수컷이 진화된 형질이라고 볼 수 있다. 성선택의 주체는 주로 암컷이 며, 수컷은 암컷의 선택을 받기 위한 치열한 경쟁에 내몰리는 존재라고 볼 수 있다. 그렇다면 왜 성선택 압력이 수컷에게 더 강하게 작용하는 것일까? 자식에게 주는 '부모 투자'의 양이 암컷이 월등히 많기 때문이라는 것이 진화생물학자 로버트 트리버스의 설명이다.

포유류 종의 95%가 임신, 수유, 양육의 부담을 암컷 혼자 짊어진다. 생식세포 단위로만 보더라도 영양분의 절대량 대부분은 암컷의 것이다. 인간의 예로 들자면, 남성은 수백만 개의 정자를 만들고 그 정자는 시간당 약 1,200만 개씩 새것으로 교체된다. 반면 여성은 평생 400여개의 난자로 그 수가 대체로 정해져 있다. 남성은 관계를 맺는 것으로 끝나지만, 여성은 임신한 이후 9개월 동안 많은 에너지를 투입하고, 짝짓기 기회는 봉쇄된다. 출산 후에도 수유 등 많은 에너지를 투입해야 한다. 남성은 평생 혼자서 수천 명을 임신시킬 수 있지만, 여자는 평생 최대로 낳더라도 수십 명 단위를 넘길 수 없다. 17세기 모로코를 지배한 물레이 이스마일은 4명의 부인과 500여 명의 첩 사이에서 1,171명의 자식을 낳았다고 전해진다. 오늘날 아시아 남성의 약 8%가 동일한 Y염색체 염기서열을 가진 것으로 드러났다. DNA 축적된 변이를 분석한 결과 약 1000년 전 몽골에서 시작된 인물로 나타났다. 학자들은 그 시조가 징기즈칸이 유력하다고 보고 있다.

이처럼 수컷의 번식 자원은 암컷에 비해 압도적으로 많으며 그만큼 값싸다. 암컷은 수컷보다 상대적으로 희귀한 자원이라고 할 수 있다. 귀중한 자원의 소유자인 암컷은 짝 고르기에 매우 신중하다. 여성은 임신과 수유기간 동안 취약해질 수밖에 없는데, 이때 자신과 아이의 안전과 생존을 책임져줄 남성을 선호하는 것으로 심리기제를 발달시켰을 것이다. 그래서 육체적으로 체구가 크고, 자원이 많으며, 상대적으로 서열이 높은 남성에 대한 여성의 본능적 선호는 오늘날에도 뿌리 깊게 남아 있다.

반면 수컷의 입장에서 보면 번식 경쟁은 매우 가혹하다. 대부분의 수컷들은 패배자의 운명을 겪는다. 많은 동물 세계에서 고작 20%의 수컷만이 번식에 성공한다. 어느 생물학자는 그 비율을 더 낮춰 5%에 불과하다고 말한다. 성을 둘러싼 수컷들의 경쟁과 갈등 양상은 인류 문화 형성에 큰 영향을 미쳤는데, 남성의 존재가치에 대해서는 뒤에 좀 더 자세히 다루기로 하고, 이 자리에서는 성선택 진화 메커니즘이 문화적 공진화 과정을 거쳐 남녀 간의 마음에 다른 욕망을 각인시켜 놓았다는 점만 확인하고 넘어가자.

기본적으로 혼인은 남녀 간의 짝짓기다. 오늘날 진화심리학이 밝힌 바에 따르면, 여성은 육체적으로 매력적인 남성, 즉 우수한 유전자를 지닌 남자를 좋아하는 본능을 갖고 있지만 동시에 경제적 자원, 자신과 가정에 장기적으로 헌신할 수 있는 충실성 등을 선호하는 기제도 발달시켰다고 한다. 여성은 장기적인 짝인 배우자를 선택할 때는 경제적 부양 능력과 가정 충실도를 우선시하지만, 단기적인 짝짓기에 나설 때는 남성으로서의 육체적인 매력에 상대적으로 더 중점을 둔다는 것이다.[11] 한동안 인터넷 여론을 떠들썩하게 했던 이른바 '설거지론'의 진화적 근거인 셈이다.

배우자를 선택할 때, 물질적 자원을 우선하는 여성의 이런 심리가 남성 경제권이 우월한 현대 문명사회의 일시적 사례일 수 있지 않은가 하는 문제 제기가 가능하다. 진화심리학자 데이비드 버스는 이를 입증할 광범위한 조사에 착수했다. 1989년 버스는 전 세계 33개 국가의 37개 문화권을 대상으로 총 1만 명이 넘는 대상자로부터 선호도 조사를 수행했다. 여기에는 인도 서부의 구자라트 주민, 중국인, 브라질의 산타 카타리나 주민, 남아프리카 줄루족 등 아시아부터 유럽, 미주, 아프리카까지 다양한 대륙권의 문화권과 경제권에 있는 사람들이 포함되었다. 그는 이러한 비교문화 연구를 수행한 끝에 여성은 경제적 자원을, 남자는 외모와 나이라는 배우자 선호가 보편적 현상임을 입증했다.[12]

● **여성의 고학력화와 한국적 미혼현상**

이제 다시 한국의 현실로 돌아와 보자. 한국보건사회연구원의 조사에 따르면 30~44세 미혼 남성의 경우 미혼 이유에 대해 자신의 경제적 문제로 생각하는 비율이 절반에 육박하는 41.4%였다. 반면, 여성은 상대 남성의 조건이라고 답한 비율이 32.5%이고, 자신의 경제적 이유를 드는 경우는 고작 11.2% 비율에 불과했다. 혼인에 있어 남성이 여성보다 경제적 부담을 느끼는 비율이 4배에 가깝다는 것이다. 이는 실제 현실에서 그대로 드러나고 있다.

---

11) 전중환, 『진화한 마음』(pp.97~117), 휴머니스트
12) 전중환, 같은 책(pp.112~113)

보건사회연구원의 2018년 자료는 혼인에 있어 경제력에 관한 남녀 간의 태도가 극명히 대비를 이루고 있음을 보여준다.[13] 20~44세 미혼 남성의 경우 배우자의 학력, 직업, 소득(재산)과 같은 요인에 대해 대체로 60% 이하의 비율로 중시했다. 특히 남성은 나이가 들수록 여성의 경제적 조건에 대한 중시 비율은 더욱 감소한다. 반면 여성은 배우자의 직업, 소득 등 경제적 조건을 중시하는 비중이 90%에 육박한다. 미혼 연령이 높아져도 배우자의 경제적 조건에 대한 여성의 태도는 변함이 없다.

[그림 11] 배우자의 경제적 특성 관련 조건에 대한 연령별 태도 분포

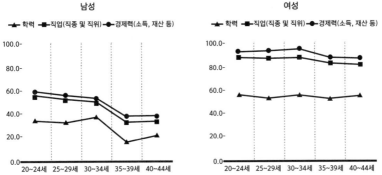

자료: 이소영, 김은정, 박종서, 오미애, 이상림, 이지혜.(2018)
2018년 전국 출산력 및 가족보건·복지 실태조사.
세종: 한국보건사회연구원.(재구성

미혼 여성의 혼인에 대한 태도는 현실에서 그대로 입증되고 있다. 통계청 자료를 통해 30대 남녀 임금근로자의 혼인율을 취재한 KBS에 따르면 30대 남성 임금근로자의 소득에 따라 혼인율이 거의 정비례 관계로 올라가고 있음을 보여주고 있다. 반면, 30대 여성 임금근로자의 혼

---
13) 이상림, 「미혼인구의 결혼관련 태도」, 『보건복지포럼』, p.16, 한국보건사회연구원(2019.02),

인율에서는 하위 20% 이내 소득자가 가장 큰 비율을 차지하고 있다.

[그림 12] 남성 및 여성 임금근로자 혼인율(%) (위: 남성. 아래: 여성)

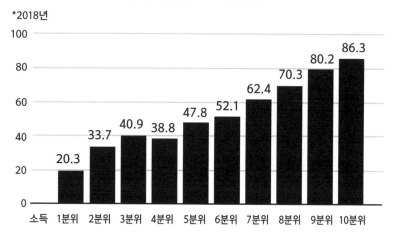

30대 남성 임금근로자 혼인율 (%)

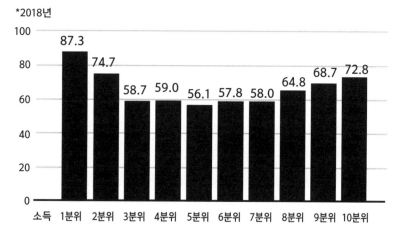

30대 여성 임금근로자 혼인율 (%)

자료: 통계청 경제활동연구조사

소득이 적은 남성의 혼인율 감소는 갈수록 그 양상이 심각해진다. 2008년만 하더라도 소득 하위 10% 남성의 절반 이상인 57%가 결혼에 성공했지만, 그로부터 불과 10년이 지난 2018년도에는 20%로 급감했다. 그야말로 남성들은 '유전결혼, 무전미혼'이라는 말이 농담이 아닌 현실이 되어 버렸다.

[그림 13] 30대 남성 임금근로자 혼인율 비교(%)

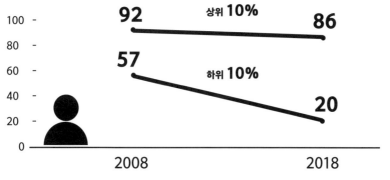

자료: 통계청 경제활동연구조사

대학 진학률에 있어서 이제 여성은 남성을 넘어선 지 오래다. 2005년도 대학 진학률에서 남자 73.2%, 여자 73.6%로 남녀 진학률이 역전된 이후로 남녀 간 격차는 계속해서 벌어져, 2021년도에는 남자의 76.8%, 여자는 81.6%가 대학에 진학했다. 소위 명문대 진학률에 있어서도 남녀 간 차이는 거의 없어졌다. 서울대는 2000년대 이전까지만 하더라도 여학생 비율이 20%대였지만, 2000년대 들어 40%를 넘어섰다. 거의 5:5의 비율을 보여주고 있는 고려대를 비롯해서 서울 주요 10개 종합대의 남녀 간 비율 차이는 거의 없다. 2000년대 들어 일반적으로 취업준비생들이 선호하는 직장으로 취업한 여성들의 수는 과거에 비해 많이 늘었다. 9급 공무원 합격자의 60%, 7급 공무원 40%가 여성이며 공공기관 취업자 중에서도 여성은 40% 이상을 차지했다.

사회경제적 지위가 상승한 여성은 최소한 자신과 비슷하거나 더 높은 지위의 남성을 배우자로 찾기 마련이다. 앞서 설명한 상승혼 본능 때문이다. 그러나 소득과 학벌에서 자신들이 차지한 비중만큼 선호하는 남성의 비율은 줄어들 수밖에 없다. 반면 남성이 배우자를 선택하는 데 있어 여성의 사회경제적 지위는 상대적으로 덜 중시되므로, 상위 남성의 선택 범위는 더 넓고 다양해진다. 결국 상층의 여성일수록 선택할 남성은 더욱 구하기 어려운 반면, 상층의 남성은 선택할 범위는 훨씬 넓어진다.

이를 단순 모형화해서, 상위 10% 여성의 남성 선택 범위가 상위 10%에 한정되어 있고, 상위 10%의 남성은 상위 10~30%까지 선택 범위가 더 넓다고 가정한다면, 상위 10%의 여성은 같은 지위의 남성보다 대략 3배 정도 더 선택의 어려움을 겪을 수 있음을 시사한다. 이런 현상은 아래 계층에서도 연쇄적으로 이어짐으로써 중간 소득 이상의 여성은 같은 어려움을 겪게 될 것이다. 그러나 중간 소득 이하를 버는 남성의 경우 여성의 배우자 선호가 급격히 떨어짐에 따라 상위 10%의 남성과 정반대 현상을 겪으며 혼인 포기 현상이 속출하게 된다.

이처럼 여성의 사회경제적 지위가 올라갔음에도 상승혼(또는 동질혼) 본능은 그대로일 경우, 배우자 선택폭은 줄어들면서 미혼 현상이 광범위하게 발생하게 되는 것은 필연적인 현상이라고 볼 수 있다.

한국보건사회연구원의 원종욱 연구위원은 2017년 발표한 논문[14]을 통해 위에서 설명한 남녀간 혼인 미스 매칭의 현실을 실증적 자료를 통해 입증했다.

논문은 2000년부터 만 24세에서 28세 734명의 남녀 미혼자를 2015년까지 추적하여 결혼한 560명과 미혼으로 남은 174명을 대상으로 그들의 소득, 학력, 학벌, 직업 등의 요인을 대입하여 분석했다. 그 결과 남녀가 인적 투자 기간이 길어질수록 자신의 수준에 맞는 배우자를 찾는 기간도 같이 늘어나면서, 혼인 연령이 높아지거나 미혼율이 상승하게 된다고 밝혔다. 특히 미혼 여성의 경우, 학력과 학벌 수준이 기혼 여성이나 미혼 남성에 비해서 높아 고학력·고소득 계층 여성이 선택 결혼에 실패하고 있음을 보여주었다.

앞서 소개한 조사에서 드러나듯이 여성은 미혼 연령이 높아지더라도 배우자의 경제적 조건에 대한 태도는 변함이 없다. 따라서 미혼 여성의 경우 자신의 기대치에 맞는 배우자를 찾지 못할 경우에 눈을 낮추기보다는 차라리 혼인을 포기한다는 것이다. 이는 여성의 경제력이 전례 없이 상승하면서 생기는 현상이기도 하다. 청년들은 이제 결혼이 인생의 도정에서 거쳐야 할 하나의 관문이라기보다 선택할 수 있는 하나의 옵션이 되면서, 미혼 현상은 급증하고 결국엔 저출산 현상이 심화되는 가장 큰 요인으로 작용하게 된 것이다.

---

14) 원종욱, 「결혼시장 측면에서 살펴본 연령계층별 결혼결정요인 분석」, 『제13차 인구포럼』(2017), 한국보건사회연구원

그렇다면 여기서 우리는 한 가지 더 질문을 할 수 있다. 여성의 상승혼 본성이 보편적이며, 여성의 고학력화는 다른 선진국에서도 일반적 현상이라면, 왜 한국에서는 미혼 현상이 더 유별나게 높은가? 바로 이 지점에서 한국의 사회문화적 특질이 작용하게 된다.

7장

K 저출산의 사회문화적 배경과 그 본질

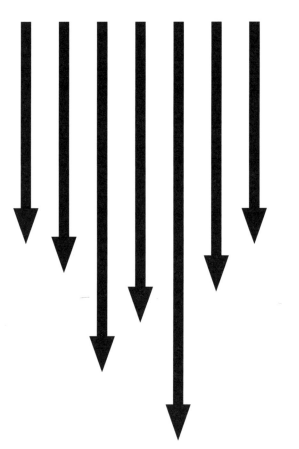

1. 집단주의와 위계의식

한국은 기본적으로 동아시아권의 공통적 특성인 집단주의 문화가 두드러지는 나라다. 이는 언어문화에서 극명히 잘 드러나는데, 예를 들어 주소 체계를 보자. 서양은 나로부터 시작한다. '홍길동, 00호, xx빌딩, 평창동 종로구 서울시' 이런 식이다. 반면 한국은 '서울시 종로구 평창동 00빌딩 00호, 홍길동' 순으로 나열된다. 큰 집단에서 작은 집단으로 내려가며 개인은 맨 나중에 등장한다. 즉, 개인은 어떤 소속 집단으로서의 정체성에서 출발하는 것이다.

서양과 동양에서 각각 개인주의와 집단주의 문화가 분기하게 된 배경에 대해서는 농작물 재배 방식의 차이에서 기원했다는 설이 유력하다. 쌀을 주식으로 삼는 동양은 벼농사 위주로 문화가 발달했다. 벼농사는 물이 많이 요구되기 때문에 대규모 관개시설과 집단화된 노동력이 필요해진다. 이 과정에서 자연스럽게 집단을 중시하는 정서가 생기고 협력이 필요한 공동체가 형성된다. 하지만 밀은 맨땅에서 자라기 때문에 관개시설은 물론 서로 협력하고 모여서 작업해야 할 일들이 별로 없고 모여 살지 않아도 농사짓는 데 큰 지장이 없다. 이런 특징으로 인해 밀농사가 발달한 서양은 개인주의적인 생활방식이 자리 잡게 되었다는 것이다.

미국 시카고대 탈헬름 교수 팀은 이런 가설을 입증하기 위해 중국 양쯔강 유역에서 벼농사 지역과 밀농사 지역 출신자들을 대상으로 심리학 실험을 실시했다. 같은 중국인들에서 벼농사권과 밀농사권의 사고방식이 동아시아인과 서구인의 심리 차이와 같은 패턴을 보인다면 작물 재배방식에 따라 개인주의와 집단주의 문화가 갈라진다는 가설은 설득력을 지닐 것이다. 연구자들은 여러 항목을 측정한 결과 이 가설을 입증할 자료를 얻었다.

예컨대, 분석적 사고 경향을 파악하는 테스트를 보자. 개, 토끼, 당근 세 항목 가운데 두 항목을 묶는 과제에서 서구인은 개와 토끼를 묶는 반면, 동아시아인들은 토끼와 당근을 묶는 경향이 있다. 분석적 사고에 익숙한 서구인들은 개와 토끼를 동물이라는 범주로 묶지만, 관계적 사고에 익숙한 동양인들은 토끼와 그 먹이인 당근을 우선 떠올리는 경향이 크다. 이 테스트에서 중국의 밀농사권과 벼농사권 사람들의 심리 차이는 동서양의 경우와 유사한 결과로 나왔다. 이 밖에 개인주의 성향과 충성도와 족벌주의를 알아보는 테스트를 실시했을 때도 밀농사권과 벼농사권은 유의미한 사고방식의 차이를 보였다.[15]

사회학자 이철승은 집단주의를 키운 벼농사 체제가 오늘날에도 한국 사회에 매우 큰 문화적 영향을 끼쳤다고 주장한다.[16] 봄철 모내기, 가을 수확철에 집중적으로 대량의 노동력을 투입하는 벼농사 특유의 공동노동 방식은 국가 관료적 중앙집권화된 체제 형성을 촉진했고, 신분제 강화 속에 서열과 위계적 질서가 발달하게 된 근본 배경이라고 설명한다.

가족 단위에서 이루어지는 밀농사와는 달리 벼농사는 씨족, 이웃 등 마

---

15) 강석기, '쌀의 마음 밀의 마음', 사이언스타임즈(2014.5.23)
16) 이철승, 『쌀 재난 국가』, 문학지성사

을 전체가 동원되는 체제였고, 이 과정에서 경험이 풍부한 연장자의 발언권에 과도한 힘이 실리면서 형성된 위계 서열 문화는 오늘날에도 그 위세는 여전하다. 우선 언어에서부터 위계 문화는 극명하게 드러난다.

한국어 사용자는 말을 전달하는 사람과 듣는 사람 사이에 위계를 설정하기 전에는 단 한마디도 입 밖에 꺼낼 수 없다. 2인칭 대명사(너, 당신)는 나이나 신분이 비슷한 사람끼리 혹은 지위가 낮은 이에게나 부를 수 있을 뿐 존칭이 필요한 사람에게 사실상 부를 2인칭 호칭이 없다. 신분적 위계를 표시하는 명사(선배님, 부장님, 형, 언니 등)로 대신할 뿐이다. 한국어는 유례를 찾아보기 힘들 만큼 복잡하고 엄격하고 정교한 경어 체계를 지닌 언어다.[17]

함께 태어난 쌍둥이조차 몇 초 차이로 형과 동생으로 나뉜다. 서너 살짜리 아이들끼리도 형이라는 호칭 때문에 싸우고 갈등한다. 말을 배우면서부터 위계와 서열 의식은 깊이 내면화할 수밖에 없게 된다. 학교, 군대, 직장 등 사회 조직에서 위계 범위는 선후배, 직책, 지위 등으로 확대될 뿐만 아니라, 집단과 조직 사이에도 서열 관계는 엄연하다. '서연고서성한' 등으로 나열되는 학교 서열 구조는 의식 저변에 깊이 뿌리내려, 한 개인에 대한 평가에 지대한 영향을 미친다. 대기업, 중소기업 등의 기업 규모, 정규직과 비정규직, 전문직과 일반직, 공무원의 직급 등에서 발휘되는 직업의 위계 또한 신분제적 위신과 비슷한 위상을 지닌다.

---

17) 고종석, 『언어의 무지개』, 알마, 전자책

131

K-저출산의 사회문화적 배경과 그 본질

미국의 마틴 스코세이지 감독이 연출한 영화 '좋은 친구들'은 갱스터 출신 주인공이 겪은 실화를 바탕으로 만들어진 작품으로, 갱들의 현실을 아주 사실적으로 묘사한 것으로 유명하다. 갱 조직에서 말단인 데다가 가장 어린 주인공 '헨리'는 어느 날 폭력 사건에 연루되어 조직의 보스를 비롯해 자신의 선배 등과 함께 4년 형을 선고받고 감옥에 갇히게 된다. 갱들은 교도소 측을 뇌물로 매수하여 부엌까지 딸린 좋은 방을 배정받아서 함께 지낸다. 여기서 매우 인상 깊은 장면이 나오는데, 이들 조직원들은 아버지뻘 보스와 아들뻘인 조직원 할 것 없이 함께 요리를 하며 평등한 관계 속에서 식사를 하는 장면이었다.

아마 한국의 조폭들이었다면 보스는 손가락 하나 까닥하지 않고, 조직원들을 몸종처럼 부려 먹었을 것이다. 군대, 운동부, 연예인 등 서열 구조가 강고한 곳일수록 이런 인격적 지배를 당연시한다. 동일 집단 내의 선후배 위계만이 아니다. 원청과 하청, 소비자와 판매자, 관리직과 일반직, 정규직과 비정규직, 교수와 학생 등 각 사회의 관계망마다 우월적 지위에 있는 사람들로부터 갑질 행태는 일상화되어 있다.

한국일보의 특집 기사[18]를 보면 한국에서 갑질이 얼마나 만연되어 있는지를 적나라하게 보여준다. 1,000명의 성인을 대상으로 설문 조사 결과 우리나라 갑질 문화에 대해 전체 응답자의 96%가 '매우 심각하다'(50%), '대체로 심각하다'(46%)가 대답했다. 갑질을 당한 경험자는 무려 90%에 육박한다. 갑질 행태에 노출되고 있는 취약 집단은 남성(58%), 2030 세대(62%), 학생(62%), 생산/기능/노무직(62%) 등으

---

18) '갑질 당해본 사람 57%는 또 다른 갑 됐다', [한국일보] (2018.9.6.)

로 나타났다. 한편으로 갑질 피해자들도 또 다른 사람들에게 갑질을 해본 적이 있다고 한다. 부당한 갑질에 굴복하고 적응하게 된 갑질 피해자는 손상된 자존감을 보상받기 위해서 자신보다 취약한 또다른 '을'에게 되갚아준다는 진단이다.

부와 소득 차이가 조금이라도 벌어져 있다면, 집단적인 차별을 하는 행태도 서슴지 않는다. 임대아파트와 분양아파트가 같은 학군으로 묶여 있는 경우, 임대아파트와 학군을 변경해달라는 민원이 끊이지 않는다. 문화평론가 허지웅은 '우리 아이가 임대아파트 아이와 학교 다닐 줄 알았다면 이사 오지 않았다'라는 플래카드 사진을 본 적이 있다고 한다. 세종시의 한 아파트 승강기 게시판에는 '임대아파트(LH)가 포함된 학군으로 분류되어 아파트 이미지 저하가 우려됨'이라는 공고문이 '아파트입주자대표회' 명의로 당당히 게시되었다. 아파트 거주자들은 저소득층이 주로 살고 있는 빌라촌 지역과 같은 학군이 되지 못하게 노골적인 민원을 넣는 일이 전국적으로 비일비재하다. 이뿐만 아니다. 부산의 한 아파트는 경비원들에게 입주자들에게 출근길 인사를 강요하여 사람들의 공분을 사기도 했다.

학력과 학벌에 대한 물신주의는 국민 의식 저변에 깊이 뿌리내리고 있고, 서열주의의 정점을 이룬다. 2014년에 한국일보와 한국리서치는 20~59세 성인 1,000명을 대상으로 학벌에 대한 설문 조사를 진행한 바 있다. 당시 '교육 정도에 따라 인생이 결정된다'라고 응답한 사람은 전체의 76.2%였으며. 교육 정도(학력)가 무엇을 의미하느냐는 질문에 절반 이상인 58.9%가 '출신학교'를 꼽았다. '미래를 위해서라면 편입·재수를 해서라도 좋은 대학에 가는 것이 낫다'라는 점에도 71.1%의 응답자가 동의했다. 시민단체 '사교육걱정없는세상'이 2017년에 조사한 결과 시민들 대부분은 학력·학벌 차별 모두 심각한 수준이라고 인식했다. 기업의 직원 채용 시 학력 차별에 대해서는 응답자 중 86.1%가 '심각할 정도로 존재한다'라고 응답했으며, 채용 시 학벌 차별은 74.3%가 '심각할 정도'라고 답했다.

재학생이든 졸업생이든 간에 대학을 졸업한 이들은 학벌 피라미드의 어느 한 지점에 놓여서 평생 우월감과 열등감 언저리 속에 살아가게 된다. 그리고 거의 모든 부모들은 자식이 그 서열의 꼭짓점 근처에 오를 수 있도록 많은 돈을 사교육에 아낌없이 쏟아붓는다. 흔히들 사교육이 만연한 것에 대한 책임을 부실한 공교육 탓으로 돌리려고 하지만, 속내는 내 자식 간판 좋은 대학에 보내는 것일 뿐이다. 군비 경쟁과 같은 제로섬 게임인 사교육 경쟁이 낭비적임을 너무나 잘 알고 있을지라도 멈출 수 없다. 학벌의 하위층에 편입될 경우 그 영향은 개인의 일생을 따라간다는 생각이 너무 확고하기 때문이다. 한국인 대부분이 학벌을 향한 경쟁의 장에 나섰기 때문에 명문대를 향한 선망과 질시의 양가적 감정을 갖고 있지만, 그 서열주의에 대한 순응 또한 남다르다.

80년대 대학가에 열병처럼 번지던 운동권 문화를 생각해보자. 전국 각지의 대학 총학생회는 거의 대부분 운동권들이 장악했다. 그리고 운동권은 각종 정파 사이에서 상호 경쟁이 치열했는데, 그 정파의 생산 기지는 사실상 서울대 한 곳뿐이었다. 광주든, 부산이든 제주도든 저

멀리 떨어져 있는 지방에서조차 지역 고유의 운동권 분파를 형성하지 못했다. 서울대 총학생회를 어느 정파가 장악했느냐가 그 정파의 위상을 좌우하기도 했다. 사회 평등을 추구한다는 운동권들 역시 학벌의 위세 아래에 놓여있었다. 학벌은 한국에서 단지 취업에 유리하고, 인맥을 형성하는 데 이점이 있는 정도에서 그치지 않고 신분제적 위상을 갖는 지위재의 성격을 갖고 있다. 사회적 평판, 발언의 영향력 등에서 학벌이 주는 후광효과는 엄청나기 때문이다.

물론 학벌주의는 하나의 능력주의로 해석할 수도 있다. 그러나 한국에서 능력주의는 엄밀히 말해 '시험주의'를 의미한다. 시험을 잘 보는 것도 어떤 면에서 능력이겠지만, 문제는 공채, 고시 등 시험이라는 시스템을 통해 집단을 내부화하고 폐쇄화시킨다. 시험이라는 관문을 통과했다는 이유만으로 특권적 대우를 받는 게 당연시된다. 다시 말하자면 특권화의 권리를 시험으로 합리화하는 것이다.

예컨대 시청 소속 환경미화원들은 시험으로 채용되어 별정직 공무원의 신분을 가졌다. 연차가 쌓일수록 호봉체계 때문에 급여는 가파르게 상승하여 30년 근속할 경우 매우 높은 급여를 받으며 공무원으로서 다양한 혜택을 누린다. 반면 시에서 외주 받은 청소업체에 소속된 환경미화원의 경우 그들보다 더 힘든 일을 하지만, 급여와 근로조건은 시 소속 환경미화원들과 현격하게 차이가 난다. 직무, 업무난이도, 성과 등을 근거로 하는 보상 시스템 대신에 공채로 들어가서 어떤 신분이 되었는가 하는 것만이 차별적 대우의 근거로 작동한다. 비슷한 직역에서 비슷한 업무임에도 정규직과 비정규직의 임금 격차 수준이 크게 벌어지는 것 자체를 문제 삼기보다는 누가 정규직의 자격이 있느냐 마느냐의 문제로만 다툰다. 이를테면 시험을 통한 지대추구의 정당화에만 관심을 쏟을 뿐이다. 이는 정규직의 종신 고용을 전제한 기형적 노동법으로 인해 문제 상황은 더 심각해져만 간다.

시험만이 오로지 능력을 측정하는 가장 유력한 방안인 것처럼 인식하다 보니, 한국은 시험에 중독되어 있다. 공무원뿐만 아니라 한국의 주요 기업들 대부분의 채용 시스템은 정해진 날짜에 일률적인 시험으로 채용한다. 이런 공채시스템은 기자, 아나운서, 심지어 탤런트, 코미디언까지 적용되기도 한다. 이렇게 해서 같은 시기에 뽑힌 사람들은 하나의 '기수'로 동질화되고 입사 연차에 따라 선후배 위계 관계망으로 묶인다. 미국처럼 개방적 고용 관행 속에 실제 일을 통해 능력과 성과를 측정하는 것은 비용이 많이 들뿐더러, 사회적 신뢰 자본이 두텁지 못한 한국 사회에서는 특혜와 불공정 시비가 붙기 일쑤라서 잘 도입되지 않는다. 이처럼 집단주의 문화 속에서 주변의 평판과 비교하는 위계와 서열에 민감한 사회이다 보니 한국인들은 돈과 학벌에 대해 필요 이상으로 집착한다. 그래서 개인들이 체감하는 경쟁의 강도는 그 어떤 사회보다 강하다. 그렇다면 아시아권 내에서도 위계와 서열 문화가 유달리 강한 한국 사회의 이러한 특질은 어디서부터 기원했는가?

2. 한국 사회문화 성격의 기원

한국은 전근대 사회에서 식민 시기를 경과하며 근대사회로 이행했다. 조선의 전근대적 유산을 자생적으로 극복하지 못한 채 근대화를 맞이하게 된 것이다. 독립 이후 농지개혁을 거쳐 한국전쟁을 겪으면서 한국 사회는 제도적으로는 전근대적 잔재가 거의 일소되다시피 했지만, 정신문화는 여전히 조선시대에서 크게 벗어나질 못했다. 쌀농사가 집단주의 문화를 배양했다면, 조선시대 성리학적 신분 질서는 그 집단주의 문화에서 배태된 위계, 위신, 서열 문화를 제도적으로 고착시켰다. 현대 한국인의 정신문화는 바로 이러한 조선시대 양반들의 정체성을 그 원형으로 두고 있는 점이 특징이다. 국민 모두가 갖고 있는 성씨는 대부분 양반 가문의 본관에 기원을 두고 있다. 19세기 양반과 천민의 인구비를 고려해 성씨의 허구성을 따지는 것은 무의미하다. 어차피 3~4세대만 지나도 조부(祖父) 대와 근연성을 따지는 것은 생물학적으로 큰 의미가 없다. 문제는 '아무개 자손'이라는 혈연에 바탕을 둔 친족 집단으로부터 개인의 정체성이 구해지고, 양반 사대부들이 행했던 각종 의례를 이어받으면서 국민 모두가 그 정체성을 내면화한 것이다.

● 양반 문화의 내면화

문화인류학자 김은희는 그의 저서 [신양반사회]를 통해 현 한국 사회의 정치 담론을 지배하는 586 운동권들의 도덕주의적 명분 정치의 본질이 근대 문명을 거부하며 위선과 약탈을 특징으로 하는 조선시대 양반들의 전근대적 세계관의 변용임을 밝혀냈다. 그의 책 내용 일부 발췌하면서 양반의 본질에 대해 탐색해보자.[19]

조선시대 양반은 법적 제도적 개념이라기보다는 사회관습에 따른 문화적 개념에 가깝다. 국왕으로부터 작위를 받는 영국 귀족이나, 법

---

19) 다음은 김은희, 『신양반사회』, 생각의힘. p.p. 26~40 내용을 발췌하였으며, 일부는 임의로 첨가함.

제에 의해 규정된 일본의 사무라이 계층과는 달리 양반은 조선 초기 관료 체제의 문관(반)과 무관(반)을 일컫는 말이었을 뿐 따로 신분을 규정짓는 제도가 없었다. 누가 양반인가 하는 문제는 여러 세대에 걸쳐 이루어지는 사회적 공인과 평판에 달렸다. 원리적으로 천민을 제외한 누구나 과거제를 통해 관직에 진출할 가능성이 있었다. 그러나 일반 양민의 형편에서 학문에만 몰두한다는 것은 사실상 불가능에 가까웠던 만큼 사실상 관료와 지주 계급이 양반의 지위를 공고히 해왔음은 물론이다.

조선을 지배한 유교 통치 이데올로기는 서구와 대조적이다. 유럽의 절대왕정은 물리적인 힘을 가진 강자(왕과 귀족)가 힘이 없는 약자를 보호해주는 대신 약자는 강자에게 복종하는 계약 관계에 입각해 있다. 그래서 아직 신분제의 전통이 남아 있는 영국에서 군 복무는 왕족과 귀족의 주요 직무 중의 하나다. 반면 유교는 강제력에 의존하는 법치를 배격하고 도덕적으로 우월한 윗사람이 덕을 베풀고 예를 가르쳐 아랫사람이 자발적으로 복종하게 하는 덕치를 국가 운영의 기본 원리로 채택했다. 도덕성에 따라 사람은 군자와 소인으로 구분되는데, 군자는 대의를 추구하며 소인은 자신의 이익을 좇는 자다. 태평성대는 고도의 도덕성을 지닌 군자가 소인을 지배할 때만이 가능하다. 성인의 가르침을 터득하여 도덕적으로 훌륭한 군자는 관료로 진출하여 군왕과 함께 백성을 교화하는 임무를 가진다. 양반은 바로 군왕과 백성의 스승으로서 도덕적 가치를 추구하는 군자를 일컫는 말로써 관직에 오르지 않은 유학자들도 포함하였다.

양반 신분은 법적 개념이 아니라서 타인의 인정이 있어야만 양반으로 행세할 수 있었다. 또 가문이나 문중, 친족 집단 차원의 신분 개념이었기에, 양반으로 행세하기 위해서는 상당한 사회 기반과 신분적 전통이 필요했다. 또 양반 가문과의 혼인을 통한 사회관계망도 중시됐다.

누구나 유학을 공부하고 자기 수양을 함으로써 도덕군자가 될 수 있다는 성리학적 원리에도 불구하고 시간이 흐를수록 양반은 거의 세습적인 지위가 되어갔다. 16세기까지 양반 신분의 특권이나 지위는 미확립 상태에 있었지만, 성리학이 조선왕조를 완전히 포섭함에 따라 17세기 이후 군역으로부터 면제 등 양반의 특권적 지위는 강화되고, 반상제의 신분 질서는 확고히 굳어졌다.

양반이라고 해서 다 같은 양반은 아니다. 조선 후기에 이르면 양반은 수적으로 크게 증가하면서 양반 계층 내의 분화 현상이 나타났다. 양반층 가운데서도 대가, 명가와 같은 최고 문벌 가문이 있는가 하면, 그 아래로 향반(鄕班), 잔반(殘班) 등의 계층이 생기고, 향촌 내부에서도 사족(士族), 향족(鄕族), 향품(鄕品) 등으로 계층 분화는 계속해서 일어났다. 양반층 내에서 지위를 가리는 품정에서 중요한 요건은 가문의 위신과 관직으로의 등용이었다. 4대조 직계 내에 유력한 인물을 배출한 가문일수록 이른바 '지체 높은 집안'으로 통했다.

조선 후기로 내려올수록 가문의 배경은 더욱 중시되어, 본인의 학문과 덕망이 뛰어나도 지역사회에서 대우받지 못했다. 가문의 계보를 집성한 보학이 선비들에게 필수 교양으로 자리 잡게 된 것도 이런 연유에서다. 계층 분화는 조선 후기에 들어서면서 사회 전반에 걸쳐 일어났다. 조선 초기 크게 양인(良人)과 천인(賤人)으로 크게 둘로 나뉜 신분은 양반과 상민 간의 차별을 강화하는 반상제로 변모하였고, 양반을 정점으로 그 아래 중인, 상민, 천민 등으로 나뉘는 계층화는 신분 갈등이 만성적으로 들끓는 사회로 만들었다.

양반 신분은 사회적 인정을 통해서만이 그 위계가 확립되었기에, 양반 사족은 끊임없이 위신을 추구하며, 입신양명으로 가문을 일으키는 것으로 자신의 존재가치를 증명해야만 했다. 그들은 가문 간의 우열을 가리고, 향반층을 차별하고, 상민들을 수탈하였다. 한마디로 갑을병정의 사회적 위계관계 속에서 갑질의 정점에 선 자들이었다.

양반이 군자로서 양민을 교화한다는 유교적 명분이 지배의 정당성을 주창하였지만, 실제로는 지역사회의 안정과 발전을 위해 공공의 질서와 기능을 창출하는 공적 책무에 대해서는 관심이 없었다. 그들의 신분적 권세는 왕조의 우대로부터 나온 것이기 때문에 오로지 중앙 권력으로만 시선을 향했고, 중앙의 권문세족에 줄을 대는 데 성의를 다했다. 지방의 서원과 서당은 자신들의 자제를 중앙관료로 출세시키는 것에 목적이 더 있었다.[20] 지방 사무는 향반의 소임으로 여겨지고 위세가 있는 전통 양반층에게는 어울리지 않는 일이었다. 지역사회의 마을은 자주 분리되었는데, 인구의 증가나 개간의 진전이 아니라 신분 갈등 때문이었다. 양반촌 내에서도 위세 있는 전통 양반층의 향반에

20) 이영훈, 「한국사회의 역사적 특질」, 『한국형 시장경제 체제』, 서울대학교출판문화원,(2021) p.413

대한 차별로 인해 마을이 분리된 경우도 있었으며, 양반의 갑질에 반발하여 상민들이 따로 민촌을 형성하기도 했다. 상민이 이렇게 따로 분동(分洞)한 경우 새로운 마을에서 양반행세를 하며 자신보다 처지가 낮은 이들을 차별하였다. 마을에 부과되는 군역이나 잡역을 분배하는 과정에서 반상 차별이 극심했기 때문이다. 양반 신분은 군역을 면제받는 특권을 누리고, 잡역은 상민 신분의 주민에게 떠넘겨졌다.

이런 양반의 특권과 반상 차별의 문제는 당대의 지식인이 볼 때도 터무니없는 부조리로 여겨졌다. 연암 박지원이 양반전에서 풍자한 양반의 약탈적 면모는 유명하다.

"하늘이 백성을 낳으실 때에, 그 갈래를 넷으로 나누셨다. 이 네 갈래 백성들 가운데 가장 존귀한 이가 선비이고, 이 선비를 양반이라고 부른다. 이 세상에서 양반보다 더 큰 이문은 없다. 그들은 농사짓지도 않고, 장사하지도 않는다. 옛글이나 역사를 대략만 알면 과거를 치르는데, 크게 되면 문과(文科)요, 작게 이르더라도 진사(進士)다. 문과의 홍패(紅牌)는 두 자도 채 못 되지만, 온갖 물건이 이것으로 갖추어지니 돈 자루나 다름없다. 진사는 나이 서른에 첫 벼슬을 하더라도 오히려 이름난 음관(蔭官)이 될 수 있다. 훌륭한 남인(南人)에게 잘 보인다면, 수령 노릇을 하느라고 귓바퀴는 일산(日傘) 바람에 해쓱해지고, 배는 동헌(東軒) 사령(使令)들의 '예이'하는 소리에 살찌게 되는 법이다. 방안에서 귀고리로 기생이나 놀리고, 뜰 앞에 곡식을 쌓아 학을 기른다. (비록 그렇지 못해서) 궁한 선비로 시골에 살더라도, 마음대로 행동할 수 있다. 이웃집 소를 몰아다가 내 밭을 먼저 갈고, 동네 농민을 잡아내어 내 밭을 김매게 하더라도, 어느 놈이 감히 나를 괄시하랴. 네 놈의 코에 잿물을 따르고 상투를 범벅이며 수염을 뽑더라도 원망조차 못하리라."

부자가 그 증서 만들기를 중지시키고, 혀를 빼면서 말하였다.

"그만 두시오. 제발 그만 두시오. 참으로 맹랑합니다, 그려. 당신네들이 나를 도둑놈이 되라 하시는군유."

하고는 머리채를 흔들면서 달아났다. 그 뒤부터는 죽을 때까지 '양반'이란 소리를 입에 담지도 않았다.

양반 계층의 이런 양상은 구한말까지 이어졌다. 19세기 말 영국의 여행가 이사벨라 비숍이 묘사한 조선의 양반 모습도 크게 다르지 않았다.

"그들(양반)은 생업을 위해서는 일을 하지 말아야 하고 친척들에 의해 부양받는 것도 전혀 수치스러운 일이 되지 않으며, 일부는 아내가 바느질과 빨래로 남몰래 일하여 먹고사는 사람도 있다는 것이다. 양반은 담뱃대조차 자기가 가져오지 않는다. 이 기생충이나 다를 바 없는 계급은 여행할 때(…) 하인이 인도하는 말을 타며, 절대로 남에게 도움을 주지 않는다는 것이 전통적인 관습이다. 그의 하인은 백성들을 윽박지르고 위협하여 닭과 달걀을 돈도 주지 않고 빼앗아 온다."[21]

중국의 근대화를 이끌었던 지식인 량치차오는 조선이 망국에 이르

---

21) 김은희, 『신양반사회』, 생각의힘 p.79 재인용

게 된 사실에 대해 통탄하면서 조선 멸망의 배경에 대해 다음과 같이 진단했다.

"양반은 모든 악의 근원이다. 저 양반이라는 자들은 모두 높이 받들어지고 넉넉한 곳에 처하며, 교만하고 방탕하여 일하지 않고, 오직 벼슬하는 것을 유일한 직업으로 삼았다. 다른 나라에서 관리를 두는 것은 국사를 다스리기 위함인데, 조선에서 관리를 두는 것은 오직 직업 없는 사람들을 봉양하기 위함이다."[22]

양반의 이러한 횡포와 위세에 일반 백성들의 불만과 원성이 드높았을 것임은 두말할 나위가 없다. 그러나 한편으로 법적으로는 양천제라는 신분제를 두어 천민이 아닌 자는 누구나 양반이 될 수 있다는 가능성이 열려 있었기에, 상민들은 기회가 된다면 양반이 되기를 갈망하였다. 인도의 카스트처럼 등급이 명확히 나뉘어 세습되는 신분제에 비해 조선의 양천제는 유동성이 강한 신분제도였다. 양반, 중인, 상민, 천민의 위계로 그 신분 서열은 분명했지만, 신분은 공통의 이해관계로 뭉친 계급이 아니어서 신분의 경계는 그라데이션처럼 모호했다.

가문의 위세나 직분에 따라 개별 집안마다 사회적 위상과 우열이 가려지고, 사농공상의 직업적 위계, 적서 차등 등 온갖 요소에서 신분적 차별이 일상화되어 대부분 사람들은 갑을병정 신분의 위계 어느 한 곳에 있었다. 그래서 한 급 더 높은 위치를 점하는 지위 경쟁에 몰두했으며 조선 후기에 들어서면 '양반 되기 열풍'이 불었다. 유교적 도덕규범이 사

---

22) 조윤민, 『두 얼굴의 조선사』, 글항아리, p.107 재인용

회를 지배했고, 양반에 대한 선망 의식이 강한 탓에 반상제도를 타파해야 한다는 저항 의식이 자라날 수 없었다. 그런 점에서 조선 후기에 신분제가 흔들렸다는 종래의 교과서적 내용은 설득력이 떨어진다.

양반과 상민이라는 신분적 굴레는 식민지가 된 이후 조선민사령에 의해서야 법제적으로 해방되었다. 반상제가 공적 영역에서 소멸했다고는 해도, 한국인의 '양반 되기' 열망은 그치지 않았다. 1930년 당시 전국 마을 가운데 대략 40%가 양반촌에 속했다. 1920년대 인쇄업이 발전하자 가장 활발하게 간행된 것은 다름 아닌 대동보, 즉 족보의 편찬이었다. 족보의 간행은 1935년에 절정을 이루었다. 이 같은 문화사적 변화를 거치면서 한국인 대부분은 자신의 원 신분을 양반으로 입증할 상징을 취하였다. 신분제가 제도적으로 소멸했다고 하더라도, 일제 시기 지주―소작 관계로 신분 간 경제적 굴레는 여전하였다. 해방 후 농지개혁이 완성되면서부터 그제야 경제적 굴레마저 벗어났다.

인간관계가 명실상부하게 평등해졌지만, 한국인들은 자유로운 시민으로 사회적 결합을 추구하지 않았다. 대신 집요한 일념으로 양반화를 더욱 가속화하여 '유교적 인간화'를 완성시켜 나갔다. 이제 상민들도 문중(門中)을 조성하고 시제를 지내고 종친회에 가입하며 부모의 운구를 상여로 모시게 되었다.[23] 실로 전 국민의 양반화가 완성되면서 한국 사회의 속살은 양반들의 정신 문화적 특징인 '입신양명', '가족주의', '상하서열의식', '집단주의', '중앙 지향' 등의 사회 심리가 고스란히 스며들었다.

---

23) 이영훈, 같은 책 p.430

유교가 지배했던 조선의 양반사회는 전문가를 양성하고, 생산력을 증진하는 등의 사회 경제적 진보를 극도로 억압했다. 이익을 좇는 일은 소인의 행위로 격하되어 공업과 상업, 예능인은 직업적 천시의 대상이었을 뿐이다. 1913년에 간행된 한국의 인명사전에 나오는 인물들의 경력에는 상공업 활동이 전혀 없었다. 유학자 이외의 전문가로 활동했음을 밝힌다는 것 자체가 부끄러운 일이었기 때문이다. 인물 소개는 경력이 열거되는 대신에 천 년 전 조상부터 내려오는 가문의 내력이 내용의 대부분이었으며, 본인에 대해서는 대개 관직 경력을 간략히 기재하는 것이 전부였다.[24]

경제학자 이영훈은 한국 사회의 특질을 논하는 논문에서 최준식, 최봉영이 저서 [한국인의 사회적 성격]을 통해 밝힌 한국인의 특성에 대해 다음과 같이 소개한다.

"이 책의 백미는 현대 한국인의 사회적 행동을 이끄는 원리나 규범을 조선 성리학에서 찾는다는 점이다. 조선왕조가 패망하고 근대 문명이 수입된 지 80년이 넘도록 한국인들의 사회적 행동의 원리에는 어떠한 근본적인 변화가 없었다는 점이다... 조선 성리학의 인간, 사회, 국가에 대한 이해에는 어떤 근본적인 원리, '통체'(統體)가 시원으로 작용한다... 통체의 본질은 가(家)이다. 가의 발현으로 부분자는 자가(自家), 본가(本家), 업가(業家), 국가(國家)의 수준으로 이어진다. 자가는 나를 말하며, 본가는 가족이며, 업가는 사회적 직업과 지위다. 인간은 부모에게 효도하고 처자를 자애롭게 보살핌으로써 가족을 이루고, 나아가

---

24) 김은희, 같은 책. p.96

K-저출산의 사회문화적 배경과 그 본질

사회적으로 출세하여 업가를 성취한다. 그것으로 자신의 인격을 완성할 뿐 아니라 가족과 가문의 사회적 위세를 드높일 수 있다.

가(家)가 발현하는 최고 수준은 국가다. 사회적으로 출세한 인간은 드디어 국가의 동량이 되어 세상을 평화롭고 풍요롭게 만들어야 한다. 그것은 한 인간이 자신을 완성하는 최고 형태다. 이렇게 한 인간이 차례로 높은 수준의 가(家)를 성취해가는 가장 중요한 수단은 교육이다. 한국에서 교육은 서구적인 의미의 개체와 그 자립을 위한 것이라기보다 가(家)의 순차적 성취를 위한, 곧 사회적 출세를 위한 경로로써 중시되었다. 사람들은 세속적인 가문의 지위를 드높이는 것을 출세라고 하였다. 출세가 지향하는 정신적 가치는 빈약하다. 최봉영에게 현대 한국 사회는 오로지 학력, 금력, 권력이 인간들의 사회적 인격을 구별하는 야만 세계와 다를 바 없는 상태이다."[25]

● 신분상승을 위한 끊없는 욕망

1950년대 주한 미대사관 문정관을 역임했던 역사학자 그레고리 핸더슨은 이와 같은 한국 사회의 짜임새를 '소용돌이(voltex)'로 비유했다. 한국은 고도의 동질화와 중앙집중화 현상 때문에 사회의 모든 분야와 개체들은 원자화된 상태에서 오직 권력의 중심만을 향해 돌진하는 사회정치적인 경향을 은유적으로 표현한 것이다. 조선시대 때부터 유래한 중앙집권적 위신재 추구 행태가 전후 한국 사회에서도 여전히 그 양상이 바뀌지 않았음을 보여준다.

---

25) 이영훈, 같은 책, p.440

19세기 이사벨라 비숍은 "모든 한국인의 마음은 서울에 있다. 어느 계급일지라도 서울에 사는 사람들은 단 몇 주라도 서울을 떠나 살기를 원치 않는다. 한국인들에게 서울은 오직 그 속에서만 살아갈 만한 삶의 가치가 있는 곳으로 여겨진다."라고 적으며 한국인의 중앙지향성을 정확히 포착했다.

이영훈은 핸더슨의 '소용돌이'론이 제기한 문제의식에 기본적으로 동의를 하면서 그 비유가 중앙지향성, 그 동태성이 지나치게 과장되어 보일 수 있기에 한국 사회의 구조적 특질로서 '나선형'이라는 표현이 더 적절하다고 제안한다. 이영훈이 설명하는 나선형 한국 사회의 모습은 이렇다.

"사람들은 넓은 아래에서 좁은 중앙을 향해 말려 올라가는 나선의 어느 자리에 있다. 위치가 바뀌어 차등이 생기면 인간관계는 끊어지기 쉬워 불안정하다. 장기의 신뢰 관계는 좀처럼 관찰되지 않는다. 인간들을 중앙의 상층부로 밀어 올리는 공식적 통로는 교육이다. 거기에다 동족, 동향, 동창과 같은 비공식적인 집단연고가 또 하나의 출세 경로를 이룬다. 집단을 추구하는 한국인의 사회적 행동의 기저에는 가족주의가 도사리고 있다. 가족주의의 사회적 표현이 집단주의이고, 집단주의의 정치적 지향이 관료주의다… 한국의 집단연고는 협약이나 상호투자를 통해 취득된 것이라기보다 개인의 입장에서는 약간의 우연성과 함께 무임승차로 주어진 것이다. 집단연고의 그러한 속성으로 인간들은 잠재적으로 서로 불신하며, 나아가 상층으로 향한 더 나은 기회를 찾아 기회주의적으로 행동한다. 현대 한국인들은 이 같은 짜임새의 사회에서 살아남기 위해 악전고투를 하고 있다."

중앙 권력에서 벼슬을 하거나, 가문의 위세 속에 학문적 명망을 추구하는 것이 조선시대 양반들이 위신을 추구하는 유일한 통로였다면, 현대 나선 사회의 짜임새에서 대기업 집단의 등장은 정치와 관료제를 대체하는 또 하나의 중앙집권적 위신과 위계의 창출을 의미하였다. 다시 말해 대기업은 중앙 권력에 비견되는 위신과 위계의 사다리를 풍성하게 제공하였다.[26]

이렇듯 끝도 없이 지위를 향해 위로 솟구치려는 한국인의 심성은, 농지개혁을 계기로 한국이 전 세계에서 유례없는 발전을 이룩하게 된 사회적 동력이기도 했다. 역사저술가 주대환은 이 점에 대해 가장 적극적으로 평가한다.

"우리 세대(전후세대)는 최소한 모두가 학교에 입학했다. 유치원 다닌 사람들은 굉장히 적었지만 초등학교도 모두 공립이었다. 전국의 모든 아동들이 같은 날 같은 시각에 입학을 했다(...)

우리 때(1960년대)는 모두가 양반의 시대였다. 윗대만 해도 누구는 노비의 자식이고, 누구는 양반의 자식이었다. 그러나 우리는 모두가 양반이었다. 김해김씨, 전주이씨, 경주김씨, 경주박씨… 왕후장상이 따로 없었다(...) 신분사회였다면, 아버지가 누구인가가 굉장히 중요했겠지만, 그 시절 우리에겐 친구들 아버지가 뭘 하는지는 중요하지 않았다. 오직 친구에만 관심을 뒀다. 어떤 놈은 주먹이 셌고, 어떤 놈

---

26) 이영훈, 같은 책, p.451

은 깡이 좋았다. 공부를 못해도 다른 재주가 있었다. 중학교만 나와도 성공할 기회가 있었다. 사장이 된 경우도 많았다.

나는 이게 굉장히 중요한 의미라고 생각한다. 사회적으로 전근대적 신분 질서의 잔재가 완전히 정리된 나라는 구대륙에서 우리가 유일했다. 경제적으로는 토지 개혁이 이뤄져 지주 소작제 토지 개념이 완전히 정리됐다. 50년대부터 이미 우리는 토지 소유에 대한 평등 지수가 전 세계에서도 압도적으로 높았다. 특히 건국과 동시에 이뤄진 농지개혁이야말로 대한민국 발전의 지렛대가 돼준 가장 혁명적인 일이었다 (...) 농지개혁으로 자기 땅이 생긴 자영농이 열심히 일하고 그 자식이 열심히 공부한 것이 오늘의 대한민국을 만들었다.“[27]

3. K 저출산 현상의 본질

● 자가당착의 K-평등주의 세계관

한국인의 유별난 위신 추구와 출세 욕망이 경제 기적을 일으킨 에너지로 작용했던 것은 부인할 수 없는 사실이다. 그러나 고도성장기가 막을 내리면서 그 긍정적 효과는 소진되고, 사회문화적 갈등을 증폭시키는 부정적 측면만이 도드라지고 있다. 한국인의 DNA에 새겨진 남긴 위계, 위신, 차별, 서열주의 등의 양반 문화적 유산은 여전하다. 과거 신분적 위신은 소득과 직업, 자산 등의 경제적 위신으로 변모했을 뿐, 그 양상은 변함이 없다. 한국 정신문화의 특징 중의 하나로 지목되는 평등주의는 서구 사상사에서 사회주의를 잉태한 그런 의미에서의

---

27) 주대환, '건국의 아버지들을 기억해 달라', [시사오늘], 2020.1.30

평등주의가 아니다. 평론가 박권일이 지적했듯,[28] '한국형 평등주의'는 "나도 부자가 되어야 한다."라거나, "내 새끼도 서울대 가야 한다."와 "나도 MBA 따야 한다." 등으로 표출되는 것이다. 즉, 선망과 질시의 변주곡에 지나지 않는다.

문제는 '양반으로서' 평등해졌기 때문에 발생한다. 양반은 누군가가 밑에서 받쳐줘야만 하는 존재다. 즉 자신보다 낮은 위계가 전제된 계층이다. 서열을 정하고 상하 구분을 통해 위신을 과시하는 양반과 같은 마음의 습관은 한국의 풍토병처럼 뿌리박혀 있다. 그런 점에서 한국의 '평등주의'는 끊임없이 격차를 지향하는 자가당착의 세계관이다.

이러한 한국의 정신문화는 북유럽 국가의 '얀테의 법칙'과 비교할 때 극명한 대조를 이룬다. 평등주의가 강하게 뿌리내린 북유럽 국가들의 생활 규범으로 통용되는 '얀테의 법칙'은 노르웨이 작가 안델 산데모제의 소설 '도망자'에서 소개된 것으로 작품에서는 이를 비판적으로 풍자하려는 의도였으나, 현재까지도 스칸디나비아 지역 국민의 가치관으로 자리 잡고 있다.

---

28) 『시사IN』 2008.10.11

스웨덴 출신 배우 '알렉산더 스카스가드'는 미국 TV계의 최고상인 에미상과 골든글로브상을 수상했으나 그 상의 트로피를 주변에 자랑할 수가 없어서 한동안 친구 집에 맡겨놨다가, 이후 여행 가방에 숨겨 집으로 가져온 뒤 몇 달간 벽장 안에 넣어놨다고 미국의 심야 토크쇼인 레이트쇼에 출연하여 토로했을 정도다.

한국이 위계를 전제로 한 '양반으로서의 평등주의'라면, 북유럽은 위아래 구분이 없는 '평민으로서의 평등주의'다. 그래서 '평등주의'라는 동일한 용어라도 그 결은 아주 다르다. 바로 이러한 차이가 한국인의 극단적인 물질주의를 배양했다.

미국의 정치학자 로날드 잉글하트는 전 세계 6개 대륙 100개 이상의 사회를 대상으로 대규모 가치관 설문 조사를 통해 국가별 가치관 비교평가 연구를 진행한 바 있다. 1981년 첫 조사 이래 지금까지 총 일곱 차례에 걸쳐 조사를 진행했던 잉글하트는 이 연구를 통해 일정 정도 소득이 증대되면 '탈물질주의'가 등장한다는 점을 강조했다. 서울대 사회학과 장덕진 교수는 이 연구를 한국에 적용하면서 다음과 같이 설명한다.[29]

물질주의가 "경제 성장, 권위주의적 정부, 애국심, 군대, 법과 질서'를 선호한다면, 탈물질주의는 "개인의 발전과 자유, 정책 결정에 대한 시민의 참여, 인권과 환경을 중시하는 가치관"이다. 1981년 이후 세계 각국의 가치관 변화를 추적하면 1인당 국내총생산의 증가에 따라 역동적으로 변한다. 즉, 조금 더 세속적으로, 그리고 조금 더 자기 표현에 능동적인 형태로 나아간다고 한다. 그러나 여기서 유일한 예외는 한국이다. 한국은 1981년~1996년 기간 동안 GDP 기준 거의 7배 정도의 경제 성장을 이루었음에도, 세속합리성은 높으나 자기 표현적 가치가 낮은 상태를 계속 유지한 특이한 국가라는 것이다. 장덕진이 잉글하트를 따라서 각국의 탈물질주의자 비율을 뽑았더니, 미국, 일본 등 다른 선진국들은 45% 수준인 데 반해 한국은 불과 14%에 그쳤다.

2021년 11월 미국의 여론조사 기관 퓨리서치센터는 17개 선진국 성인 19,000명을 대상으로 '삶을 의미 있게 하는 것은 무엇인가'를 두고 설문 조사를 진행하였는데, 14개국은 모두 '가족'을 가장 중요하다고 응답했고, 스페인은 '건강', 대만은 '사회'라고 했던 반면 충격적이게도

29) "한국인 물질주의 가치관 여전... 공연한 불안 이제 내려놓아야", [한국일보] (2017.2.28.)

한국인만이 유일하게 '물질적 풍요'를 1순위로 꼽았다. 다음 순위는 '건강'이었고, 대부분의 나라에서 1위로 꼽은 '가족'은 3위로 밀려났다.

● **한국의 물신주의의 본질은 위신주의**

한국은 왜 이렇게 물질적 욕망에 유별날까? 신분적 위계와 위신에 목숨을 건 양반의 정신문화가 뼛속 깊이 새겨져 있는 것이 근본적인 이유다. 단지 현대 사회에서 신분은 직업과 소득으로 대체되었을 뿐이다. 페이스북에 쓰인 몇 줄의 글과 그에 대한 댓글을 보면, 한국인의 의식이 날 것 그대로 잘 드러나 있어 소개한다.

──────────────────────────

[어린이집 하니 떠오르는 친구 경험담]

K5를 끌고 다니던 친구였다. 어느 날 장모님이 외제 차를 끌고 아이를 데려다주니, 원장 태도가 확 좋아졌다고. 그래서 와이프 등쌀에 결국 외제 차를 샀다고 한다.

이 나라에서 부모로 산다는 건, 참 골치 아픈 일이다 싶은(...)

[댓글]

A: 제 주변에도 그래서 외제 차 사신 분 있습니다.
B: 그게 꼭 어린이집에만 해당하는 이야기는 아닙니다. 식당, 처가, 골프장, 목욕탕, 거래처... 기타 발렛파킹이 되는 모든 곳에서 해당되는 이야기입니다.

C: 초등학교 때 가정 실태 조사하면서 아버지가 5급 이상인 사람 손 들어봐. 5급 이상인 사람 중에 감사원 다니시는 분 손 들어봐. 이 거 기억나네요. 그 미친 시대가 우리가 어른 되면 좀 바뀔 줄 알았는데. 어찌 보면 좀 더 직접적으로 속물이 되었네요.

D: 삼각별을 달면 모든 신세계가 열린다 하더군요. C나 S나 상관없어요. 참 천박하지요....ㅠ

E: 심지어 입학할 때.. 부모 소득 증명원도 냅니다.... 이미 선생님들은 부모 소득 수준도 알고 있습니다....

위신재를 향한 광적인 열망은 비단 외제 차에만 국한된 건 아니다. 명품 소비 규모는 세계 7위로서 우리보다 소득이 두 배가량 높은 독일보다도 더 큰 매출이 일어난다. 1인당 명품 구매액은 세계에서 1위다.

한국에서 3대 명품으로 꼽히는 에르메스, 루이비통, 샤넬 등은 정작 그 회사의 본고장인 프랑스에선 한국과 같은 인기는 찾아보기 힘들다. 한국에 거주하는 프랑스인들은 한결같이 한국인의 명품 열풍에 대해 한심해하는 눈치다. 한 유튜브 채널에 출연한 피비앙 코르비노는 "프랑스엔 명품 가방을 맨 사람이 없다. 프랑스인은 명품 걸치는 것을 좀 고리타분하다고 여기는 경향이 있다."라고 꼬집는다. 다른 프랑스인도 방송에 출연해 프랑스에서 살 때는 루이비통이 뭔지 몰랐고, 한국에 와서야 알게 되었다고 한다.

한 가난한 중년 남성의 생애를 구술로 기록한 어느 논문에서는 고급

재화가 한국인의 심성에 미치는 영향이 어떤지를 잘 보여주고 있다.[30]

박인동(가명)이라는 이름의 중년 가장은 가난한 가정에서 1남 1녀의 막내아들로 태어나 어린 시절 아버지를 잃고 어려운 형편에서 자랐다. 중학교 때부터 신문 배달로 생계를 도우며 학창 시절을 보냈다. 대학에 입학해서도 학비와 생활비 마련을 위해 운전기사, 근로장학생, 주차관리원 등 일을 한 번도 쉬어본 적이 없다. 생계 일로 휴학과 복학을 반복한 끝에 대학을 겨우 졸업하고 결혼까지 했지만, 각종 임시직 등을 전전하며 불안정한 수입으로 인해 어린 아들이 있음에도 결국 이혼을 하게 된다. 아마도 홀어머니를 부양해야 할 상황도 가정불화의 원인으로 작용한 것으로 보인다. 그런데 이 중년 남성이 느낀 가난의 큰 좌절감 중의 하나는 다름 아닌 아들을 태우는 유모차였다. 100만 원이 넘는 고급 유모차 대신 사은품으로 받은 싸구려 유모차에 아들을 태우고 다니는 것이 사무치도록 아들에게 미안하고, 자신이 한없이 미워진다고 했다. 아들이 많이 자라 고급 유모차를 사주고 싶어도 사줄 기회가 없어서 더욱 한스럽게 느껴진다는 것이다.

자식에게 필수재가 아니라, 고급 재화를 경험시켜주지 못해 가난한 부모가 죄책감까지 갖는 경우는 한국 사회가 아니라면 보기 힘들 것이다. 비록 한국에서도 일반적인 정서라고 단정할 수는 없다고 하더라도 이런 심리를 이해하는 부모들은 적잖을 듯하다. 한국 사회에서 재화는 생활의 효용을 누리기 위한 도구만이 아니라 인간적 대우를 받을 수 있는 지위적 표식으로 기능하기 때문이다.

---

30) 박찬중, 『대한민국 중년 남성의 생애, 가난』, 한국학술정보(2020)

부를 과시하기 위해 사치재를 소비하며 비쌀수록 더 잘 팔린다는 '베블런 효과'는 어느 나라에나 있는 보편적인 현상이다. 그런데 이 효과가 널리 알려진 계기는 베블런의 책 '유한계급론'이라는 데서 알 수 있듯이 '베블런 효과'는 주로 부유층의 소비 심리를 지적하기 위한 것이었다. 오늘날 한국 사회처럼 전 계층이 위신을 세우기 위해 명품을 좇는 심리는 서구의 그 어떤 학자도 예상치 못한 것이다. 전 국민이 유한계급 신분의 심리를 갖는 양반화된 사회를 그 누가 상상했으랴.

● K-미혼 현상

저출산 문제로 다시 돌아와 보자. 한국의 초저출산 문제의 가장 큰 요인은 미혼 현상의 급증이라고 앞서 밝힌바 있다. 여성의 사회적 지위가 과거에 비해 향상되어 여성이 선호하는 배우자의 기준이 높아졌지만, 그 기준에 맞는 남성인구는 상대적으로 부족해짐에 따라 짝 찾기의 미스 매칭이 점차 심화되고 있다. 여성의 학력이 높고 사회적 지위가 높은 사회일수록 미혼율이 올라가는 것은 일반적인 경향이다. 이 점이 미혼율 상승의 1차적 원인으로 볼 수 있다. 그럼에도 비슷한 조건의 다른 나라(주로 서구권)에 비해 한국이 유별나게 미혼율이 급증하게 된 이유는 무엇인가? 그것이 바로 지금까지 설명한 양반 위신 국가로서의 한국의 사회적 성격에서 기인한 것이다.

양반 전통 사회에서 혼인은 가문 간의 결합을 통한 위신의 도모였다면, 현대 사회의 결혼은 자유연애를 기반으로 가족의 형성이다. 신분 사회의 정신적 유산이 한국의 사회 심리에 강하게 작용하듯, 결혼 문화 역시 마찬가지다. 한국 사회에서 배우자는 평생을 같이할 삶의 동반자이면서 동시에 위신재로서 역할을 한다. 그래서 배우자를 선택할 때 같은 '급'의 사람인지를 면밀하게 살피고, 주변의 평판에 신경을 쓰며 우열을 논한다.

결혼을 전문적으로 중매하는 '결혼정보회사'(결정사)가 기업 규모로 성행하는 곳은 전 세계에서 한국이 유일하다. 수백만 원에서 수천만 원의 소개비를 내고 가입하는 '결정사'에 제출하는 기본서류만 하더라도 혼인관계증명서, 졸업증명서, 재직증명서, 등기부등본 등 10종에 가깝다. 그것 외에도 160여 가지 항목으로 구성된 서류에 가족관계, 가정환경, 건강, 종교는 물론 심지어 부모의 학력과 재산, 소득, 직업까지 총망라한 개인의 신상정보를 제공해야 한다. 이것을 기초로 남녀 쌍방 간 원하는 조건을 맞추어 매칭시키며, 만남 회수에 따라 돈을 지불한다. 마치 각자 원하는 메뉴를 골라 담는 뷔페 음식을 연상케 한다. 나이, 외모, 신체 등을 등급화하여 판매했던 노예를 제외하고 이처럼 노골적인 인간 시장이 있을까? 더구나 자발적으로 개인과 가족의 모든 정보를 업체에 제공하며 각자 등급에 맞추어 인간 시장에 뛰어든 이런 사례가 지구상 다른 나라에 존재하는지도 의문이다.

국내에서 짝을 찾지 못해 개도국 처녀를 돈을 주고 선을 봐서 결혼하는 것을 두고 매매혼이라는 비난이 일고 있는데, 한국의 결혼 시장 자체부터 이미 이러한 매매혼이 하나의 문화로서 사회에 광범위하게 퍼져있는 것이다. 물론 '결정사'에 가입해서 혼인하는 경우를 두고 일반화할 수는 없다. 모임이나 주변의 소개 등 다양한 계기를 통해 만나 연애를 하고 결혼하는 인구가 훨씬 많을 것이다. 그렇더라도 배우자

K-저출산의 사회문화적 배경과 그 본질

조건을 중시하는 심리가 사회 전반에 만연한 것은 부인할 수 없다.

직장인들의 익명 커뮤니티 앱으로 유명한 블라인드에 올라온 글과 댓글들을 보면 혼인의 현실과 대중들의 솔직한 심정들이 적나라하게 드러나 있다. 그중 일부를 요약해서 소개해 본다.

〈사례1〉

[집안 형편 말하면 여자들이 다 도망가네..]

글쓴이: 한국전력(J****)

전전 여친도 그렇고 전 여친 그렇고 집안 형편 얘기하는 순간 눈빛이 달라지더라...서로 사랑을 했던 게 맞는지 싶을 정도로 싸늘하게 변해서 뒤돌아서더라...

아버지, 어머니 아직까지 공장에서 일하시고, 여전히 달동네에 사시고 노후 준비는 안 되어 있다. 빚도 없지만 결혼할 때 지원받을 돈도 없다.

내가 모아둔 돈이 있어서 집값 내려가면 대출받고 여차저차 해서 살아갈 수 있는데...말하는 순간 다 도망가 ㅋㅋ 정말 다정하게 잘해주고 그런 거 다 소용없어 ㅋㅋ똑같이 가난한 여자 만나면 되는 거 아니냐고??? 전전 여친은 우리 집이랑 비슷했는데도 도망감. 남자는 돈이 최고다 라는 걸 오늘도 느낀다.

[댓글]

현대자동차 · z*****
형 힘내 짝을 못 찾은 것뿐이야.

새회사 · 카****
돈은 좀 없어도 되는데 부모님 노후 준비가 부담될 정도라면 망설이게 되지 않을까. 그런 경우에는 둘만 잘 산다고 되는 게 아니니까.

새회사 · 카****
부모님 일 안 하실 때쯤 얼마나 지원 드릴 건지도 중요할 거 같고 나도 쥐뿔 없어서 남 얘기 같지 않네, 힘내.

삼성SDS · L*****
그런 거 신경 안 쓰는 사람도 있어. 상황 다 오픈하고 4년 넘게 연애하고 결혼함. 우린 아무것도 안 받고 우리끼리 시작했다. 심지어 어플로 만남. 동생한테 맞는 사람 언젠가 만날 거야. 힘내.

신용보증기금 · 1*********
나 여잔데 같은 경험 있어. 사귄 지 2주 됐는데 아버지 뭐하시노 시전하길래 화이트칼라 아니고 블루칼라랬더니 잠수 이별 당함. 성별 문제 아니고 걍 걔가 촌스러운 거.

〈사례2〉

[동생이 결혼 앞두고 헤어지게 생겼는데 조언 부탁해]

삼성전자 · 1********

하이닉스 다니는 32살 먹은 동생이 대학교 때부터 사귀던 31살 여자 친구가 있는데, 곧 결혼을 앞두고 있어. 동생은 5년 차 직장인이고 여자 친구는 임용고시 계속 떨어지다가 작년 30살 때 교사 합격함 (중학교)

여자 친구가 이제 직장도 생겨서 슬슬 결혼 얘기도 나오고 있는 상황에서 여자 친구 부모님과 동생이 밥을 먹게 됐나 봐. 문제는 그 자리에서 생겼는데, 여자 친구 어머님이 술을 한잔 하시니까 계속 말을

"XX이는 진짜 다행이다. 여자 교사는 아무나 못 만나."
"요즘에 여자 교사는 원래 판검사도 만나는 건데 XX이는 어디 가서 평생 자랑할 수 있겠네."
"XX이 대기업도 결국은 누구 밑에서 일하는 거잖아? 내가 원래 교사 신랑으로 회사 다니는 사람하고는 못 만나게 하고 싶은데 XX이는 사람이 좋아 보여서 다행이다."

이런 식으로 얘기를 했나 봐. 누군가는 그냥 기분 좋게 웃으며 넘길 수도 있다고 생각할 수는 있겠지만 동생은 기분이 많이 나빴나 봐. 그래서 처음에는 웃으면서

"요즘에는 교사가 예전 같지 않아요. 대기업 정도면 비슷하게 만나는 거예요."

이런 식으로 얘기해서 여자 친구 부모님이 표정이 안 좋아졌대. 나중에 여자 친구가 그냥 분위기 맞춰주지 그걸 진지하게 받아들여서 굳이 부모님 기분 상하게 할 필요 있었냐고 했나 봐.

동생도 자존심이 세서 그런지 잠시 생각할 시간을 가져야겠다고 말하고 지금은 둘이 얘기를 안 하는 상태야. 다들 어떻게 생각해?

[댓글]

한국IBM · l*********
요즘 대기업도 여교사 꺼리는데ㅜㅜ 게다가 노처녀면... 에휴.

삼성전자 · M********
어휴 선생님이 무슨 일런 머스크 제프 베조스 급인줄.

이마트 · i********
집안이 너무 안 좋다 ㅜㅜ 사돈댁 되면 창피할 일 많을지도

SK하이닉스 · 돌******
솔직히 그냥 딸 부모님이 딸 자랑한 건데 너무 들이받긴 한 거 같은데...

내 자존감을 깎긴 하셨지만, 나였으면 그냥 꾹 참고 여친한테 나는

불편했으니 다음부턴 신경 써 달라고 할 듯.

나도 교사지만 어렵거나 고만고만한 집안에서 어렵게 합격한 케이스들이 주로 저러더라.. 여자 쪽 집안의 유일한 자랑 인듯. 예비 사위 앞에서 말실수하셨네. 별로 교양 있는 집안도 아니고, 현실감각도 좀 떨어지는 집인 것 같다. 내 동생이면 그냥 정리하라고 할 듯.

커뮤니티에 올라온 글들이 한국의 결혼 문화를 온전히 대표한다고 볼 수는 없겠지만, 혼인에 대한 미혼남녀의 현실을 어느 정도는 반영할 것이다. 과거에 비해 배우자 조건을 보는 경향은 더 짙어졌을 뿐만 아니라, 그 조건의 허들도 높아졌다. 왜 그럴까? 물질주의적 가치관이 만연한 세대의 문제만으로 보기도 힘들다. 물질적 '조건'을 밝히는 것은 부모들이 더하기 때문이다. 딸을 가진 부모는 좀 더 좋은 조건의 집안으로 시집보내려는 심리는 예나 지금이나 마찬가지다.

1795년 조선 시기, 가평에 사는 어느 상민이 재력을 믿고 어느 양반 집안에 청혼을 하자, 그 집의 규수가 이를 분하게 여겨 곡기를 끊고 죽는 일까지 있었다.[31] 조선시대의 이러한 양반 위신문화는 현대 한국인들의 심리적 DNA에 깊숙이 새겨있다. 그 위신문화의 연장선에서 '신분'이 물질적 조건으로 변화되었을 뿐이다. 저출산의 근본 배경인 위신문화가 그토록 오랫동안 유지되었다면, 과거 산업화 시기의 베이비

---

31) 조윤민, 같은 책, p.102

붐은 어떻게 설명할 수 있는가?

1980년대까지만 하더라도 농촌에서는 남존여비의 문화적 관습이 아직 많이 남아 있었다. 아버지와 아들은 밥상에서 먹고, 어머니와 딸들은 밥상 밑에서 양푼 채로 식사하는 광경이 흔했다. 1980년 당시 전체 고교 졸업자 중에 대학 진학률은 20%대였으며, 남자는 여자의 2~3배 정도 많이 대학 교육을 받았다. 도시 인구가 농촌 인구를 추월하기 시작한 것은 1976년도에 이르러서였다. 그래서 농촌 사회의 남존여비 문화적 관습은 도시에서도 한동안 많이 남아 있었다. 또 조혼 풍습의 관념이 아직 잔존해 있었으며 고졸 이하 인구도 많아서 결혼 연령대 역시 낮았다. 20대 후반만 되더라도 여성은 노처녀 소리를 듣기 십상이었다. 전반적으로 80년대까지 사람들의 생활 수준은 엇비슷하게 가난했고, 여성의 소득 수준은 낮았을 뿐만 아니라, 결혼한 뒤에는 전업주부로 생활하는 것이 일반적이었다. 이처럼 1980년대 여성의 교육 정도와 사회적 지위는 전반적으로 남성에 비해 비교적 낮은 위치에 있었기 때문에 여성의 동질혼(혹은 상승혼) 본능은 채워지면서 남녀 간 매칭은 자연스럽게 이어졌다. 그렇더라도 여성의 직업이나 학력 배경이 우수한 경우 그보다 낮은 지위의 남성이 혼인으로 맺어질 확률은 극히 드물었다.

보수정당의 대표 정치인 중의 한 사람인 홍준표는 자신의 결혼 과정을 정치 연설할 때 곧잘 꺼내기를 즐겼다. 내용인즉슨, 자신이 다니던 고려대학교 근방 은행에서 여행원에게 반해 그녀와 연애를 시작하게 되었고, 나중에 결혼 허락을 구하려 당시 애인의 부모를 만났는데 홍준표 집안도 가난하고, 고시생이라는 불안정한 신분이기 때문에 장인될 분이 결혼을 반대하여 큰 난관을 겪었다는 스토리다. 지금도 그렇지만 당시에도 은행은 최고의 직장으로 선망되는 곳이었다. 그런 좋은 직장에 다니는 딸이 학벌이 좋더라도 집안이 가난하고 미래가 불안한 남자에게 시집보낼 수 없다는 것이 장인의 고집이었다. 이처럼 결혼에 있어 배우자 신분적 조건을 중시하는 문화는 예나 지금이나 달라진 바가 별로 없다.

2000년대에 들어서 남녀 간 대학 진학률은 차이가 줄어드는 정도가 아니라 오히려 여성의 진학률이 더 높아졌다. 2010년대에는 공무원, 전문직 등 사회적으로 선망되는 일자리에 진출하는 여성의 비중도 훨씬 높아졌다. 한국인의 위신 감각에 의하면 그것은 일종의 '신분 대이동'이다. 남아선호 의식도 완전히 사라지고, 핵가족이 일반화됨에 따라 딸에게 투여되는 부모의 투자량도 많이 늘었다. 이 때문에 여성 자신의 눈높이만이 아니라 부모들 역시 딸에게 기대하는 사윗감의 조건도 높아져만 갔다. 이로써 여성의 상승혼 의지는 더욱 강화된다.

[표 8]

학력별 한인 교포의 연간가구소득(1인가구 포함)

	교포남성 (M)	교포여성 (W)	격차 (W-M)	백인남성 (M)	백인여성 (W)	격차 (W-M)
고졸이하	$42,471	$54,332	$11,861	$44,352	$44,271	$-81
고졸	$43,207	$50,661	$7,454	$47,252	$48,509	$1,257
초대졸	$50,382	$56,055	$5,673	$56,216	$58,529	$2,313
대졸	$76,651	$83,609	$6,958	$77,088	$78,185	$1,097
대학원	$107,477	$112,798	$5,321	$96,343	$95,900	$-433
출처:https://sovidence.tistory.com/800 (김창환, '재미교포의 혼인시장에서의 성별격차',2016.7.31)[32]						

표 8은 미국에 사는 한국인 교포의 성별 가구 소득을 비교한 것이다. 통상적으로 한국이든, 미국이든 남성의 평균소득은 여자보다 약 20% 이상 더 많은 경우가 일반적이다. 그런데 가구 소득으로 비교하면 여성이 더 높아진다. 여성이 자신보다 소득이 높은 배우자와 결혼하기 때문이다. 한국 여성이 결혼한 가구 소득은 한국 남성보다 무려 10%~30%의 격차를 보이고 있다. 소득 차이가 거의 없는 백인 여성의 가구 소득과 비교하면 그 격차는 특이할 정도로 크다.

재미 한국 여성은 한국 남성(35%)보다 백인 남성(45%)과 결혼하는 비율이 더 높다. 미국에서 자기 인종보다 타 인종과 결혼하는 비율이 높은 경우는 한국 여성이 유일하다. 미국에서 백인 여성과 결혼하는 한국 남성의 평균 연 소득은 62,000달러지만, 한국 여성과 결혼하는

---

32) 이 통계는 미국 캔자스대 사회학과 교수로 재직 중인 김창환의 블로그에서 발췌된 것이다. 페미니스트적인 성향인 김창환은 명백히 한국 여성의 상승혼 근거가 뚜렷한 이 자료를 갖고서도 황당한 해석을 가한다. 한국 남성이 '가부장적' 의식으로 인해 자신보다 학력이 낮은 여성을 배우자로 선호하기 때문에 이러한 가구소득 격차가 발생한다는 어처구니없는 설명으로 이 자료를 활용한다.

한국 남성의 소득은 연 소득 83,000달러 이상이다.[33] 그만큼 한국 여성의 상승혼 성향은 서구의 다른 나라의 여성보다 유별날 정도로 강하다. 미국 문화의 영향 속에 사는 재미교포조차 이럴진대 국내 여성이라면 더 말할 나위가 없을 것이다.

서구에서는 남녀가 배우자를 선택할 때 거의 전적으로 본인 의사에 따라 결정한다. 배우자 될 사람을 부모에게는 보여주는 것은 단지 '소개'한다는 차원이다. 하지만 한국에서는 '결혼 허락을 받는다'라는 표현이 관용적으로 통용될 만큼 부모의 의견은 매우 큰 영향을 끼친다. 결혼 자금을 부모에게 의존하게 된다면 그 의견은 더욱 강하게 반영될 수밖에 없다. 그리고 부모는 외모, 직업, 소득, 재산 등 주로 외적 조건에 대해 심사하듯이 따져 묻고 혼인의 가부를 결정하는 것이 보통이다. 여성의 지위 향상은 이처럼 한국 사회의 특징과 결합하여 결혼 조건의 인플레이션화를 가속한다.

이런 환경에 적응해야 하는 남자들은 높아진 조건을 갖추기 전까지는 결혼을 최대한 미루거나, 포기하는 심리마저 발생한다. 예컨대 연봉 3~4천만 원에 1억 원 정도의 예금을 갖고 있다면 30대 초중반 남성 기준으로 상위 30% 이상 수준이지만, 이 정도의 조건에서도 결혼에 자신 없어 한다. 집을 구하고 가정을 부양해야 한다는 책임감은 과거 가부장제가 남성에게 요구하던 사회적 롤이었다. 현세대 남자들에게 그 부담은 고스란히 남겨진 채 가장으로서의 권위와 존중은 박탈되

---

33) 출처:https://sovidence.tistory.com/800(김창환, '재미교포의 혼인시장에서의 성별격차',2016.7.31)

고 있는 것도 남자가 결혼에 대해 더욱 소극적인 태도를 취하게 하는 원인으로 작용한다.

유튜브 채널을 운영하는 국제 커플 중에 한국 남자와 사귀는 한 미국 여성의 지적은 시사하는 바가 많다. 한국 남자는 조건(자산, 집 등)이 덜 준비되어 있다는 생각에 결혼을 미루려고 하는 경향이 있는데 자신은 그 점이 이해 안 된다고 한다. 같이 살면서 서로 일해 재산을 모으고 아이를 키우면 되지, 왜 처음부터 완벽한 조건을 갖춰서 결혼할 생각을 하느냐는 것이다.

당연해 보이는 이런 상식이 이제 더 이상 한국에서 통용되지 않고 있다. 한국 사회의 결혼 허들은 지구상 그 어떤 나라에서도 채워줄 수 없는 수준에 도달해 있다. 결혼이 지위 게임 양상을 갖는 한국 사회의 특질 상 남녀의 지위가 역전되고 있는 현실에서 한국적 미혼 현상은 앞으로도 더 심화될 것이다.

세계사적으로 유례가 없는 한국의 초저출산 문제는 어느 한 요인이 특별히 불거져서 발생한 것이 아니다. 남녀 짝짓기의 인간 본성과 여성의 지위 변동, 한국 사회의 특질이 맞물리며 상호 상승작용을 일으킨 사회적 현상이다. 지금까지 이 점에 대해 논의한바, 그 사회문화적 메커니즘은 다음과 같이 요약할 수 있다.

① 진화적으로 볼 때 대다수 생물종에서 성선택은 암컷이 주도한다. 임신과 수유, 양육 등 자녀에 대한 투자 비용은 암컷에게 집중되어 있기 때문에 암컷은 수컷을 고르는 데 있어 신중하다. 반면 수

컷은 번식에 드는 비용이 별로 많지 않기 때문에 가급적 많은 암 컷과 성관계를 맺는 다다익선 전략을 취해왔다. 호모사피엔스는 가장 긴 유아기를 갖는 생물종이다. 여성은 취약한 상태에 놓여 있는 임신 상태와 자녀 양육을 뒷받침하고 보호해줄 남성이 필요 했다. 여성은 이 과정에서 육체적으로 우월하거나 경제적 자원을 많이 가진 배우자를 선호하는 심리를 발달시켜왔다. 현대 여성의 상승혼 본성은 이런 진화심리의 결과이기도 하다.

② 한국의 전통 사회는 쌀농사에서 비롯된 집단주의와 위계, 위신 문화가 유달리 발달된 사회였다. 조선은 이런 위계, 위신 문화가 정점에 달한 사회로서 엄격한 상하 구분 하에 가문과 자신을 동 일시하며 위신을 내세우는 양반의 정신세계가 지배하는 사회였 다. 한국 사회는 산업화가 진행되던 현대 시기에 들어서도 양반 의 정신문화에서 본질적으로 벗어난 적이 없었다. 개화기 때부터 해방 후 농지개혁까지 국민들 대다수는 양반 정체성 획득에 열 성이었으며, 문화적 신분으로서 양반의 지위를 얻었다. 양반 신 분 감각은 재산, 직업, 학력 등으로 전환되었을 뿐, 위계와 위신 을 병적으로 추구하는 양반의 정신세계는 그대로 온존하고 있다. 한국 사회에서 발현되는 극단적 물질주의는 극단적 위신주의의 다른 표현일 뿐이다. 한국의 경제가 아무리 발전하더라도 물질에 대한 집착이 좀체 완화되지 않는 이유도 바로 여기에 있다. 배우 자 선택이 지위재 구매 양상을 보이는 것도 이 같은 한국 사회의 특질 때문이다.

③ 한국이 산업사회에 접어들면서 여성의 교육 정도는 남자와 대등

해졌을 뿐만 아니라, 최근 10여 년은 대졸자 남녀 비율은 역전 현상까지 발생하였다. 사회적으로 선호되는 직장에서도 여성의 진출은 활발해져 남녀 비율 격차는 많이 좁혀졌다. 이렇게 향상된 여성의 지위는 여성의 상승혼 본성 및 한국 사회의 특질과 맞물려 미혼 여성의 배우자 눈높이를 사회 평균보다 훨씬 높여 놓았다. 결혼 조건의 인플레이션 현상인 것이다. 소득이 높아, 생계 문제에 어려움이 없는 여성들은 자신의 눈높이에 맞는 배우자를 찾지 못할 경우 차라리 결혼을 포기하는 선택을 하게 된다.

이를 도식화하면 다음과 같다.

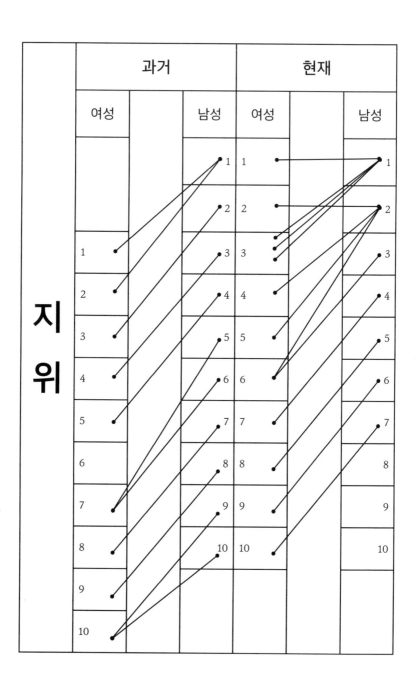

저출산 현상의 본질이 이렇다면, 문제 해결의 방향은 ①여성의 지위를 과거처럼 낮추거나 ②의식개혁을 통해 서구처럼 동류혼으로의 전환이라는 선택지가 남는다. ①은 현대의 가치관에 맞지도 않을뿐더러 현실성도 없다. 그렇다면 ②가 유일한 선택지로 남는다. 북유럽 국가처럼 평등주의가 뿌리 깊은 사회에서는 배관공 남편과 의사 아내 커플도 전혀 어색하지 않은 조합이다. 북유럽만큼은 아니더라도 미국 같은 경우에도 직업을 갖고 있는 한 결혼 상대를 구하는 데 큰 어려움을 겪지 않는다. 특히 미국은 가족주의적 경향이 강한데, 유럽에 비해 사회 안정망이 미약한 탓에 가족을 구성하여 상호의존도를 높여야만 하는 사회 때문이라는 분석도 있다. 어찌 되었든 한국 사회가 위신 문화적 특질에서 벗어나지 않는다면, 혼인율 저하에 따른 저출산 문제는 결코 해결될 수 없다.

그러면 정부와 여론은 사회의 존속을 위협하는 초저출산 현상의 본질을 직시하고 있는가? 유감스럽게도 사안의 핵심에 다가서기는커녕, 문제 상황만 더욱 악화시키는 페미니즘에 입각한 정책으로 실책에 실책을 거듭하고 있을 뿐이다.

K-저출산의 사회문화적 배경과 그 본질

8장

저출산의 독극물
페미니즘

모순(矛盾)은 서로 양립할 수 없는 주장을 하여 이치에 맞지 않는 말을 할 때 쓰이는 중국 고사 용어다. 무엇이든 뚫을 수 있다는 창(矛)과 무엇이든 막을 수 있다는 방패(盾)를 판매하는 무기 상인에게 한 행인이 그 창으로 그 방패를 찌르면 어찌 되는 거냐고 묻는 말에 입을 다물고 말았다는 일화다. 그런데 우스꽝스러워 보이는 이런 일화와 같은 일은 여전히 현실에서 자주 일어난다. 한국에서 페미니즘은 이런 모순의 극치를 보여준다.

과거 베이비붐 시기 정부가 산아제한에 본격적으로 나섰을 때, 여성 단체는 고출산의 이유가 남아선호사상 때문이라며 여성의 지위를 올려야만 출산율이 떨어진다고 주장했다. '잘 키운 딸 하나 열 아들 부럽지 않다'라는 유명한 슬로건도 이런 맥락에서 나왔다. 여성의 교육 기회 확대, 사회진출, 권익 증진은 인구 억제정책의 핵심이 되었다.

1980년대 초반, 정부는 인구억제 방안으로 호주제도, 상속제도, 친족 범위, 남녀 차별 조항 등 [가족법]에서 남녀 차별 조항들을 개정했다. 출가한 여성도 의료보험 피부양자 범위에 직계존속으로 포함시켰다. 여성 근로자에게 두 자녀 출산까지 육아 휴직제를 보장한다는 내용까지 마련하였으나, 이런 내용은 기업에 큰 부담을 주어 도리어 여성 채용을 기피하는 효과를 일으킨다는 지적이 있어 추진되지 못했을 뿐이다. 양성평등을 강화한다는 취지로 여성 취업을 금지하는 직종을 30종에서 6종으로 축소시켰다. 결혼한 여성 공무원이 직접 부모를 부양하면 가족수당을 지급하는 동시에 의료보험 혜택을 받을 수 있도록 조치하였다. 1988년에는 [여성고용평등법]을 제정하여 '동일노동 동

일임금' 조항을 신설함으로써 여성의 고용 지위 향상을 제도적으로 뒷받침했다.[34)]

이처럼 여성의 권익 향상은 정부의 출산 억제 정책의 핵심 기조였고, 실제로 그 효과를 입증해왔다. 여성의 지위가 상승할수록 출산율이 떨어지는 것은 한국만이 아니라 세계적으로 일관적으로 관찰되는 현상이다.

그런데 정부 정책 기조가 출산 억제에서 출산 장려로 180도로 뒤바뀌었음에도, 여성계는 출산율이 증가하려면 여성의 지위가 더 올라가야 한다고 주장한다.

만약 어떤 의사가 난쟁이에게 키를 자라게 해주겠다며 빨간약을 처방했다고 치자. 다른 한편으로 거인에게도 똑같은 빨간약을 주면서 키를 줄이는 약이라고 말한다면 우리는 그 의사를 사기꾼이거나 정신분열증 환자로 생각할 수밖에 없을 것이다. 지금 저출산 문제에 대한 페미니즘식 해법은 이 정신 나간 의사의 처방과 하등 다를 바가 없다. 출산을 줄이는 것과 늘리는 것은 서로 상반된 정책 목표임에도 페미니즘식 해법은 만병통치약처럼 제시되고 있는 것이다.

페미니즘이 본래 내세웠던 남녀평등이라는 가치는 정책적 수단을 넘어 민주주의 사회라면 추구해야 할 어떤 도덕적 원리와도 같다. 이는 인간 차별에 저항감을 갖는 도덕적 본능과도 맞닿아 있다. 요컨대, 남녀평등은 출산율이 오르고 내리는 데에 일정한 영향을 주는 것과는

---

34) 『한국인구정책 50년, 출산억제에서 출산장려로』(보건복지부), 2016. p.108

상관없이 현대 자유주의 국가라면 마땅히 추구해야 할 보편적 가치인 것이다. 그렇게 본다면 페미니즘적 처방이 굳이 잘못되었다고 말할 필요는 없지 않냐고 반문할 수 있을 것이다. 과연 그럴까?

1. 페미니즘은 보편적 가치인가?

페미니즘(feminism)을 그대로 번역한다면 '여성주의'라고 할 수 있는데, 이미 용어에서부터 여성을 중심에 두는 사상과 운동임이 드러난다. 페미니즘의 주창은 성별에 따른 정치, 경제, 사회적 차별을 없애야 한다는 것이다. 이런 명분에 대해 현대 자유주의적 가치관을 갖고 있는 사람들이라면 반대할 사람은 없을 것이다.

역사적으로 보면 유럽에서 태동한 만인이 평등하다는 천부인권과 계몽주의는 현대 자유주의의 근간을 이룬다. 미국의 독립선언문과 헌법은 자유주의 가치의 기본 원리를 집약한 것으로써, 현대 민주주의 국가의 사상적 토대를 이룬다. 법 앞에서 만인이 평등하다는 원칙은 모든 인간이 차별받지 않아야 한다는 생각이 전제되어 있다.

프랑스혁명 당시 혁명 세력이 발표한 권리 선언문에는 "모든 인간은 권리에 있어 자유롭고 평등하게 태어나 생존한다. 모든 주권의 원리는 본질적으로 국민에게 있다."라는 문구가 선명하게 새겨져 있다. 그러나 여성이 이러한 '인간 권리'에 배제되자, 프랑스 여성운동가 올랭프 드 구주는 곧바로 권리선언문을 차용하여 '여성과 여성 시민의 권리선언문'을 작성하였다. 이처럼 자유주의 사상을 수용하는 한 인종, 계급, 성별에 따른 차별이 부당하다는 상식은 자연스럽게 따라올 수순이었다.

혁명적 사상을 발원시킨 유럽이었지만, 18~19세기까지만 하더라도 사회의 일반적인 관습과 문화는 여전히 전근대적인 관행과 의식이 지배하던 때였다. 자유주의 사상이 무산계급이나 여성에게까지 적용되어 받아들여지기까지는 사회는 아직 덜 성숙되었다. 산업과 정치 영역에서 급속한 진보를 이루며 사회 발전이 가속화되자, 자유와 평등 인권주의에 기초한 사상은 이상적 구호에만 머물지 않고 제도적으로 수용되기 시작했다. 19세기 미국에서 노예제는 폐지되었고, 1차 세계대전 후 서구의 많은 국가에서 여성의 정치적 권리가 남성들과 동일하게 주어졌으며, 2차 세계대전 후에는 대부분 국가에서 여성의 참정권이 보장되었다. 정치적 권리만이 아니라, 교육, 재산, 취업 등 사회적 권리 측면에서도 여성은 남성과 동일한 수준으로 누리게 되었다. 이 도정에서 여성주의 운동이 여권 신장에 큰 역할을 한 것은 부인할 수 없는 사실이다. 그러나 이러한 여성의 권리를 주장할 수 있도록 사상적 무기를 마련한 것도 남자들이었으며, 남녀평등의 제도적 장치를 도입한 것도 당시 남성들로만 구성되었던 의회에서였다. 그만큼 성평등은 남녀 모두가 추구했던 보편적 가치였고, 자유주의, 사회주의 등 근대 사상이 일찍부터 포괄하던 인간 평등사상의 일환이었던 것이다.

따라서 성평등을 목표로 둔 페미니즘은 다른 사상과 분리되어 추구해야 할 어떤 특별한 이념이 될 수도 없고, 그럴 필요도 없다. 흑인에 대한 인종차별을 철폐하기 위해 흑인주의가 필요한 것이 아니듯이, 여성에 대한 차별을 시정하기 위해 페미니즘이 필수적인 것도 아니다.

이미 20세기 중반부터 남녀평등의 가치는 보편적 상식으로 뿌리를 내렸다.

2. 페미니즘 진영의 반과학적 인식과 행태

그런데, 남녀 간의 동등한 지위가 법적으로 보장되고 성별에 따른 정치, 사회적 차별이 제도적으로 감소해가자, 엘리트 페미니즘 진영은 자신의 존재가치가 소멸당하지 않기 위해서인지, 새로운 논리를 개발하며 그 정당성을 설파하기 시작한다. 그것은 여성의 사회 제도적 차별은 시정되었을지 몰라도, 사회문화적 차별은 여전히 온존하고 있다는 것이다.

이를 근거로 그들은 새로운 운동을 전개하기 시작한다. 이른바 2세대 페미니즘의 등장이다. 이들의 관점은 모든 성차가 발생하는 사회문화적 현상 자체부터 가부장제의 산물이며, 전통적인 성 역할과 규범은 철폐되어야 마땅한 구시대의 산물로 본다. 20세기 중반 여성주의 사상을 대표하는 인물 중의 한 명인 시몬느 보봐르는 그의 저서 [제2의 성]에서 "여자는 태어나는 것이 아니라 만들어지는 것"이라는 주장을 하였다. 여성과 남성의 성차는 사회적 구성물의 결과라는 뜻이다. 이 유명한 언술은 성별에 대하여 생물학적인 섹스(sex)와 사회적 구성물로서의 젠더(gender)가 개념적으로 구분 짓는 기반이 되었다. 요즘은 편의적으로 자연적 성(性)은 '섹스', 사회적 성(性)은 '젠더'로 불리기도 한다.

2세대 페미니즘은 관점에 따라 다양한 조류로 나뉘겠지만, 이들이 대체적으로 공유하는 아이디어는 다음과 같다.

① 선천적으로 남녀는 능력 면에서 차이가 없을 뿐만 아니라 성별에 따른 직업의 편중은 가부장 문화의 산물이다.

② 여성성이나 남성성 등 성별 특징은 애초부터 자연적으로 존재하는 것이 아니며 사회적 구성물에 불과하다.

③ 모성애와 같은 여성성에 대한 강조는 전통적 여성관을 강요하는 것으로서 여성 억압의 수단이다.

이런 인식에 기초한 페미니즘 조류는 현재 한국사회뿐만 아니라 서구권 나라에서 주류적 관점으로 자리 잡혀 있으며, 이른바 성평등 교육과 정책에 큰 영향을 미치고 있다.

그런데 이런 페미니즘의 선언적 명제는 그 관점과 이론에 대해 과학적으로 검증조차 되지 않았음에도 정치 사회적으로 기이할 정도로 이견 없이 통용되고 있다. 여성과 남성의 특성이 모두 학습된 결과라는 것이 과연 사실인가? 오래전부터 진화생물학적, 뇌과학적인 연구 결과는 이런 주장이 터무니없는 허구임을 여지없이 밝혀냈다.

영국 방송국 BBC에서 방영된 다큐멘터리, 브레인 섹스(Brain sex)에서는 남녀 간의 선천적 차이를 입증하는 여러 실험을 잘 보여주고 있다. 유치원에 다니는 남녀 아이들은 성별에 따라 갖고 노는 장난감의 차이는 분명했다. 남자아이들은 주로 자동차를 갖고 놀고, 여자아이들은 인형을 갖고 논다. 보육자들의 편견에 의한 양육 때문에 그런 것은 아닐까?

영국 런던시티 대학교 연구진은 더 어린 나이의 유아를 대상으로 실험했다. 태어난 지 9개월 된 아이도 성별에 따라 남자아이는 자동차를 여자아이는 인형을 선호한다. 나이가 조금 더 들수록 이런 경향은 더욱 뚜렷해진다. 27~36개월의 여자아이는 노는 시간의 50%를 인형과 놀며 보냈으며 더 어렸을 적에 관심을 보인 테디베어에는 눈길을 주지 않았다. 같은 또래의 남자아이도 장난감 자동차와 채굴기를 갖고 노는 시간이 87%에 달했다.

사람만이 아니다. 사파리 동물원에서 원숭이를 대상으로 실험을 했다. 원숭이가 뛰어노는 동물원 풀밭 곳곳에 자동차와 인형을 무작위로 뿌려 놓았다. 실험 결과 수컷 원숭이는 대부분 차량 장난감을, 암컷 원숭이는 인형에 대해 강한 관심을 보였다. 이처럼 남녀 간의 선호 차이는 동물적 본성 차원에서부터 뚜렷하게 구분될 정도다.

생물학적 성은 포유류의 뇌 기능에 있어 모든 수준에서 영향을 미친다. 인간 두뇌의 해부학적 특징만을 살펴보더라도 남녀 간의 차이는 분명하다. 좌뇌와 우뇌를 연결하는 뇌량이 있는데, 여자가 남자보다 훨씬 굵다. 그래서 여자는 좌뇌와 우뇌의 협력관계를 강화하는 데 유리하다. 이 때문에 여자는 좌우뇌를 활용하여 소리를 듣기 때문에 남자에 비해 훨씬 청각에 예민하고, 감정표현에 유능해진다. 좌뇌와 우뇌는 각각 언어적, 정서적 특성을 관장하기 때문이다. 물론 이것이 장점만이 있는 것이 아니다. 좌우뇌의 협동이 잘 이루어지는 만큼 객관적 사실과 추리에 대해서 감정과 정서에 휘말리기도 쉽다.

반면, 남자는 이런 좌우뇌의 협동 부분에서는 약하지만, 좌뇌와 우뇌 각각의 내부 연결망이 여자에 비해 활발하다. 그래서 보이는 것과 해야 할 것을 비교적 잘 연결한다. 이런 해부학적 차이는 소뇌에서의 연결망에서도 나타나는데, 이로 인해 남자는 빠르게 움직이는 공을 잘 인식하고 민첩하게 움직이며 몸의 중심을 균형적으로 잘 잡을 수 있다.

남녀는 호르몬 분비에서부터 뇌신경 세포의 분포에 이르기까지 다양한 생리적 차이가 선천적으로 타고나며, 이 같은 남녀 간 생리적 특성 때문에 성격, 관심사, 선호도에 있어서 성별 차이가 발현된다는 것을 알 수 있다.

그럼에도 페미니스트들은 남녀 간 신체적 성차는 몰라도 뇌의 성차는 결코 인정하지 않는다. 이들은 뇌의 성차를 인정하는 순간, 성 역할이 고착화되며 지능의 차이를 받아들여야 하는 것으로 간주한다. 이들은 성차를 성차별로 치환하여 이에 대한 모든 논의를 원천 봉쇄한다. 목 위로는 진화론이 적용되지 않는다는 것을 주장하는 것과 다를 바 없다.

미국을 비롯해 서구는 현재 정치, 경제, 문화계 전반에 걸쳐 이른바 '정치적 올바름(PC주의)'이 지배하는 장으로 변질된 지 오래다. 학계도 예외는 아니다. 대학은 PC주의의 요람과 병기창이 되어 버린 지 오래다. PC주의의 일원인 페미니즘 위세는 그 어느 때보다도 드세다. 이들은 인문사회학 분야만이 아니라 과학계까지 침투하여 남녀 간의 성차를 언급하는 진화생물학자를 비롯한 과학자들에 대해 학문적 비판이 아닌 성차별주의자라는 도덕적 비난을 쏟으며 학계에서 매장시키는 것도 서슴지 않는다. 이러한 풍조에 대해 토론토 대학의 진화생물학자 콜린 라이트는 다음과 같이 개탄한다.

"1990년대와 2000년대, 복음주의자들은 공립학교에서 진화론을 가르치지 못하게 만들거나, 아니면 생명체는 너무나 복잡해서 어떤 "지적 설계자(신을 말한다)"의 도움이 있었을 것이라는 이론을 함께 가르쳐 진화론이 아직은 논란의 여지가 있다는 식으로 알게 만들기 위해 애썼다. 그러나 과학자들이 법정에서 이들이 말하는 지적설계론이 사실상 성경에서 말하는 창조론을 적당한 과학적인 용어로 꾸민 것에 불과하다는 사실을 보였고 그들의 시도는 실패로 돌아갔다. 이후 창조론과 지적설계론은 동력을 크게 잃었다. 하지만 이런 우파 반진화론 운동이 약해지는 동안 그들보다 훨씬 더 문제가 되는 좌파 진화론 부인 주의자들이 나타났다.

좌파의 진화론에 대한 반발이 처음 등장한 분야는 진화심리학이다. 다윈 이후, 과학자들은 진화론을 이용해 동물의 행동을 성공적으로 설명할 수 있었고, 여기에는 성의 차이에 따른 행동 또한 포함되어 있다. 그러나 과학자들이 동물의 행동을 설명하는 데 적용했던 진화론을 인간에 적용하려 했을 때, 이 다윈의 '만능산*'은 좌파가 신성시하는 믿음을 위협하게 되었다. 인간 남녀의 행동 차이에 대한 진화론적 설명에 가장 강력하게 반발하고 나선 이들은 사회정의 활동가들(PC주의자)이었다. 인간의 행동을 진화론으로 설명하는 것은 그들의 절대적

---

* 만능산은 무엇이든 녹여버리는 상상속 액체를 뜻하는 용어로서, 철학자 대니얼 데닛이 다윈의 진화론을 일컫는 비유로 사용했다.

저출산의 독극물 페미니즘

교리인, 남자와 여자의 뇌는 동일하며 성에 따라 달라지는 모든 행동은 사회화의 결과라는 "빈 서판"** 심리학에 위배되었기 때문이다.

이들은 성에 따른 행동의 차이를 진화론적으로 설명하는 이들을 (악명 높은) 생물학적 본질주의자로 매도했다. 생물학적 본질주의란, 생물학만이 인간의 행동을 직접 결정한다는 것이다. 그러나 오늘날 대부분의 학자들이 빈 서판 심리학을 부정하고 있는 반면, 인간에게 있어 성별이 타고난 성격에 영향을 미친다는 증거는 차고 넘치고 있다. 그렇다고 이 사실이 반드시 생물학적 본질주의의 근거는 되지 않는다는 것을 알아야 한다. 왜냐하면 환경 또한 매우 중요한 역할을 할 뿐 아니라, 성에 따라 나타나는 차이는 그저 평균에 불과하며 개인의 차이가 더 크기 때문이다. 성별이 키를 결정하지 않는 것처럼, 성격 또한 마찬가지이다. 성별은 분명 키에 영향을 미치지만, 그것이 전부는 아니다. 예를 들어 대부분의 남자들보다 키가 큰 여성이 있으며, 또 대부분의 여자들보다 키가 작은 남자도 있다. 성별에 따른 행동의 차이 또한 마찬가지이다.(…)

빈 서판 심리학을 지지하는 어떤 근거도 존재하지 않고 그에 반하는 근거는 많이 무수히 발견되는 상황에서도 여러 대학의 인문학과에서는 이를 사실로 가르치며 자신들의 성채를 쌓았다. 이제 그들은 이 사실에 의문을 가지는 이들을 모두 완고한 성차별주의자로 몰아붙인다. 때문에 과학자들은 저 활동가들이 자신을 성차별주의자로 몰아 학과에서 자신을 해고하게 만들지 않도록 스스로를 검열하게 되었다. 나는

** '빈서판'은 깨끗이 닦아낸 서판이라는 뜻의 중세 라틴어(tabula rasa)에서 유래한 말로, 아무것도 씌어 있지 않은 흰 백지라는 의미다. 인간이 마치 아무것도 쓰여 있지 않은 백지처럼 어떤 기제도 미리 갖추지 않고 태어나 이후 외부 세상의 감각과 경험, 사회화 과정을 통해 한 개인의 지적 능력과 개성이 형성된다는 이른바 '양육론'을 은유하는 용어다.

나와 비슷한 생각을 가진 여러 동료들로부터 소셜 미디어에서 사회정의 활동가들과 다투는 것은 직업적 자살로 이어질 수 있으며, 따라서 내가 쓴 댓글을 당장 지우라는 충고를 여러 번 받았다. 나의 경험은 전혀 특별한 것이 아니며 이 문제는 점점 더 심각해지고 있다. 학교를 장악하고 약자성과 분노로 무장해 자신들을 비판하는 이들의 명성에 먹칠을 하는 방식으로 그들의 입을 막은 사회정의 활동가들은 이제 더 어이없는 주장을 펼치기 시작했다. 최근 사회정의 활동가들은 드디어 생물학적 성조차도 사회적으로 구성된다는 가히 인식론적 사기를 치기 시작한 것이다. 생물학자의 입장에서 누군가가 이렇게 말도 안 되는 주장을 믿는다는 사실을 받아들이기 힘들다. 이는 마치 지구가 평평하다는 주장과 비슷한 수준의 주장이다.(...)

급기야, 세상에서 가장 권위 있는 과학 저널인 네이처조차도 사람들의 성을 "해부학이나 유전자를 기반으로 구분하는 것은 과학에 기반한 기준이 아니며, 그러한 관습을 버려야 한다"라고, 또 "의학계와 과학계에서는 성을 남과 여 이상의 더 복잡한 것으로 보고 있다"라고 한 사설에서 썼다. 그 기사는 이러한 주장의 동기를 분명하게 말하고 있다. 바로 생물학적 성의 진실을 밝히는 것이 "남자와 여자라는 이분법적 기준에 맞지 않는 이들과 성전환자들에 대한 차별을 줄이려는 노력을 약화시킨다"라는 것이다.(...)

그러나 이는 완전히 잘못된, 사기에 가까운 논리다. 모든 생명체의 발달 과정은 극히 복잡하지만, 거의 대부분의 생명체는 제대로 기능하는 개체로 성장한다. 손의 발달 과정 역시 극히 복잡하지만, 대다수 인류는 다섯 개의 움직이는 손가락을 가진다.(…)

위의 기사들이 빠뜨린 사실은, 성의 발달과정이 어떠하든 간에 인간의 99.98%는 분명한 남자 혹은 여자라는 사실이다. 해부학 혹은 유전학을 바탕으로 사람들의 성을 구분하는 것에 "과학적 근거가 없다"라는 말은 전혀 사실이 아니며, 99.98%의 대상을 정확하게 구분할 수 있는 방법은 생명과학의 모든 영역을 통틀어 보아도 가장 정확한 방법 중의 하나에 속한다.(…)

지금 학계는 10년 전 내가 생각하던 그런 곳이 아니다. 학계는 더 이상 자유로운 사고를 하고 자신의 의견을 기탄없이 밝히는 지식인의 피난처가 아니다. 이제 학계는, 살아남기 위해서는 입을 닫아야 하고, 그렇지 않으면 자신의 의견을 밝히고 쫓겨나야 하는 곳이 되었다.[35]

신경과학자 래리 카이힐 역시 학계에 스며든 페미니즘의 몰상식적인 견해에 대해 같은 매체를 통해 강력히 비판하기도 했다.

"어느 날 네이처 지의 표지에 이런 말이 써있다고 해보자. '인간이 진화의 산물이라는 그릇된 믿음'. 지난 15~20년 동안의 뇌 기능에 대한 성차의 영향에 관한 연구를 조금이라도 아는 사람들은 최근 네이처에 실린 한 기사의 제목을 보고 같은 충격을 받았다. 바로 "뇌 성차별주의: 남자와 여자의 뇌가 다르다는 그릇된 믿음"이라는 제목과 "뇌의 남녀 차이를 찾는 것은 나쁜 연구의 전형이다"라는 부제였다.

이 기사는 알고 보니 뇌의 성차에 대한 잘못된 믿음을 파헤친다고 주

---

35) Colin wright, '새로운 진화론 부인주의자들', [뉴스페퍼민트] (2019.1.4.), (원출처 ;Quileete.com)

장하는 책(지나 리폰의 'The gendered Brain' 한국어판 제목 [편견 없는 뇌])에 대해 맞장구를 치는 내용의 서평이었다.(...) 아이러니한 점은 이틀도 지나지 않아 네이처는 이 책의 내용에 반하는, 미국과학진흥협회(AAAS)에 실린 "남자와 여자의 뇌 차이를 밝히는 연구"와 란셋 뉴럴러지에 실린 "신경 장애에 있어서의 성차"라는 제목의 연구를 실었다는 것이다. 도대체 과학계에는 어떤 일이 벌어지고 있는 것일까?

지난 수십 년간 뇌과학 분야는 다른 대부분의 과학 분야와 마찬가지로, 남자와 여자의 근본적인 차이가 크지 않다는 가정하에 남자의 뇌를 주로 연구했다. 나 또한 처음 뇌 연구를 시작할 때 같은 경로를 밟았다. 대부분의 뇌 과학자들은 남자와 여자의 차이가 근본적이지 않을 것이라, 곧 뇌의 구조나 기능을 이해하는 데 필수적인 요소는 아니라고 생각했다.(..)

하지만 시간이 흐를수록, 뇌 과학자들은 그 가정에 큰 문제가 있다는 것을 깨달았으며, 특히 뇌 질환에 대한 이해에 있어 여성에게 매우 큰 문제가 될 수 있다는 사실을 알게 되었다.(...)

누구나 정직하게 데이터를 살펴본다면, 생물학적 성은 포유류의 뇌 기능에 있어 세포/유전자 수준을 포함한 모든 수준에 영향을 미치며 인간 또한 여기에 포함된다.

포유류의 뇌는 성별의 영향을 매우 크게 받는 기관이다. 뇌의 기능과 기능장애에 성은 중요한 역할을 한다. 성이 얼마나 많은 영향을 미치는지를 모두 파악하는 것은 쉽지 않으며, 이를 정확히 구분하는 것은 뇌 과학의 거의 모든 문제와 마찬가지로 불가능하다. 하지만 성이 크건 작건 다양한 방식으로 남자와 여자의 뇌에 영향을 미치며, 이를 이해하는 것이 필요하다는 것은 적어도 특정한 이데올로기에 빠지지 않은 이들에게는 당연한 상식으로 여겨지고 있다.

(…)

그러나 뇌 기능의 성차를 보여주는 연구가 증가할수록 뇌에 성차가 존재하지 않는다고 믿는 이들에 의한 반발 또한 거세지고 있다. 1950년대 초반, 시몬느 드 보봐르가 "여성은 태어나는 것이 아니라 만들어지는 것이다"라고 말한 뒤, 존스 홉킨스의 존 머니는 언어학의 용어였던 "젠더"를 생물학적 의미를 가진 "성(sex)" 대신 사용하기 시작했고, 여자와 남자의 뇌 사이에 아무런 차이가 없다는 믿음이 미국의 주류적 생각이 되었다. 다른 의견을 말했다가는 큰 곤욕을 치를 수 있다. 글로리아 스타이넘은 성차에 대한 연구를 "반미국적인 미친 생각"이라 불렀다(….)[36]

래리 카이힐은 이 글에서 뇌의 성차를 부정하는 지나 리폰의 책(한국어판 제목 『편견 없는 뇌』)은 바로 이런 50년대 몰과학적인 사고의 연장선에 있을 뿐만 아니라, 이 책이 성차 반대주의자들이 일반적으로 사용하는 악의적 전략으로 가득 차 있다고 비판한다.

요컨대, 마음에 들지 않는 연구에 대해 문제점을 만들어내거나 확대

---

36) Larry cahill, [뇌의 성차를 부정하는 이들 – 지나 리폰의 "The Gendered Brain"에 대해], [뉴스페퍼민트] (2019.5.1), (원출처 ;Quileete.com)

해석하고, 자신들이 선호하는 연구의 치명적인 문제를 무시하고, 포유류의 뇌에 대한 강력한 증거를 외면하고, 불편한 사실을 각주에 숨기며, 의학적 측면에서 성차를 이해하는 것이 이롭다고 하면서도 이것이 왜 중요한지에 대한 예는 하나도 들지 않고, 뇌가소성을 성차를 부정하는 마법의 부적처럼 사용하고 있다는 점 등을 통렬하게 지적했다.

그는 지나 리폰이 두뇌의 성차가 없다는 근거로 제시한 다프나 조엘의 논문(한국어판 제목 『젠더 모자이크』) 역시 엉터리 방법론을 사용하여 남녀 간의 뇌를 구분할 수 없다는 결론을 내리고 있다고 말한다.

조엘은 새로운 분석기법을 이용해 개인으로써의 남성과 여성은 거의 랜덤할 정도로 남성적 특성과 여성적 특성을 가지고 있다고 주장한다. 모든 사람이 남성적 특성과 여성적 특성을 갖고 있는 '모자이크'라는 것은 이미 70년대 뇌과학계에는 잘 알려진 사실이다. 그러나 이것이 곧 남녀 간 뇌 성차를 구분할 수 없다는 것을 의미하는 것은 아니다. 조엘의 연구팀이 분석기법으로 사용한 '방법' 자체부터가 측정 변수를 그들이 원하는 결론이 나올 수밖에 없도록 정의했기 때문에 이 연구의 신뢰성은 의심받을 수밖에 없다. 조엘 연구팀의 논문이 실린 PNAS(미국국립과학원회보)에는 이후 이 연구의 문제점을 지적하는 논문 3개가 나란히 실렸다. 그중의 한 논문은 조엘의 연구팀이 사용한 데이터를 그대로 사용하고도 제대로 된 방법을 이용할 경우 정반대의 결과, 곧 개인으로서의 남성과 여성을 69~77% 구분할 수 있다는 결론을 얻었으며, 뇌의 구조와 기능, 성격을 고려한 다른 연구팀은 더 높은 확률로 남성과 여성을 구분했다고 래리 카이힐은 설명한다.

남녀 간 뇌의 성차에 대한 연구 동향에 대해 다소 장황히 소개하는 데에는 이유가 있다. 남녀 간의 성차를 부정하는 페미니스트 과학자들의 엉터리 연구들이 책으로 출간되고 각국에 번역되면서 젠더 이론을 뒷받침하는 강력한 선전 도구가 되고 있다는 점에서 문제의 심각성은 깊어진다.

2020년 교육부는 공식 SNS 페이지에 '남자의 뇌를 가진 아빠, 공감이 뭐길래 꼭 배워야 하나요?'라는 카드 뉴스를 올렸다가 여론의 질타를 받고 삭제하는 일이 벌어졌다. 그런데, 카드 뉴스에 적힌 내용은 진화생물학에 대한 지식이 약간이라도 있다면, 무척 상식적인 내용을 담고 있었는데 요약하자면 다음과 같다.

"엄마는 공동체의 도움을 받아 양육하는 역할을 담당하고, 아빠는 사냥과 낯선 적으로부터 공동체를 지키는 역할을 담당하게 되면서 여자의 뇌와 남자의 뇌는 점차 다르게 진화되었다. 여자의 뇌는 양육을 위해 공감과 의사소통에 더 적합하게 진화했고, 남자의 뇌는 효과적인 사냥을 위해 논리 체계를 이해하고 구성하는 데 더 적합하게 진화했다. 대가족에서 핵가족으로 공동체가 변화하면서 남녀로 양분된 양육 시스템의 효율성이 흔들리기 시작했다. 그러나 아빠의 뇌는 여전히 공감 및 의사소통 능력이 부족한데, 이는 자녀의 갈등을 초래하는 원인이 되기도 하므로 아빠가 엄마로부터 공감과 소통의 능력을 배워 아이 양육에 공동으로 책임지자."

남자의 양육 의무를 한편으로 더 강조하여 여성의 입장을 대변하는 내용이기도 한데, 남녀의 뇌가 다르고, 여성이 양육에 적합하게 진화했다는 표현만으로 교육부는 느닷없이 트위터 페미니스트들로부터 성차별주의자로 매도당했다. 그뿐만 아니라, 한국 언론은 일제히 이들의 편에 서서 교육부를 질타하며 '사이비 과학'으로 남녀의 성차별적 고정관념을 강화했다는 투로 비난하고 나섰다. 어처구니없는 것은 언론은 남녀 차이에 대해 진화심리학, 진화생물학으로 설명하는 것을 '비주류 과학'으로 단정 지을 뿐만 아니라, 남녀 간의 두뇌 성차는 주류 과학계에서 받아들이지 않는다는 황당한 설명도 덧붙였다. 이들 언론은 두뇌의 성차가 없다는 일부 페미니스트 과학자들의 주장을 여과 없이 받아들이며 이를 주류 과학계의 견해로 둔갑시킨다. 앞서 설명한 지나 리폰, 다프나 조엘 등이나 코델리아 파인, 마리 루티 등 일부 페미니스트 여성 과학자들의 견해가 이들 주장의 강력한 근거로 제시된다.

사실, 우리는 자녀를 양육하거나 사회생활을 하면서 남녀 간의 성격, 관심도 등의 차이를 일상적으로 접한다. 개인적이든 집단적 차원에서든 그 차이를 느끼지 않는 사람은 없다. 일상에서 경험하는 남녀 간의 성차 전반이 양육과 교육, 문화 시스템 때문에 발생한다는 논리야말로 몰과학의 극치를 보여준다.

미 하버드대 교수 스티븐 핑커는 그의 저서 『빈 서판』에서 '본성과 양육'의 오래된 논쟁을 일별하며, 인간의 본성을 무시하는 빈 서판 이론이야말로 과학적 근거를 완전히 상실한 논리일 뿐만 아니라, 그 기저에는 전체주의적 이념이 도사리고 있다고 경고하고 있다.

3. 인간 본성론이 갖는 함의

본성이 결정적이라고 해서, 인간의 행위와 사고가 그저 유전자와 호르몬의 기계적 반응에 불과하다는 의미는 아니다. 어떤 측면에서 보면 생물학적 기제는 우주적 차원의 복잡성을 갖고 있을 만큼 다양하다. 우리의 사고의 폭과 넓이, 그리고 상상의 범위 또한 그야말로 무한하다. 그러나 우주가 아무리 넓고 무한하더라도 물리법칙의 지배를 받듯이, 인간 역시 생물학적 한계를 뛰어넘을 수는 없다.

우리는 물리법칙을 정확히 이해하는 과학의 진보 속에서 인간의 한계로 여겨져 왔던 자연적 난관을 극복해 왔고, 그 결과 인간의 자유 영역을 넓혀 왔다. 인간 본성과 생물학적 기제를 이해하는 것 또한 그렇다. 진화생물학, 뇌신경학, 의생물학 등 다양한 과학 분야의 진보 덕택에 수명 연장이라는 실용적 혜택을 누리고 있다. 또한 도덕적 자원의 진화적 원리를 구명함으로써 인간의 도덕심 향상에 기여하고 있다. 물론 인간은 환경을 개척해왔고 자신들이 만든 문화에 의해 의식과 행동에 많은 영향을 받으며, 심지어 유전자적 차원의 변화도 겪는다. 이러한 본성과 환경의 공진화 과정을 전반적으로 고려하는 것이야말로 인간 이해의 지평을 더욱 크게 넓히는 것임은 틀림없다.

그럼에도 불구하고 본성론을 강조하는 이유는 오늘날 사회과학, 특히 페미니즘은 인간 본성론을 원천적으로 부정하는 사이비 이론으로 무장해 있을 뿐만 아니라, 그런 잘못된 이론에 바탕을 둔 페미니즘이 사회정책에 심각한 영향력을 끼치고 있기 때문이다.

우리는 개와 고양이를 기를 때, 각 동물의 특성을 잘 이해할수록 애완동물과 서로 행복한 공존이 가능해질 것이라고 보는 것은 당연한 상식일 것이다. 개의 본성을 무시하고 고양이 같은 성격을 만들어서 키우겠다고 한다면 비극적 결과를 맞이할 것임은 분명하다.

인간의 성 또한 마찬가지다. 남성과 여성에 대한 특성 자체를 무시하고 성 그 자체를 마치 밀가루 반죽마냥 양육자의 의지대로 얼마든지 주조할 수 있다는 망상적 이론이 바로 '젠더 이론'이다. 그리고 오늘날, 이 '젠더'라는 말은 성(sex)을 거의 대체하는 용어로 굳어져서 이를 부인하거나 비판하면 마치 수구 꼴통 보수는 물론 여성 혐오자라는 낙인까지 찍힐 정도가 되었다.

실제로 필자는 2017년도 당시 자유한국당의 홍준표 대표가 여성 정책과 관련한 간담회에 참석했을 때의 모습을 기억하고 있다. 당시 참석했던 토론자들은 여성주의를 표방하는 여성 정치인들이나 여성학자들이었다. 여성 정책에 관한 그들의 의견을 한참 경청하던 홍준표 대표는 간담회 말미에 질문을 하나 던졌다.

"잘 경청했습니다. 그런데 자꾸 젠더, 젠더라고 말씀하시는 데 제가 과문해서 잘 몰라 묻는데 젠더 뜻이 뭡니까?"

그는 어떤 악의를 갖고 물었던 것도 아니고, 정말 순전히 자신이 모르는 용어에 대해 질문했을 뿐이었다. 그의 질문을 듣자, 좌중에 있던 토론자들은 정말 황당하다는 듯한 표정을 지으면서 그동안 얼마나 여성 정책에 관심이 없었기에 그런 용어조차도 모르냐고 윽박지르듯이 소리를 내지르고 그를 야단치듯이 나무랐다. 참으로 어처구니없는 풍경이었다. 그렇다면 과연 젠더라는 용어는 어떻게 해서 발생했고, 그 이론이 가져온 결과는 무엇이었는가?

4. 존 머니의 인간 모르모트 실험; 젠더론의 비극

미국 존스홉킨스대 의대 교수로 재임하면서, 섹스와 젠더 문제를 연구했던 존 머니는 '젠더'라는 개념을 가장 먼저 사용했다. 그는 시몬느 보봐르의 언설로 더 유명해진 '생물학적 성'과 '사회적 성'을 구별한 최초의 인물이다. 그는 남녀 간의 성적 차이는 임신과 수유뿐이고 성적 차이는 철저하게 역사적으로 부여되었을 뿐 명확한 근거가 없다고 비판하는 2세대 페미니즘의 이론적 지지자 중 하나였다.

또 성정체성은 출생 시 중성이며 생후 18개월까지라면 부여된 성별을 바꿀 수 있다는 설을 주장하였다. (현재는 태아시기에 성정체성이 정해진다는 것이 정설이다.) 즉, 학습과 양육에 의해 성별을 바꿔 키워도 전혀 문제가 없다는 인터섹스에 대한 연구로 유명하다. 그러나 그의 성정체성에 대한 가설은 객관적인 근거를 바탕으로 한 것이라기보다는 독단적인 믿음에 가까웠다. 그러다가 결국 자신이 맡은 환자 데이비드 라이머와 그 일가족의 삶을 결딴내고 말았다.

데이비드 라이머는 아기 때 포경수술을 받으러 갔다가, 집도의의 실수로 음경에 큰 화상을 입는 사고를 당했다. 부모는 치료를 위해 많은 의사를 찾았지만 심하게 훼손된 성기를 재생할 수 없다는 진단을 받고

낙담하던 중, 존 머니를 만나게 된다. 존 머니는 이렇게 된 것 아예 여성으로 키우면 된다고 했고, 성기불능자로 조롱을 당할 것을 우려한 부모는 그의 말에 동의하여, 존 머니의 성전환 수술을 받아들였다. 그리고 존 머니의 조언에 따라 라이머를 여성으로 양육했다. 이름도 브렌디로 바꿨다. 존 머니는 라이머에게 여자라는 인식이 자리 잡도록 집중적인 훈련을 가했다. 머니는 '브렌다'에게 기본적인 호르몬 치료와 함께 사회적·정신적 교육을 실시했다.

그런 훈련 중에는 10살도 안 된 아이에게 임산부 분만의 충격적인 장면을 강제로 보여주는 것뿐만 아니라, 심지어 그의 쌍둥이 형제와 섹스를 모사하도록 하는 것도 있었다. 호르몬 치료와 교육을 집중적으로 실시했지만, 그는 극심한 불안과 우울증에 시달렸다. 여섯 살에 접어든 '브렌다'는 심리 검사에서도 남자아이의 성향을 그대로 보이며 그림을 그려도 남자아이를 그렸다. 인형놀이나 드레스 입기 같은 여자아이 놀이에 전혀 흥미를 갖지 않았고 군대놀이나 칼싸움 같은 걸 좋아했다. 화장실에서 서서 소변을 보는 등 남자 같은 행동을 보였다.

그럼에도 불구하고 존 머니는 브렌다에게 질 수술과 호르몬 치료를 강요했다. 존 머니는 여덟 살의 브렌다에게 2단계 성전환 수술인 인공 질을 만드는 수술을 강권하다시피 했지만, 브렌다는 극구 저항했다. 지금으로 보면, 심각한 아동학대 범죄가 아닐 수 없다. 이에 치를 떤 브렌다는 존 머니를 만나는 것에 대해 심각한 공포감을 갖게 되어 그의 진료실에서 도망쳐 나오면서 이 비극적 '치료'는 중단되었다. 사춘기에 접어든 브렌다는 완연한 남성성을 띠며 서서 소변을 보는 등 남성과 다름없이 생활하게 되었지만 정상적인 학교생활을 할 수가 없었다. 쌍둥이 형제는 심각한 정서 장애와 학습 부진을 보이기 시작했다.

안 그래도 선머슴 같은 행동거지로 여자애들한테 따돌림당하고, 반대로 남자애들한테는 여자라고 따돌림당하던 브렌다는 자라면서 친구가 거의 없었다. 모두가 '그녀'를 조롱하고 원시인이라고 불렀다. 그는 13살 무렵부터 자살 충동을 느꼈을 정도였다. 그제야 부모는 진실을 털어놓았다. 그때 브렌다는 즉시 남자로 돌아가겠다고 선언하고, 브렌다라는 이름 대신 데이비드로 개명했다. 남성 호르몬 주사를 맞고 유방 절제 수술을 하고 음경 재건 수술을 받으며 다시 남자로 돌아가는 힘겨운 투쟁을 벌여야만 했다. 수술 후유증으로 여덟 번이나 입원했으며, 좌절감으로 여러 차례 자살 시도를 하기도 했다. 그는 14살에 영국 BBC 다큐멘터리 제작팀의 인터뷰에 응하며 그간의 진실을 폭로했는데, 존 머니는 적반하장격으로 그의 부모에게 인터뷰에 응하지 말 것을 강권하다시피 했다.

'성정체성은 마음대로 바꿀 수 있는 것이 아니'라는 사실을 주장하며, 존 머니의 양육이론에 반대하던 하와이대 밀턴 다이아몬드 교수는 데이비드를 만나 인터뷰를 하게 되었는데, 이것이 계기가 되어 데이비드 라이머의 진실이 폭로되기 시작했다. 이후 라이머의 사연은 롤링스톤지, BBC 등의 매체를 통해 널리 알려지게 되었고, 존 머니가 재직했던 존스홉킨스 병원은 1979년부터 성전환 수술을 중단했다.

이후 데이비드 라이머의 집안은 그런대로 순조롭게 지내는 듯했다.

그의 부모의 사업도 잘 풀렸고, 라이머는 미국 최대의 토크쇼인 '오프라 윈프리쇼', '굿모닝 아메리카' 등 TV와 라디오에 적극적으로 출연하여 그 사연이 더욱 널리 퍼지게 되었다. 그럼에도 불구하고 어렸을 적부터 겪게 된 호된 환경 속에 곪게 된 그의 정신적 상태는 결국 치유되지 못했다.

우선 데이비드 라이머에게 부모의 관심이 온통 쏠렸기 때문에, 부모의 보살핌을 제대로 받지 못했던 그의 쌍둥이 형제인 브라이언은 어렸을 적부터 삶이 엉망진창이었다. 10대 시절부터 술과 마약, 도벽 우울증에 시달린 끝에 2002년 자살했다. 그 영향이었을까, 자신의 형제가 죽은 지 불과 2년 후 결국 데이비드 라이머도 총으로 자살을 감행하여 38세의 젊은 나이로 한 많은 생을 마감했다.

이 두 형제를 비극으로 몰았던 장본인인 존 머니는 자신의 이론에 대한 반성은커녕 그들 가족에게 단 한 마디의 사과조차 없었다. 오히려 존 머니는 끝까지 이 폭로 자체가 "남성성과 여성성이 유전자 단계에 새겨져 있어서 여자는 침대와 부엌에만 머물러야 한다고 생각하는 우익 언론과 반여성주의자들의 음모"라고 주장하면서 자기 잘못을 끝내 인정하지 않았다.

존 머니는 자신의 독단적 이론을 무모하게 적용시킨 데이비드 라이머의 수술 사례를 오히려 자신의 이론을 입증시키는 사례로 조작하여 논문을 냈고, 이것은 70년대 성 의학의 정설처럼 굳어지고 그의 명성을 높이는 데 크게 활용되었다. 언론들은 그의 연구 결과를 다윈에 빗

대며 찬양하기 일색이었다. 그로 인해 존스홉킨스 병원에 그는 성 문제 전문가로 활약하며, 성전환 수술을 본격화하는 데 앞장섰다.

그러나 존 머니만이 문제가 아니다. 사실 68혁명 등의 영향으로 급진화된 서구의 신좌파 세력들은 바로 이 존 머니의 성 이론을 페미니즘과 좌파 사회과학에 적용하는 데 가장 열성적인 자들이었다. 그들의 이론은 전적으로 존 머니의 지론인 "성정체성은 고정된 것이 아니라 언제든 바뀔 수 있다."라는 젠더 이론의 기반 위에 있었다. 그러나 존 머니의 미친 실험이 조작과 날조, 그리고 처참한 비극으로 명백히 드러났음에도 불구하고, 그 기반 위에 쌓아놓은 그들의 정치적 입장은 전혀 바뀌지 않았다. 아니 오히려 갈수록 그들의 젠더 이론은 그 입지를 더 넓혀가고 있다. 이제는 남녀의 구분 자체가 무의미하고, 성은 개인들 자신이 어떻게 규정하는 것인지에 따라 언제든 바꿀 수 있는 패션처럼 취급되고 있는 현실까지 왔다. 이제 자신들이 선택할 수 있는 성의 종류도 수십 가지로 확장되어 가고 있다. 시스 남자, 시스 여성, 에이젠더, 뉴트로이스, 안드로진, 바이젠더, 팬젠더…

이렇듯 존 머니의 젠더 이론은 좌파 학계와 페미니즘에 뿌리를 내리고 종양처럼 사회 전반적으로 퍼져가고 있다. 그 누구보다도 합리적이고 엄격해야 할 학계가 사이비 이론으로 무장된 이들에게 속수무책으로 침식되고 말았다.

결론적으로 '자연적 성'과 '사회적 성'을 구분하는 것은 두뇌의 망상속에서나 가능하다. 그 범위를 더욱 넓히게 되면 '사회적 개', '사회적 고양이'라는 개념을 만들어 동물권자들의 숭고한 목적으로 활용할 수 있을지 모르겠다.

그렇다면 페미니즘은 젠더 이론을 왜 그렇게 열성적으로 수호하려고 하는가? 그 의도를 추론하는 것은 어렵지 않다. 남녀 간의 성차가 원래부터 존재하지 않는다고 가정한다면, 남녀 간의 사회적 역할이나 지위, 수입 등에서 차이가 나는 것은 남성들의 가부장적 지배에 의해 사회적으로 왜곡된 분배를 했다는 페미니즘의 전형적 주장이 가능해진다. 즉, 남녀의 생물학적 차이가 없다면 모든 분야에서 성별 격차는 있을 수 없을 것이라는 논리적 귀결로 이어질 것이라는 기대 때문이다.

앞서 진술했듯이 남녀 간의 선천적 차이가 없다는 것은 뇌내 망상에 가까운 사이비 이론이라는 것은 이론적, 경험적으로 명백하다. 따라서 젠더 이론 자체부터 지적 사기에 불과한 것이므로, 그것에 기반을 둔 페미니즘 역시 모래 위에 쌓은 성처럼 허물어질 수밖에 없는 사이비 학문일 수밖에 없다. 그들의 젠더 이론을 바탕으로 사회적 성별 격차를 직관적으로 부당하게 보이게끔 하는 선동은 최근 들어 큰 성공을 거두었다.

존 머니의 실험은 한동안 성공적으로 보였고 그의 명성을 높였다. 그러나 결국 한 집안을 풍비박산 내며, 그의 몽상적 이론의 실체는 드러났다. 페미니즘이 성공을 거둔다면 일부 엘리트 여성들은 당분간 편하게 먹고 살지 모르지만, 사회는 침몰하게 될 것이다. 그리고 그것이 지금 한국 사회에서 벌어지고 있는 현상이다.

5. 한국 사회의 페미니즘과 저출산

최근 몇 년간 한국에서 일어나는 이른바 '성 갈등' 현상은 젊은 층으로부터 중요한 이슈가 되었다. 특히 지난 대선에서 윤석열 후보는 페미니스트로 알려진 신지예를 새시대준비위원회 부위원장으로 영입했다. 그러자 이를 둘러싸고 젊은 지지층의 극심한 반발에 직면하고 급격한 지지율 추락을 경험하면서 대선의 중대 이슈로 떠올랐다. 이후 주변 청년 참모들의 건의에 따라 신지예 영입은 취소되고, 오히려 여성부 폐지를 공약으로 내걸면서 지지율은 다시 극적 반등을 이루며 결국 근소한 차로 당선되었다. 한국 사회에서 최초로 페미니즘이 대선의 주요 이슈로 등장했을 뿐만 아니라, 여성계의 주장에 반하는 정책을 공약화한 최초의 사례이기도 하다. 그리고 이런 여론을 이끈 주 세대는 이른바 '이대남'으로 불리는 청년 남성층이었다.

그들은 모든 세대 중 페미니즘에 대해 가장 강한 거부감을 갖고 있는 세대이기도 하다. 반면, '이대남'의 성평등 의식 역시 가장 높게 나왔다. 한국민주주의연구소 최종숙 연구원은 학회지 [경제와 사회]에 발표한 '20대 남성 현상 다시 보기'라는 제목의 논문에서 조사한 바에 따르면 '남성 육아', '여성 직장 상사', '여성의 사회문화 생활 주도' 등 항목별로 의견을 물어 성평등을 측정했다. 조사 결과 20대 남성의 성평등 의식 점수는 남녀 모든 세대를 통틀어 20대 여성에 이어 두 번째로 높게 나왔다. 심지어 30대 여성보다도 높았다. 결론적으로 이들은 반페미니즘 성향이 가장 강하면서도 동시에 성평등 의식이 가장 높았다. 어째서 이런 역설적 현상이 일어났을까?

이 연구를 수행했던 최종숙 연구원은 이에 대한 해답을 갖고 있지 않다. 기껏해야, 남녀 간 성평등 의식이 높다는 공통점이 있으니, 남녀가 다투지 않고 합의할 수 있는 여지가 많다는 모호한 방식으로 결론을 맺는다. 요컨대 여성 할당제가 도입된 맥락과 취지를 남자들이 잘 모르고 있다며, 여초 직군의 경우 남성 할당제를 시행해서 같이 혜택을 보는 방향으로 정책을 이끄는 것이 중요하다고 강조한다. 최 연구원은 페미니즘적 정책을 성평등의 큰 도구로 여기고 있음에 틀림없다. 이런 해법이라면, 남초 현상이 두드러진 3D 업종에 왜 여성은 할당제를 하지 않는지에 대해서도 답을 갖고 있어야 한다.

사실 역설적인 것은 이대남만이 아니다. 중년 이후 기성세대의 경우 성평등 의식은 나이가 들수록 가장 낮게 측정되지만, 페미니즘 및 여성 지원 정책에 대한 지지 여부는 나이가 들수록 높아지는 경향이 있다. 지난 2022년 경향신문과 언더스코어와 함께 전국 단위의 설문 조사를 벌인 결과를 보면 그런 의식의 단면을 엿볼 수 있다.

[그림 14]

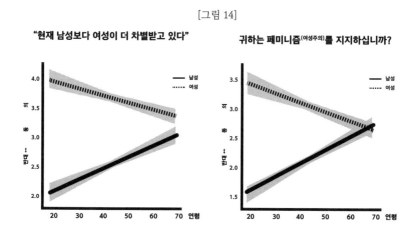

어째서 이런 역설적인 상황이 세대별로 나타날 수 있을까? 이 점에 대해 우선 기성세대, 즉 80년대 이전 세대의 의식 경향을 살펴볼 필요가 있다.

한국에서 도시 인구가 농촌 인구를 역전한 해는 1975년도였음을 앞서 말한 바 있다. 당시 농촌은 여전히 전근대적 문화유산이 많이 남아 있었다. 특히 남존여비의 관습적 행태도 여전했다. 남아선호사상이 90년대까지 끈질기게 남아 있었던 것에는 나름의 사회문화적 이유가 있다. 전통 사회에서 노부모 봉양의 의무는 남자, 특히 장남에게 일임되는 것이 사회적 관행이었고, 장남은 집안의 가장 역할을 하는 권위가 있었다. 그래서 재산의 상속이라든지 교육 기회 같은 혜택을 집안에서 가장 많이 받는 것이 일반적이었다. 때론 장남이 제 역할을 할수 없을 경우 둘째나 셋째 등 다른 남자 형제가 그 의무를 이어받기도 했다. 복지체계가 미비했던 시절, 아들들은 전통 사회에서 노후 보장의 보루였던 셈이다. 이 점은 현대 중국에서도 마찬가지로 남자의 부모 부양 의무를 아예 제도적으로 못 박아 놓았기 때문에 극심한 성비 불균형을 가져오게 되었다. 어쨌든 이런 가부장제의 문화와 의식은 한반도에서 수천 년 동안 이어져 내려온 것이기 때문에 산업화가 급속하게 진행되었던 시기에도 한동안 국민 의식을 지배했다.

우리 집안은 60년 말에 전 가족이 상경해서 서울에 정착했다. 내가 초등학교 시절이었던 70년대에 아버지는 식사 후 물을 떠 오라는 심부름을 시켰는데, 그 몫은 항상 누나였다. 내가 부엌으로 나가서 물을 떠 드리려면 남자는 부엌에 가면 안 된다며 누나에게 시켰다. 그 점에 대해 나의 누이는 매우 분개했던 것으로 기억이 난다. 그 당시 어렸던 나로서는 다소 이해가 안 되던 것이 비좁은 집안 구조 때문에 방에 들어가려면 어차피 부엌을 지나야 했기 때문이다. 그래서 남자는 부엌에 가면 안 된다는 아버지의 말씀이 이해되지 않았다.

시골집들은 보통 부엌과 방이 공간적으로 완전히 분리되어 있다. 아버지의 관념은 물론 전형적인 가부장적 의식을 갖고 있는 데다가 시골집에서 생성되었던 공간 개념에 여전히 머물러 있었던 것이다.

교육 기회도 당연히 딸보다는 아들에게 집중적으로 투자되었다. 어차피 딸은 시집을 가면 '출가외인'이라는 관념이 있었기 때문에 가난한 형편에서는 한정된 자산을 누군가 한 명에게 집중시킬 수밖에 없었다. 그리고 대체로 장남이나 아들들에게 그 기회가 주어졌다. 1980년도 25세 이상 인구의 학력을 보면 여성 인구 중 불과 3.6%만이 대학에 진학했다. 반면 남자는 12%였다. 대략 4배 이상 차이를 보인다.

기성세대들은 가정이나 사회에서 남성 우대가 당연시되었다고는 해도, 그 기저에는 막중한 책임감이 뒤따라야만 했다. 한 집안의 가장으로서 책임을 다하지 않으면 안 되었다. 부모 봉양과 가정의 건사, 이 두 개의 의무에 헌신해야만 했다. 60년대 파독 광부, 월남전 참전, 사우디 건설 현장 등 가난한 시절, 거칠고 힘든 일일지라도 비교적 고소득이 보장된 곳이라면 위험을 무릅쓰고 뛰어들었다. 가정 부양을 위해 온몸을 다 바치는 헌신과 책임은 남자로서의 기본적인 도덕률이었다.

그것은 남성성의 현현이기도 했다.

그러는 한편 남성들은 자신의 누이가 희생하는 모습에 대해서도 같이 자란 형제로서 미안함과 안쓰러움을 갖고 있었다. 타이타닉호 사건에서 보듯이 남성은 여성에 대한 보호 본능이 내재되어 있다는 점을 감안할 때, 기성 남성 세대는 자신의 남성성을 과시하는 표지로서 여성에 대한 양보와 배려를 수용해야 한다고 믿는다. 한국 사회에서 여자를 차별했던 이면에는 그것을 상쇄할 만한 관습적 권리가 있었는데, 가정 경제권을 아내에게 완전히 양도하는 것이었다. 그런데 그 이면에 내재된 의식은 여성을 자신의 경쟁 상대로서 생각하지 않는다는 것이다. 여성과의 경쟁은 그 자체로 남성으로서 자존심이 상하는 일이다.

지난 2020년 창원대에서 청년들을 대상으로 강연했던 정치인 홍준표는 그 자리에서 이런 의식을 아주 여과 없이 표출한 바 있다. 한 학생이 현 정부(문재인 정부)의 남녀 갈등유발 정책(여성 우대 정책)에 대한 의견은 무엇이냐는 질문을 던졌다. 이에 대해 그는 다음과 같이 답변했다.

"내 각시 만난 이후로 지금까지 나는 상남자라고 자부를 하면서 살았다. 내 가족, 내 각시, 그리고 내 주변의 여성분들 피해를 당하거나 음해를 당하거나 곤란을 당할 때 그것을 방어해주고 그렇게 하는 것이 내 역할이다. 그래서 나는 40년 동안 상남자로 살았다고 자부한다. 요즘 페미니즘 가지고 '여성을 과도하게 우대한다' 그런 젊은 학생들이 있는데 그건 내가 보기에는 좀 쩨쩨하다고 본다. 여태 남자라고 얼마나 으스대며 살았나? 이제 시대는 바뀌었으니까 그런 것은 수용하면서 사는 것이 옳다."

이런 답변은 이대남들을 비롯한 청년 남성들에게 경악할만한 내용이었다. 남자로 으스대며 살았다니? 황당하다는 반응 일색이었다. 86세대 정치인들은 80년대에 고착된 의식으로 정치 활동에 치중하면서 그들은 우리 사회를 엄청나게 지체시키는 원흉이 되고 있음을 그 자신들은 결코 인정하지 않는 것처럼, 홍준표 역시 가부장제 시절에 자라고 활동하며 형성된 자신의 고착화된 생각을 여지없이 드러낸 것이다.

그러나 이것은 홍준표만의 생각이라기보다는 그 당시 세대의 일반적인 의식일 것이다. 바로 그 점이 성평등 의식이 가장 낮으면서도 페미니즘과 여성 우대 정책에 호의적인 기성세대의 역설을 가장 잘 보여주는 예이기도 하다. 그들은 가족을 성공적으로 형성하고 자녀들이 독립할 나이가 되었을 뿐만 아니라 사회적 지위도 확고한 이들이 대부분이다. 그들은 살아온 삶에서 여성이 위협적인 경쟁 상대로 느껴진 적이 별로 없었다. 특히 사회를 이끌어왔던 기성세대 엘리트 남성일수록 더욱 그렇다. 그들의 시대 의식은 이른바 86세대의 왜곡된 정치의식과 매우 유사하다.

그렇다면 왜 이대남은 성평등 의식이 높은데도 페미니즘에 적대적인 세대가 되었는가? 이에 대한 답은 기성세대의 입장과 확연히 구분되는 그들의 사회경제적 지위를 생각해보면 답이 나온다.

80년대 이후 도시 인구가 농촌 인구를 압도하기 시작하고 가구 소득이 크게 증가함에 따라 딸에 대한 교육 기회도 크게 확장되었고, 여성의 사회진출도 활발해졌으며, 시부모 봉양이라는 전통적인 가정상에 반기를 드는 현상도 생겨나기 시작했다. 딸에 대한 가정의 투자가 아들 못지않게 진행되면서 사회의 가부장적 의식도 점차 변화되기 시작했다. 무엇보다 여성의 대졸자 비율이 급속히 증가하면서 딸을 향한 부모의 기대도 높아져 갔다.

여성의 상승혼 본능은 여전히 그대로인 상태에서 여성의 학력과 학벌의 상승은 여성의 눈높이를 평균적인 남자들이 감당할 수 없을 만큼 높였다. 급기야 근 10여 년 전부터 여성의 대졸자 비율은 남자를 넘어섰을 뿐만 아니라, 취업률에 있어서도 남자와 여자의 차이는 불과 4%밖에 안 된다. 이것은 앞서 살펴본 한국의 사회문화 특성상 평균적인 남성들이 결혼할 상대를 구할 수 있는 확률이 더욱 낮아진다는 것을 의미한다.

더구나 그들은 한국 사회가 급속히 민주화된 이후 20여 년 뒤에 태어난 세대다. 가부장적인 문화를 경험해보지도 않았다. 현 청년 세대는 이른바 남자로서 존중받는 가정을 경험하지도 못했다. 그런 점에서 그들의 성평등 의식이 높게 나오는 것은 당연하다. 그러나 오히려 이들은 교육을 받을 때 역차별을 경험하면서 페미니즘에 대한 적의를 갖게 된다. 남자라고 힘든 일을 해야 한다거나, 같은 잘못을 해도 처벌을 좀 더 강하게 받는다든지, 군대에 징집되면서도 남자로서 존중받지 못한다든지 하는 경험을 하면서 페미니즘에 대해 강한 반감을 갖게 되었다.

남자로서 존중과 혜택을 받은 경험이 전무한 세대지만 남자로서 책임과 의무만을 강요받고, 오히려 사회적 혜택은 여성에게 집중되는 사회 현실에 이들이 갖게 된 분노는 분명히 이해할 만하다. 그렇다면 구체적으로 여성에게 어떤 혜택이 집중되고 있기에 이대남들은 극도로 분노하게 되었는가?

6. 이대남들이 분노하는 이유

● 정신 나간 헌법재판소

우선 병역 문제만 생각해보자. 과거 남성에게만 병역의 의무가 부과되면서 얻게 된 작은 혜택 중 하나는 공무원 취업 가산점이었다. 그러나 이것은 여성단체가 위헌 소송을 제기하고 헌법재판소가 이를 수용해 위헌 판결을 내림으로써 그 혜택은 사라졌다. 미국에서는 군인에 대한 사회적 존경은 관습처럼 이어져 내려왔다. 그래서 군인들을 볼 때 "Thank for your service."라고 말하는 것이 관행처럼 굳어져 있다. 비행기에 탑승할 때도 그들은 항공사로부터 각종 혜택을 받고, 일반 시민들이 대중교통에서 자리를 군인에게 양보하는 경우도 흔하다. 사병이 대학에 진학할 경우 학비 전액과 렌트비를 제공받아 무료로 학위를 취득한 후 장교가 될 수 있다. 이밖에 여행경비와 의료 치료, 면세점 이용 등에서 큰 혜택을 받는다. 퇴직 후 FBI나 CIA 등이나 경찰 공무원이 될 경우에도 우대를 받는다. 주택을 구입할 때도 많은 금융 혜택이 주어진다. 미군은 징병제가 아니라 월급을 받는 모병제임에도 불구하고 우리나라 같은 경우 상상할 수 없는 많은 혜택이 주어진다.

이스라엘은 군 복무를 하지 않으면 아예 공적 영역으로 진출이 불가능할 정도다.

그러나 한국은 강제로 끌려오는 징집제를 시행함에도 불구하고, 제대 군인에게 주는 작은 보상마저 여성계의 입김으로 사라져 버렸다. 특히 20대의 가장 중요한 시기를 희생하며 병역의 의무를 다하고 있음에도 불구하고, '군바리' 등으로 불리며 사회적 평가마저 바닥이다. 여성 차별을 들먹이는 여자들에게 군 병역 문제를 꺼내면 '군무새(군대 앵무새)"라는 조롱까지 듣는다. 이런 분위기에서 어떤 애국심과 희생정신이 생길 수 있을까? 게다가 남자는 이 군대 문제와 학력 인플레이션 문제로 취업 준비기간에만 대략 8년 정도 걸려 여성의 2배 수준이라는 보도가 있다.

이런 현실에 분개해 남성들은 남녀평등이라면 여성도 징병을 해야 한다며 헌법 소원을 청구했지만, 헌법재판소에서 기각되기 일쑤였다. 그 주요 이유는 "△일반적으로 남자가 전투에 더욱 적합한 신체적 능력을 갖고 있고, △여자는 월경이나 임신 출산 동안 훈련에 장애를 겪으며 성희롱 등 범죄가 남녀 간 성적 긴장 관계에서 발생하는 등 기강이 해이해질 우려가 있다."라는 것이다.

그런데 아이러니한 것은 여학생의 사관학교 입교가 그동안 금지되었는데, 이에 대한 여성계의 헌법소원에서는 받아들여졌다. "여자라고 해서 남자보다 체력이 열등하다고 볼 객관적인 근거가 없다."라는 것이 그 판결의 주된 요지였다.

사병 징집과 관련해서는 여자가 남자에 비해 체력이 약해서 징집 의무가 면제되는 것이 당연하고, 사관학교 입학은 여자가 남자보다 체력이 열등하지 않다는 이유로 입학이 허용된다는 것이 헌법재판소의 정신분열적 판결인 것이다.

● 각종 여성우대 가산점

2021년 4월 25세 이상 30세 미만 남녀 고용률에서 남성은 65%, 여성은 70%로 집계되었다. 그럼에도 여성에 대한 각종 취업 정책에 대한 지원 혜택은 정부와 지자체를 막론하고 끊임없이 이어지고 있다. 경기도 일자리재단에서는 여대생들만을 대상으로 취업챌린저 사업을 시행하여, 교육, 모의 면접, AI 면접 체험, 이력서 첨삭 등 취업에 도움이 되는 프로그램을 지원한다. 이뿐만 아니라 경기도 '창업프로젝트'에서는 여성에게 3점의 가산점을 주었는데, 이는 장애인 1점의 3배이며, 창업경진대회 입상자의 2점보다도 높은 가산점이다.

중소기업진흥공단에서 시행한 '청년창업사관학교'에서도 비슷했다. 서류심사에서 여성의 가점을 무려 3점을 배정했다. 특허권자를 비롯해 장애인도 가산점은 0.5점에 불과했다.

이밖에 2018년 반려동물산업 창원지원에서도 여성에게는 장애인보다 3배 많은 가산점이 주어졌다. 여성 기업인을 우대하기 위해서 공공기관에서는 물건 구매할 무조건 일정 비율 이상을 여성 기업에서 구매하도록 강제하고 있다. 이 밖에도 각종 공기업에서 여성을 우대하는 일자리 정책은 셀 수 없을 만큼 많아졌다. 심지어 장애인 정책에서도 남녀를 가리며 여성 장애인 지원 정책이 별도로 마련되었다.

● 여자들에게 전문직 기회를 넓히는 교육 환경

사회적 선호도가 높은 전문직에서도 여성은 현재 큰 혜택을 보고 있다. 남녀 간 대학 진학률이 현격한 격차가 이루어졌던 시절에 여자대학은 여성의 교육 기회 확대라는 나름의 합목적적인 설립 취지가 있었다. 그러나 여성의 대학 진학률이 남성보다 앞서는 현시대에서 여자대학은 남성의 교육 기회를 좁히는 기능을 하고 있다.

약사는 의사 다음으로 선호되는 전문직 중의 하나다. 전국의 약대 정원은 약 1,700명이고 여자대학은 그중에서 320명으로 전체 정원에서 차지하는 비중은 약 18%다. 그렇다면 여자에게 있어 약대로 진학할 확률은 남자보다 18%의 우대를 받는 것이다. 게다가 서울지역은 무려 여자대학의 약대 정원이 320명으로서 서울 전체 정원 651명의 절반에 육박한다.

변호사 자격증이 주어지는 로스쿨도 마찬가지다. 전국 2,000명의 로스쿨 정원 중에 여자만 입학이 허용되는 이화여대는 100명이다. 그렇다면 대략 5%의 정원 우대를 받고 있는 셈이나 마찬가지다. 이 역시 부당하다며 헌법소원이 제기되었지만, 여성들에게 우호적인 헌법재판소의 '꼰대'들에 의해 모두 기각되었다.

● 여성에게 집중되는 주택복지

서울시는 독신 여성을 위해 여성만을 위한 임대아파트 제도를 마련했다. 또 서울 잠실에서는 70%를 할인해주는 여성 전용주택도 생겼다. 독신 여성, 미혼모, 여대생 등 기혼자가 아닌 여성이라면 누구든지 대상이 된다. 도대체 이런 여성 우대 정책에서 얻을 정책 목적이 무엇인지도 불분명하다. 분명 주택은 남녀 모두를 가리지 않고 중요한 것인데 왜 여성에게 혜택이 집중되어야 하는지 그 명분도 없다. 소년 소녀가장이나, 교통사고 유가족, 고아원 퇴소자, 저소득 노인 등 누구나 수긍할만한 취약 계층에게는 이런 주택 공급이 절대적으로 필요로 하지만 사지가 멀쩡하고, 도시에서 직장 생활을 하는 독신 여성에게 이런 혜택을 일방적으로 주는 것에 대해 사회적으로 납득할 수 있는 정책인가? 오히려 저출산 시대에 여성의 독신 생활을 더 조장하는 것이 아닌지 황당할 따름이다.

● 여성 할당제와 여성우대 채용

한국에서 여성의 정치적 참여에 대해 장애가 되는 제도적 장벽은 전혀 없다. 그러나 국회의원의 여성 비율은 OECD 하위권을 맴돌고 있기 때문에 여성 정치인 비율을 강제로 높이기 위해서 할당제를 실시하고 있다. 비례 후보 전원에 대해 홀수번은 무조건 여성에게 배분해야 하는 것이 법제화되어 있다. 즉 비례 대표는 강제 50% 할당제를 받는 것이다. 그뿐만 아니라, 지역구 공천 제도에 있어서 각종 가산점 등 여성을 위한 제도적 장치는 정당마다 다 갖추고 있다. 더욱이 지역구 공천을 하더라도 여성은 당선 가능성이 높은 지역으로 배정받는 혜택을 누리고 있다.

그럼에도 불구하고 여성의 의원 수는 OECD 평균보다 밑돈다. 왜 그런가? 한국 사회의 정치문화에서 정치를 직업적으로 행하기 위해서는 만만치 않은 비용과 수고가 들기 때문이다. 낯선 지역구 주민을 상대해야 하고, 수많은 각종 행사는 물론 지역구민의 경조사 일마저 소화해야 한다. 욕을 먹어도 넉살 좋게 넘겨야 하고, 친화력은 기본으로 갖추어야 한다. 이런 일은 감정이 늘 소모되는 일일 뿐만 아니라 체력적으로도 만만치 않다. 그리고 이렇게 열심히 지역구 관리를 한다고 하더라도 매번 총선 시기마다 물갈이 여론으로 인해 항상 공천이 보장되는 것도 아니다. 공천을 받더라도 당선 역시 장담할 수 있는 것도 아니다. 현역 의원이 아닐 경우 지역구 관리 비용은 거의 온전히 개인이 부담해야 한다. 경제적 관점에서 본다면 정치는 결국 하이리스크 하이리턴의 영역이다. 그래서 안정성을 본성으로 간직한 여성들이 좀체 도전하지 않는다. 그런데, 여성할당제는 여성 정치인들이 자신들이 하이리스크는 짊어지기는 싫고 하이리턴만을 바라는 일종의 뻔뻔한 무임승차 심리로서, 전체 여성을 명분으로 끌어들여 개인의 출세길을 보장받으려는 파렴치한 버전이 아닐 수 없다.

이러한 할당제 자체는 명백한 역차별을 가져오는 것은 물론, 여성들 자신의 경쟁력을 유지하는 것에도 도움이 되지 않는다. 이에 대해 이선옥 작가는 『왜 이대남은 동네북이 되었나』라는 저서를 통해 할당제 갖는 명분이 얼마나 어처구니없는지를 설득력 있게 밝혔는데 그 요지는 다음과 같다.

"20년 전쯤 대선 시기에 한 페미니스트는 당시 한나라당 박근혜 후보를 여성 정치인으로서 지지한다는 의사를 밝혔는데 이로 인해 전통적인 친민주당 성향을 갖는 페미니스트 진영 내부에서 갑론을박이 있었다. 그때 주류 페미니스트들의 의견은 박근혜는 성별만 여성일 뿐 가부장 권력의 대리자에 불과하며 여성 정치는 그런 게 아니라는 것이 었다. 즉 성별이 중요한 게 아니라 실질적으로 여성을 위한 정치를 하는 것이 중요하다는 취지였다.

그런데 20년이 지난 오늘날, 페미니스트 진영은 오직 결과로써 성별의 균등을 이루는 게 평등이라며 생물학적 여성할당제를 요구한다. 민주당의 페미니스트 여성의원들은 여성의원과 단체장을 강제라도 많아지게 하는 것이 곧 정치의 선진화이며 민주주의라고 주장한다. 그런데 이들이 말하는 여성 정치란 무엇이고 여성 정치인 숫자가 늘어나는 것이 곧 민주주의라는 주장은 무엇에 근거하는 것인가? 박근혜와 최순실, 최초의 여성 대통령이자 비선실세라고 일컬어지던 사람마저 여성이었던 여인 천하의 시대는 여성 정치라는 대의가 무언가를 묻게 했다. 그러나 어떤 페미니스트도 여성 대통령의 실패에 대해 여성 정치의 실패라 하지 않는다.

이들은 늘 편의적이다. 전 여가부장관이었던 진선미는 할당제가 있어서 자신이 이 자리에 올 수 있었다며 할당제의 필요성을 역설했지만, 그건 진선미 개인의 성취일 뿐 여성들의 성공과 무관하다. 이를 할당제의 성공이라고 주장한다면 여성 장관과 정치인들 자신들이 낙제점을 받고 물러난 것에 대해 할당제의 실패를 자인하고 동의해야 할 것이다.

할당제가 태생적으로 지닌 모순은 권리의 단위를 개인이 아닌 집단으로 상정한다는 점이다. 할당제는 인종, 성별, 지역 등 우연적인 동질성을 기본단위로 하여 배분하지만, 그 수혜의 최종 단위는 결국 개인이다. 집단 모두의 지위를 상승시키고 기회의 평등을 제공하는 것이 아니라 해당 정체성 집단 안에서도 특정 소수에게만 그 혜택이 돌아간다."

이것은 기성세대 페미니스트들이 과거 여성의 '희생'을 강조하며 현시대에서 제도적 과실을 만들어 자신들이 독점하는 것이나 윤미향 같은 자들이 위안부 여성을 빌미로 부와 명예를 획득해가는 것과도 일맥상통한다.

공무원 채용에도 할당제가 적용된다. 1996년 공무원의 성별 균형을 위해 여성 채용 목표제가 한시적인 조건으로 시행된 제도인데, 5년마다 계속 연장되어 여성 공무원들의 수는 계속 늘어났다. 특히 여성 대졸자가 남성 대졸자 수를 앞서는 기간에도 오히려 여성 공무원 수는 남자의 수를 추월했다. 그래서 이 제도는 오히려 남성에게 혜택이 돌아가는 것이라며, 여성 특혜 제도가 아니라는 알리바이로 사용되고는 한다. 그러나 남성들이 이런 '특혜'를 요구한 적도 없고 남자를 위해 이 제도를 유지해달라고 주장한 적도 없다. 사실 이 공무원 할당제는 하위직에 더 많이 몰려 있는 여성을 다소 '희생'해서 남자들이 더 많은 7급, 5급 등 상위 직군에 여성의 혜택을 몰아주는 효과를 가져오고 있다.

게다가 여성에게 잘 맞지 않는 직군에서도 강제 할당을 시행한다. 대표적인 예는 소방직과 경찰직이다. 소방관으로 근무하려면 남자로서도 평균 이상의 체력이 요구된다. 화재를 진압하기 위해서는 물이

가득한 수관을 당겨야 하고, 무거운 방화복을 입고 도끼 같은 장비를 들고 공기호흡기를 맨다. 그 자체만으로도 수십 킬로그램의 무게를 지탱해야 하므로 엄청난 체력이 소모된다. 그러나 여자 소방관의 체력 시험은 통상 남자의 60% 수준으로 낮춰져 있다. 이는 남자 중학생 수준의 체력이다. 그러다 보니 여자들은 화재 현장에서도 구경꾼에 머물러 있다. 그만큼 여자 소방관이 해야 할 몫을 남자가 더 짊어져야 할 형편이다. 그러다 보니 여성 소방관으로 채용되면 대부분 행정업무로 빠진다. 사실 소방직에 지원하는 여성들도 그걸 기대하기 때문에 소방직에 지원하는 것이다. 실제 화재 현장에서 무거운 수관을 매고 도끼로 장애물을 부수며 화재 진압할 것을 기대하며 지원하는 여성은 없을 것이다. 또 높은 곳에 매달린 말벌집을 제거하기 위해 자신이 투입될 것을 예상하는 여성 지원자도 없을 것이다.

만일 소방 업무를 사기업이 운영한다면, 그 기업의 대표가 '소방수로서 역할은 못 하지만 행정업무는 잘 할 수 있다'라고 자신을 소개하는 여성 지원자를 채용하겠는가?

경찰 업무도 마찬가지다. 경찰 업무 특성상 외근 및 기동 근무가 많은데, 여성 할당제 차원에서 여경의 비율을 강제로 15%로 높였다. 물론 체력 시험도 여자들은 소방관과 비슷하여 일반인 남성에 미달하는 수준이다. 그래서 여경들은 범죄 수사나 순찰 등 외근 업무에서 열외시키는 경우가 다반사다. 이뿐만 아니라 시위대와 맞서는 기동 업무에도 수시로 열외된다. 결국 힘들고 어렵고 위험한 업무 대부분은 남성들의 몫이 된다. 여경이 함께 출동한다고 하더라도 뒤에서 얼쩡대는 경우도 허다하다고 한다. 결국 현장 업무에 투입될 인원수가 정해져 있다면 한 명분의 역할을 제대로 하지 못하는 여경 때문에 자신이 맡은 일의 강도는 더욱 높아졌다고 볼 수 있다. 이것은 경찰력의 손실을 가져올 뿐만 아니라 하위직 남자 경찰의 노동 강도가 한층 높아졌음을 의미한다. 특히 남경 여경이 각 한 조로 묶여 순찰을 돌 때, 취객 및 흉기 난동 사건이 있을 경우 제대로 제압하지 못하는 경우도 많다. 여경이 남경 1인의 몫을 못 하기 때문이다. 대림동 주취자 난동 사건에서 보듯이 제 몸 하나 못 가누는 취객을 제압 못 해 시민들에게 도움을 요청하는 여경의 모습은 시사하는 바가 크다.

그럼에도 불구하고 승진은 여경의 비율이 높다. 국민의힘 서범수 의원실이 경찰청에서 받은 자료를 보면, 2012~2020년간 남경의 심사 승진 비율이 여경보다 높았던 적은 한 번도 없었다. 남경의 특진 공적은 주로 흉악범들을 검거하는 경우가 많은 반면, 여경들은 '성평등 및 성희롱 예방 교육 강화', '중요 행사 관리 유공 장비 지원 등 만족도 향상 기여' 등 내근 행정 분야에서 어거지로 명분을 만들어 주는 경우가 다반사다. 심지어 여경이 '자신의 겉옷을 벗어 시민에게 입혀주었다'라는 이유로 특진시킨 사례까지 있어 논란이 된 적도 있었다.

물론, 여자 경찰이나 여성 소방관 중에는 남자 못지않은 체력으로 업무를 수행하는 사례도 있다. 그러나 그것은 전체 여성 근무자 중 1% 미만의 특이한 케이스로서 그것을 일반화할 수는 없다.

성별 균형을 기계적으로 적용함에 따라 가장 피해를 보는 것은 결국 하위직 남성의 몫으로 떨어진다. 남자 기동대로 근무하는 한 경찰관은 직장인 커뮤니티 블라인드에 다음과 같이 호소했다.

"남자 기동대 04시 출근 23시 퇴근 주말 없이 매일 화물연대 집회 출동, 여경 기동대 1개 제대(소개개념)씩 번갈아 가며 근무하고(사무실 대기하며 쉼) 2개 제대는 휴무 때림. 주말 풀 휴식. 철야 안 함. 문제는 여자 6기동대입니다. 6기동대 근무는 출동대기(사무실에서 9시 ~18시) 아무것도 안 합니다. 그냥 멍때리다가 승진 공부하다가, 넷플릭스 보고, 부대에서 잡니다.

가끔 방범 근무하지만 9시간 내내 근무하는 것도 아니고, 13시부터 방범 1시간 돌고 휴식합니다. 실 근무 시간 2시간 정도. 주말은 여경은 휴무, 남경은 15시간 이상 근무. 근데 이러면서 남녀 배분이라며 성과는 S 받습니다. 연말 심사승진도 남자랑 여경이랑 공정하게 해야 한다며 여1 남1 이런 식으로 승진시키는데, 애초에 9:1 성비조직에서 1:1 비율 승진이 참.. 저런 식으로 승진하는 거 진짜 웃긴 거죠. 힘들고 역차별이 너무 억울하네요. 하루 5시간이라도 자고 싶어요."

성별 균형을 기계적으로 적용하는 것에 따른 인위적인 채용과 특혜는 인위적인 공무원, 더욱이 여성 할당제는 사회에서 선호하는 직군 중 약사, 교사 등 여초 집단인 직군에 대해서는 적용되지 않는다.

● **성폭력은 신성 불가침**

"네 죄를 네가 알렸다." 죄인을 심문하는 장면의 사극에서 흔히 듣는 대사 중 하나다. 피의자의 자백을 강요하기 위해 고문을 하고 고문을 못 이겨 자백하게 되면 유죄가 되는 심문이다. 서구의 중세시대에도 종교 재판에서 줄곧 잔혹한 고문은 범죄 피의자의 자백을 받아내는 유력한 수단이었고, 일반적으로 행해졌다.

그러나 계몽주의 시대를 거쳐 인권 개념도 향상되고 증거재판주의가 도입되면서 근대 문명은 중대한 걸음을 내딛게 되었다. '열 명의 범인을 놓치더라도 한 명의 억울한 사람을 만들지 않는다'라는 법언이 생겨날 정도로 형사재판에 있어 무죄추정 원칙은 근대 사법제도의 정신이기도 하다. 한국도 과거 권위주의 정권 시절 수사기관의 강압적 수사와 고문은 수사의 은밀한 기법으로 통용되기도 했지만, 민주화 이후 그런 수사 관행은 사라진 지 오래다.

그런데 이제 성범죄 사건에 대해서만큼은 근대 사법체제의 정신이 실종되어가고 있다. 성범죄 사건이 터질 때마다 언론들은 그 피해 사실을 자극적으로 보도하고, 페미니즘 진영은 활기를 띠며 여성들 전체를 잠재적 피해자로 규정짓는 동시에 남성 전체를 잠재적 가해자로 모는 일을 서슴지 않는다. 수사기관과 재판관들은 언론과 페미 진영으로부터 비난을 두려워해 가급적이면 여성 피해자의 증언을 그대로 받아들여 유죄판결을 내리는 경향이 과거보다 급격히 늘어나 버렸다.

성범죄의 종류도 강간에서부터 성폭력, 성추행, 성희롱 등 갈수록 세분화되면서 그 적용 범위도 자의적으로 너무 넓어졌다. 그리고 급기야는 명백한 증거로서 엄격하게 유무죄를 증명해야 할 대법원에서조차 페미 진영의 만능산 용어인 '성인지 감수성'을 판결의 기준으로 삼는 수준에까지 이르렀다.

2018년 뮤지컬배우 강은일 씨는 어느 순댓국집에서 한 여성으로부터 성추행으로 고소당했다. 여자 화장실까지 쫓아와 자신에게 강제로 입맞춤을 했다며 그를 고소한 것이다. 수사기관과 재판관은 오직 '피해자' 여자의 진술만으로 1심에서 유죄를 선고받고 구치소에서 4개월여 동안 수감되었다. 해당 사건에서 피해자 진술이 심지어 일관되지도 않았으나 1심 재판부는 CCTV 영상, 목격자들의 주장과 명백히 배척되는 여성의 진술에 대해서는 '술에 취해 착각할 수'도 있다며 무시해 버렸다.

사건의 진실은 2심에서야 드러났다. CCTV를 분석한 결과 고소한 여자가 남자 화장실에서 나온 강은일 씨를 반강제로 여성 화장실로 데려간 것이었다. 강은일 씨는 그 여자가 자신에게 이런 말로 협박을 했다고 한다. "네가 남자고 난 여자야. 그러니 경찰서에 가봐. 어디 한 번..." 어떻게 된 영문인지 이 여자에게는 무고죄가 성립이 안 된다고 하였다.

인터넷 나무위키에서 무고죄에 대한 항목을 보면 남자의 성범죄 무고 사건이 끝이 보이지 않을 정도로 길게 나열되어 있다.

한국성범죄무고상담센터 소장 문성호 씨는 심지어 초등학생이 학원 강사를 성추행으로 무고한 사건을 소개했다.

"그 여자아이는 평소에도 아이라는 입장을 이용해서 강사에게는 버릇없이 행동하고 부모에게는 다르게 말하는 등 굉장히 되바라진 아이였는데, 아이가 강사의 머리를 잡아당기고 때리고 소리를 지르는 등의 행동을 할 때마다 해당 상황을 영상으로 남겨두었고 이 영상 중 아이가 성폭행 당했다고 주장했던 날에도 강사를 괴롭혔던 영상이 있었고 이것이 무죄의 증거가 되었다. 허위 고소였으니 당연히 가해 아동의 진술 말고는 아무런 증거가 없었지만 제대로 된 기초 수사조차 없이 6개월이나 구치소에 구속되어 있어야 했다.... 초등학생마저도 이용해 먹을 수 있겠다고 판단할 만큼 대한민국의 성 관련 재판은 허술하고 어긋나 있다..."

이처럼 페미니즘의 영향으로 인해 성범죄 관련 사건은 근대 사법의 근간이었던 무죄추정 원리 대신에 유죄추정 원리가 적용된다. 증거재판주의 대신에 피해자 중심주의 재판이 판을 친다. 한 명의 억울한 사람을 만들지 말라는 법언 대신에 열 명의 억울한 사람이 생기더라도 한 명의 범인을 잡겠다는 것이 원칙이 되어버렸다. 의심스러울 때는 피고인의 이익이라는 사법 원칙은 고소인의 이익으로 바뀌어 버렸다. 무고로 성범죄자로 몰린 남성들은 직장을 잃고 심지어 집안도 파탄이 날 지경이라 자살로 치닫는 경우마저 있는데, 무고한 여성들은 거의 처벌받지 않을 뿐만 아니라 설사 처벌을 받는다고 하더라도 집행유예로 가벼운 형을 받고 끝나는 경우가 대부분이다. 그러다 보니 여자들은 자신의 심사가 불편해질 경우 합의하에 성관계를 갖고서도 무고하는 것도 서슴지 않는다.

그 결과 남자들은 스킨십에 더욱 소극적이 되어버렸을 뿐만 아니라,

심지어 아예 연애조차 안 할 지경에 이르렀다. 여성 주취 난동자에도 남자 경찰은 여경이 올 때까지 손도 대지 않는다. 심지어 이태원 압사 사건이 났을 때 여성에게 응급 CPR(심폐소생술)을 요청할 때도 남자들은 주저하여 선뜻 나서는 사람이 없을 정도가 되었다.

이런 와중에 페미니스트들은 한층 더 강고한 법안을 만들기 위해 노력한다. 이른바 '비동의강간죄'이다. 강간의 정의를 '폭행과 협박을 이용한 강제 성교'가 아닌 '동의받지 않은 섹스'로 바꾸겠다는 것이다. 이선옥 작가는 묻는다.

"폭행과 협박이 없고, 신분상의 권력관계도 없는 성인남녀 사이에 비동의 의사를 표현할 수 없는 항거불능이란 어떤 경우를 말하는가? 결국 남는 요소는 남자와 여자라는 생물학적 조건의 차이다. 성별 자체가 위력이라는 성별 신분 논리를 펴는 것이다. 관계라는 상호작용에서 상대방을 불쾌하게 하지 않으면서 거절하려는 마음, 직설적인 말로 상처 주지 않으려는 선의는 소중한 태도다. 그러나 이제 배려, 은근함, 자연스러움, 무드와 같은 단어는 성관계의 스펙트럼에서 설 자리가 없다. 여성의 신호를 알아채지 못함이 눈치 없음이 아닌 성범죄로 단죄되는 세상에서는, 여성은 예스 또는 노라고 정확하게 말하고, 남성은 예스와 노 외에 어떤 신호도 예단하지 않아야 하는 성관계 시 행동 준칙만이 남을 뿐이다. 이 준칙을 어겼을 때 맞닥뜨릴 결과는 남성 앞에 형사처벌이라는 위협이 기다린다." [37]

37) 이선옥, 『왜 이대남은 동네북이 되었나』, 담담사무소, (전자책)

근대 문명이 붕괴되어가고 있다.

● 비처럼 예산이 쏟아져 내려와

팝송 'It's raining men'은 제목에서 보듯 하늘에서 남자가 비처럼 쏟아져 외로운 여성들이 자기에게 맞는 남자를 얼마든지 골라서 받을 수 있다는 상상 속의 일들을 익살스럽게 표현하고 있다.

그러나 한국에서는 실제로 예산이 비처럼 쏟아지는 곳이 있다. 바로 여성 관련 예산이다. 정부 부처별로 이른바 '성인지 예산'은 일정 비율을 쓰도록 강제되어 있다. 그러다 보니 도대체 효용성이 모호한 사업들에 예산이 뭉텅이로 나간다.

교육부 예산 항목에는 '국립대학 양성평등 계획 평가 및 지원'이라든가, '대학 내 양성평등 성폭력 근절지원' 등에 예산이 4억 원 넘게 배정되었다. 여성 전용 기숙사에 1천억 원을 쓴다. 과학기술부는 '여성과학기술인 육성지원'에 150억 원, 여성과학기술인지원센터 설치 운영에 53억 원을 쓴다. 국방부는 양성평등 담당관, 성인지 교육 성인지력 향상 대외 위탁교육, 여군 근무 여건 개선 등에 수십억 원의 돈이 투입되고 있으며, 행안부에서는 '여성리더양성심화과정 운영'이라든가, '몰카 탐지기 개발' 등으로 각각 5억 원과 9억 원을 쓴다.

정부 부처와 지자체 및 공공기관에서 이런 목록은 끝없이 나열되고, 급기야 성인지 예산은 수조 원을 훌쩍 뛰어넘는다.

정작 나라의 경제발전과 부가가치 창출에 큰 기여를 할 이공계에 지원할 예산은 부문마다 부족해서 난리다. 의대 지원으로 이공계를 지원할 인적 자원은 갈수록 줄어드는데, 불요불급한 여성 예산은 억지로 쥐어짜서 배정하기 바쁘다. 그리고 그 예산의 혜택은 일부 페미니스트 활동가들의 주머니로 들어가는 경우가 많다. 한 회 수십만 원에서 수백만 원에 이르는 강연료를 받고 진행하는 이른바 '성인지 교육'은 그들의 주 먹거리 사업이다. 그리고 그들이 전파하는 내용은 여성 피해자, 남성 가해자의 프레임 속에 여성은 사회적 약자이며 따라서 여성의 혜택을 넓혀야 한다는 페미니즘의 진부한 헛소리를 강변하는 것으로 가득 차 있다.

2018년쯤부터 여성 안전 불안을 언론과 페미들이 이슈로 내걸었는데 그중 하나는 화장실 몰카 괴담이었다. 그러자 경찰은 이에 대한 예산을 배정하여 무려 50억 원을 들여 공중화장실을 샅샅이 뒤져가며 29만 건의 몰카 탐지를 했지만, 단 한 건도 발견하지도 못했다.

세계의 많은 관광객들이 한국에 와서 가장 놀란 점은 바로 여성들이 저녁이든 새벽이든 가리지 않고 도시 곳곳에서 마음껏 다닌다는 것이다. 이것은 치안이 불안한 중남미 나라만이 아니라 미국이나 유럽 등지에서 온 여성들도 한국의 밤거리에 여성들이 마음껏 활보하고 있다는 현실이 믿기지 않는다고 할 정도다. 한국에서 오랫동안 지낸 한 외국인 여성은 늦은 밤거리에 혼자 셀프 영상을 찍으며 걸어 다니는 모습을 미국 커뮤니티 사이트 레딧에 생중계로 올렸다. 모두 믿기지 않는다며 놀라워했다. 그만큼 한국의 치안은 세계 최고 수준에 이른다. 그럼에도 불구하고 인터넷에서 한국 여성들은 안전에 대한 끝없는 불만을 쏟아내며 여성이 살기 힘든 이유로 치안을 꼽는 형국이다.

● 페미 비즈니스의 전형적인 행각

페미니즘은 이것에만 만족하지 않는다. '불안 조성'이 그들의 주된 비즈니스인 만큼 한국 여성들이 만성적인 불안에 떨 수 있는 수많은 소재들을 발굴해 간다. 여성을 상대로 하는 폭력이나 성범죄가 하나라도 발생하면, 그것은 여성이 안전하지 못하다는 사회적 징표이자 여성에 대한 혜택과 지원을 받는 구실로 재빨리 둔갑한다.

김소연 변호사는 대전시의원 시절 시의 예산을 지원받는 성폭력 상담소 등 여성 단체에 회계자료를 요구했다가, 시민단체로부터 '갑질 의원'이라는 비난을 받고 피켓 시위를 당한 경험을 얘기한다. 회계자료를 받아보니 4개 기관 중 한 군데를 제외한 나머지 기관의 회계자료가 모두 엉터리였다는 것이다. 예컨대 정부 보조금이 지원되는 [피해자 심신회복 캠프]에 단체 상근자 가족들을 함께 데리고 와서 먹고 마시고 놀았다. 피해자 신상 노출을 조심해야 할 피해자 지원시설에서 이런 일이 벌어진 것이다. 여성단체에서 봉사했던 한 제보자는 김소연 의원에게 그 단체에서 상담 전화가 없었음에도 상담 전화를 많이 받은 것처럼 '실적 부풀리기'가 비일비재할 뿐만 아니라 '일지 허위 작성'도 일상적이라고 제보했다. 일지에는 허위로 근무한 것처럼 조작하고 그 시간에는 열심히 다른 기관에서 성폭력 강연비를 챙기는 수법이다.

심지어 성폭력 피해자 지원 시설이라는 곳에서 [가해자 교정 프로그램 사업]을 수행하는 것 자체도 이해할 수 없지만, 그 사업을 빌미로 이들은 인근 사회복지관에서 나온 유통기한이 지난 빵들을 수거해서 수감자들에게 제공하고 책정된 간식비는 뒤로 빼돌리는 파렴치한 범죄마저 저질렀다.

그런데 이들 여성단체들은 지역 언론, 민주당, 지자체와 긴밀한 카르텔 관계에 있었기 때문에 이런 비위 활동을 전면 조사하기 위해 의회 차원에서 특위를 구성하자는 제안을 모두 거절했고, 시에서도 협조하지 않았다. 결국 김소연 의원이 국민권익위원회에 제보하고 경찰에 수사를 의뢰하자 해당 성폭력 상담소는 재빨리 자진 폐쇄 신고를 하고 해당 자료는 모두 폐기해버렸다.

7. 페미니즘과 정신질환

이선옥 작가는 앞서 소개한 책, 『왜 이대남은 동네북이 되었나』에서 페미니스트들이 가부장 제도로부터 유래한 문화가 여성 억압의 근본으로 작용되는 기제라고 생각하기 때문에 이에 대한 검열과 감시에 몰두한다고 말한다.

"사소하게 보이는 미세 억압 요소들을 찾아내는 일이야말로 이들에게 있어 가부장제 철폐의 과제다. 구성원들의 눈빛, 시선, 말투, 태도, 요리법, 식재료, 카메라 앵글, 남자 둘이서 나누는 대화... 이 모든 것들이 모두 가부장제를 구성하는 요소다. 페미니즘에서는 그 어떠한 것도 사소하지 않다. 대중들이 사소하다고 치부하는 그런 것들이 가부장제의 핵심이다.

페미니스트가 웹툰, 영화, 소설, 인터넷 기사, SNS의 짧은 글, 단어, 속담, 호칭 등 한도 끝도 없이 모든 것들을 지치지 않고 검열하는 것은 페미니즘의 대의에 딱 들어맞는 일이다. 이들은 어떤 일은 사적 영역으로 인정하고 어떤 일은 공적인 영역이니 같이 결정하자는 구별 자체를 가부장적으로 본다. 리얼돌에서 즉각 강간 행위를 도출해내는 식이다. 내 방 안이라는 지극히 사적인 공간에서 하는 행위라는 항변은 통하지 않는다. 그러한 구별이야말로 가부정적인 짓을 계속하고 싶어 하는 남성들의 음모이기 때문이다. 그러므로 페미니즘에서는 사적인 행위가 없다. '모든 개인적인 것은 정치적인 것'이며 '그것은 절대 사소하지 않다'.

더구나 가부장제는 사적인 곳에서 가장 심하게 재생산되어 공고한 억압으로 작동한다. '취향'이나 '자유'와 같은 개념은 가부장제 하에서 독립적인 개념으로 인정되지 않는다. 그러한 논리 하에 가부장제에 찌든 구성 요소들은 하루빨리 철폐하기 위해 동원하는 빠르고 손쉬운 방법이 일상적인 감시와 검열이다. 그래서 페미니즘은 검열국가, 감시국가와 기꺼이 손을 잡는다."

페미니즘을 비롯한 이른바 정체성 정치를 특징으로 짓는 PC(정치적 올바름)주의는 대략 이런 맥락에서 근대 문명 사회에 뿌리박혀 있는 문화와 문명 자체를 그들의 자의적인 잣대로 검열하며 죄다 부정한다. 그러다 보니 자신이 속해 있는 환경 전반이 불만과 불행으로 가득 차 있는 형국이다. 특히 스마트폰으로 SNS 문화가 매우 활발하게 이루어지면서 생활 속의 사소한 요소들조차 "이거 나만 불편해?"라는 말로 여성 페미들은 일상 속의 불만을 하나하나 아이템 줍듯이 저장해둔다. 결국 페미니즘에 물들수록 자기를 둘러싼 삶은 결코 여성 친화적이지 않고, 고로 불행감을 느끼는 자신들은 언제나 피해자 신세에서 벗어나지 못한다는 망상에 빠져들게 된다. 이는 비단 한국만의 현상은 아니다. PC주의가 좌파 진영 전반을 뒤엎은 서구 진영에서도 마찬가지 현상이 발견된다.

미국의 사회 심리학자 조너선 하이트는 2020년 퓨 리서치에서 공개한 데이터 세트에서 성별, 연령별, 정치 성향별에 따라 정신 건강 상태가 매우 다르다는 사실을 발견한다. 그는 원 데이터에 들어 있는 질문 항목 중 하나는 "의사나 기타 의료 서비스 제공자가 당신에게 정신 건강 질환이 있다고 말한 적이 있습니까?" 이에 대한 그래프는 다음과 같다.

저출산의 독극물 페미니즘

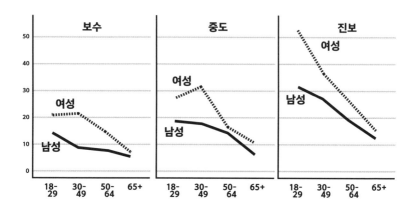

[그림 15] 의사나 기타 의료서비스 제공자가
정신건강 질환이 있다고 말한적 있는가?에 '예'라고 답한 비율

자료: Data from Pew Research, American Trends Panel Wave 64.
The survey was fielded March 19–24, 2020. Graphed by Jon Haidt.

리버럴 좌파 쪽 성향에 있는 젊은 여성들이 압도적으로 정신 건강 질환이 있다는 항목에 몰려 있다. 세상을 염세적으로 느끼는 비율도 비슷하다. 고등학교 졸업반 학생들을 대상으로 한 우울증 척도에 있어서도 정치적 성향과 성별에 따라 그 비율은 압도적으로 좌파 여학생들에게 높게 나온다.

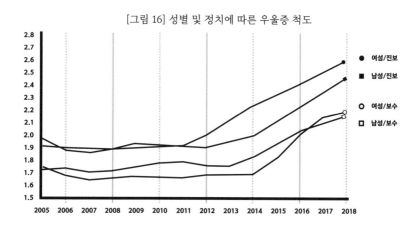

[그림 16] 성별 및 정치에 따른 우울증 척도

자료: Data from Monitoring the Future, graphed by Gimbrone et al. (2022). The scale runs from 1 (minimum) to 5 (maximum).

2010년대를 기점으로 성별 정치성향별에 따라 정신 건강의 문제가 높아지게 된 이유에 대해서는 우선 소셜미디어 활동의 증가와 그 영향을 주로 꼽을 수 있겠지만, 무엇보다 페미니즘을 비롯한 PC주의가 한층 더 강화된 것도 무시할 수 없는 변인일 것이다.

한국에서 이와 똑같은 조사는 없지만, 비슷한 성향을 유추할 수 있는 조사 자료는 있다. 2019년 서울대 행복연구센터와 카카오같이가치가 공동으로 조사해 책으로 발간한 'ABOUT H:대한민국 행복 리포트 2019'의 자료에 따르면 한국인이 스스로 느끼는 행복한 감정의 수준은 보통이며 평소 상당한 수준의 스트레스를 겪고 있다는 조사 결과를 보여준다.

행복도 조사에서 성별로는 남자 10대가 가장 행복하다고 느끼고, 여자는 갈수록 주관적 행복지수가 높아져 60대 이상에서 최고치를 기록했다. 그러나 우리나라에서 개인적, 주관적으로 행복감을 가장 덜 느끼는 계층은 20~30대 여성이다. 조사 결과 20대와 30대 여성은 물질주의가 가장 심하고 감사 지수(감사함을 느끼는 정도)가 가장 낮았으며, 신경증(정서 불안)은 가장 많았다. 남과 비교하는 경향도 가장 높았다.

20~30대 여성은 페미니즘 영향을 깊숙이 받은 세대이며, 그것을 주도하는 세대이기도 하다. 그들은 단군 이래 여성의 지위가 가장 높은 시대에 살고 있고, 교육 정도와 취업률, 소득 등 그 전 세대의 여성과 비교

저출산의 독극물 페미니즘

불가다. 사회적 혜택과 배려도 장애인 다음으로 많이 받는다. 그러나 그들은 감사함을 느끼지 못하고, 불행감을 가장 크게 느끼고 산다.

불행과 불만이 주요 상품인 페미니즘에 휩쓸린 결과가 이렇다. 그들은 가정을 이루고 자녀를 양육하며 열심히 땀 흘려 일하는 소시민의 소박한 일상생활조차도 가부장제의 정상 가족 이데올로기로 여기며 힐난하기 바쁘다. 이런 페미니즘으로 저출산을 극복한다는 것이 지금까지 정부의 일관된 행태였다. 마치 담배의 독성으로 암을 무찌르자는 황당한 주장과 다를 바가 무엇인가?

저출산의 독극물 페미니즘

9장

남성성의 가치;
남자는 무엇으로 사는가?

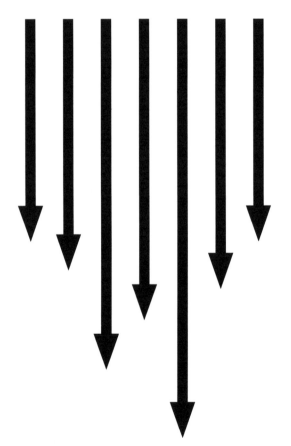

남녀 성별 이슈를 얘기하면 대개는 여성들의 처지나 환경에 주목하기 마련이다. 성 문제와 관련해서 남자들의 처지를 살펴보는 일은 좀처럼 없다. 노숙자, 자살자, 전과자, 산업재해 피해자, 장애인 등의 불우한 처지에 있는 성별이 대부분 남자들이거나 남자의 비율이 훨씬 높음에도 불구하고, 그런 것을 성별에 따른 문제로 지적하는 경우가 없다. 반면에 소득이 높고 성공적으로 보이는 전문직에서 남자가 많은 것은 성별 격차로 항상 지적되어 왔다. 사실 이것부터 인식론적 차별이 발생하는 것이나 다름없지만, 여기서 그 논점은 차치하고, 우선 왜 남자들이 이런 양 극단적 상황에 몰리게 되는 것인지에 대해, 그리고 더 나아가 '가부장제 문화'가 왜 생겼고, 남자는 그 속에서 어떤 삶을 살아가는지에 대해 살펴볼 필요가 있다.

미국 플로리다 주립대 사회심리학 교수 로이 F. 바우마이스터는 저서 『소모되는 남자』(원제;'IS THERE ANYTHING GOOD ABOUT MEN?')를 통해 진화론적 접근으로 남자의 본성을 해부하며 그것이 현대 문화에 어떤 영향을 미치게 되었는지를 밝혔다. 바우마이스터 저서를 살펴보면서 남녀 차가 발생하게 된 원인과 그것이 인간 문화에 끼친 영향을 탐색해보자. 아래는 그의 책 전반을 발췌, 편집, 요약한 내용이다.

1. 양극단에 몰려 있는 남성들

세계에서 가장 선진적으로 민주주의 제도를 정착시켰던 미국에서는 건국 역사 수백 년 동안 대통령직은 남성의 차지였으며, 아직까지 여성 대통령은 등장한 적이 없다. 미국 상원과 하원 의회의 약 70~80%는 여전히 남성들의 몫이다. 미국 500대 상위 기업 CEO의 90% 이상을 남성이 차지하고 있다. 이렇게만 보면 남성들이 세계를 운영한다고 봐도 과언이 아니다. 페미니스트들이 주장처럼 사회가 남성에게 유리하게 만들어졌다고 보기 십상이다. 그러나 시선을 바꿔 사회의 밑바닥, 즉 최하층을 보면 그곳에서도 여성보다 압도적인 숫자의 남성들을 보게 된다.

교도소의 수감된 자의 90%는 남자다. 게다가 법률 시스템은 남성들에게 더 가혹하다. 남성과 여성이 같은 범죄로 유죄판결을 받았을 때 남성은 여성에 비해 훨씬 더 긴 수감 기간을 선고받기 일쑤다. 법원행정처의 김현석 논문 [양형기준 시행성과와 향후과제](2010)에 따르면 강도죄를 범한 여성에게 양형기준보다 낮은 형을 선고한 비율은 25%로 남성(13.3%)의 두 배에 달했다. 그밖에 횡령, 배임, 위증, 무고죄 등 대부분 범죄에서도 남성보다 여성에게 낮은 형이 선고되는 경향이 강했다. 한국뿐만 아니라 다른 나라들 대부분 역시 비슷한 경향을 보인다. 심지어 미국에서는 공범이라고 할지라도 여성과 남성은 형량에 차이를 보인다. 여성에게는 상황에 대한 증언을 들은 후 기소 면제나 감형을 해주고, 남은 남성이 주로 책임을 지게 된다.

노숙자는 어떤가? 한국의 경우 거리 노숙자의 91%가 남자이며 9%만이 여자다. 다른 나라도 비슷한 비율이다. 이탈리아의 한 연구에 따르면 노숙자 집단의 15% 정도가 여성이고 나머지는 다 남자다. 산업재해의 경우도 마찬가지다. 통계청의 자료에 따르면 2021년 산재 사망자의 무려 95%가 남성이며 여성은 불과 5% 미만이다. 미국의 경우도 사정이 다르지 않다. 근무 중 사망자의 92%를 남성이 차지하고 있다.

전쟁이 일어날 시 대부분의 젊은 남자들은 소모품으로 전락한다. 전쟁에 참여한 사망자의 절대 다수가 남자임은 말할 것도 없다. 2007년 이라크 전쟁에서 사망한 미군 병사 중 97%가 남성이었다. 여자들도 전투에 참가했음에도 말이다.

이처럼 남성이 양극단에 치우치게 된 것은 사회적 지위나 역할에서만이 아니다. 성격이나 지능도 비슷한 경향을 보인다. 펜실베니아대학에 위치한 긍정심리센터에서 수십만 명을 대상으로 진행한 심리 검사에 따르면 남성들은 양극단에서 여성보다 많은 수를 차지했다. 친절함과 잔인함, 호기심과 편협함, 지혜로움과 미성숙한 외고집, 자기 절제와 자기 방종 등 긍정-부정 조합을 제시했을 때 각 성향의 양극단 모두에서 남성이 여성에 비해 더 많이 나타났다. 정신지체의 경우도 남아가 여아보다 많은 반면, 영재성을 보이는 천재들 역시 비슷한 비율로 남자가 여성보다 많다.

이러한 경향을 도표로 나타내면 다음과 같은 종 모양이 형성될 것이다.

남성성의 가치; 남자는 무엇으로 사는가?

[그림 17]

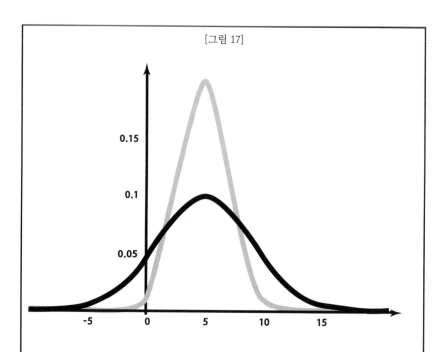

여기서 보이는 넓게 퍼진 곡선은 남성, 중앙 구간이 위로 솟구친 곡선은 여성의 분포다. 이 종 모양의 통계 분포 곡선에서 남녀 모두 양극단보다는 분포의 중간 범위에 가장 많은 수가 있고, 양극단으로 벗어날수록 적어진다. 하지만 양극단만을 살펴보면 여기에는 여성보다 남성이 더 많다는 것이다. 그러나 이 곡선이 둘러싼 면적을 계산한다면 남녀 모두는 평균적으로 비슷하다.

그런데 이런 편차가 있는 패턴은 사람들이 헷갈리고 오해할 수 있는 수많은 결과를 만들어낼 수 있다. 예컨대 이 패턴을 그대로 두고 대학에서의 학점을 보자. 논의를 위해 남녀 간 학업성취도 평균이 동일하다고 가정하자. 여기서 학점 인플레 현상을 고려해볼 때 어떤 결과가 빚어질까? 가장 높은 A학점은 통계적으로 이야기하면 천장이다. 가장 낮은 학점 F는 바닥이다.

최근 20여 년간 모든 학점이 천장 쪽으로 서서히 쏠리게 되어 평균 학점은 천장에 가까워지게 되었다. 그러면 정말 높은 성취도를 보이는 남성은 더 이상 남성의 평균 성취도를 높은 학점 쪽으로 끌어당길 수가 없다. 바로 낮은 천장 때문이다. 굉장히 뛰어난 학생들은 적당히 뛰어난 꼼꼼한 학생들과 동일하게 A학점을 받는다. 반면 낮은 성취도를 보이는 남성들은 남성의 평균 학점을 낮출 것이다. 실제 성취도의 양극단에 남성들이 더 많이 분포해 있다는 사실을 상기하자. 최하 수준의 학점을 받는 남성이 여성보다 많다. 학점 인플레 때문에 이런 낮은 학점은 더욱 큰 영향을 미쳐 남성 전체의 평균 학점을 강하게 아래로 끌어내린다. 그 결과 여성들은 평균적으로 남성들보다 더 좋은 학점을 받을 것이다. 평균 수행의 질은 남녀가 정확히 동일할지라도 평균 학점은 달랐다. 이런 현상이 일어나는 이유는 학점 인플레 시대에는 남학생 중 뛰어난 상위 그룹은 제대로 인정받지 못하는 반면 형편없는 밑바닥 범주 학생들의 영향은 더 분명해지기 때문이다.

이제 이와 상반되는 문제를 보여주는 임금의 예를 살펴보자. 임금에서는 받을 수 있는 최저 금액이 존재한다. 학점의 사례와 같이 투입되는 평균값은 남성과 여성 모두에게 동일하다고 가정해보자. 그리고 여기에서 양극단에도 남성이 여성보다 많다고 가정하자. 임금에 있어서 최솟값은 존재하지만 최댓값이라는 것은 없다. 그래서 높은 극단에 있는, 가정 성취도가 높은 소수의 남성들이 전체 남성의 임금 평균값을 끌어올릴 것이다. 하지만 낮은 쪽의 극단에서는 뚜렷이 존재하는 최저 임금이 성취도가 낮은 남성들이 남성의 임금 평균값을 끌어내리는 것을 방지한다. 결과적으로 남성 평균 임금은 여성에 비해 높아지는 결과를 보인다. 임금에 영향을 주는 모든 요소에서 남성과 여성이 평균적으로 동일하더라도, 이 같은 현상 때문에 남녀의 평균 임금은 차이가 날 수 있다. 노동 시간, 근로 강도 등의 요소를 배제하고서라도 말이다.

2. 남녀 간의 성차

바우마이스터 교수는 신체적 특성 외에 기본적으로 지능적인 측면에서 남녀 간의 능력 차이는 존재하지 않는다는 입장이다. 다만, 선호도의 차이는 분명하다는 것이다. 이 선호도의 차이에 의해 남녀 간의 성차는 보다 뚜렷해진다고 보았다. 남녀 간에 흥미를 느끼는 부분이 다르다. 바로 이 동기의 차이가 남녀 간의 성차가 발생하는 근본 이유다. 할 수 있는 것과 하고 싶은 것은 다른 이야기인 것이다.

잡지를 보더라도 여성지와 남성지는 내용은 판이하다. 패턴 팁, 야구나 축구, 연예인 가십, 전동공구, 총기류, 식이요법과 레시피, 홈 인테리어 등의 주제가 주어지면 사람들은 각 주제를 어느 잡지에서 볼수 있는지 정확히 알고 있다.

남자들은 숫자를 다루는 것을 여자보다 더 즐긴다. 수학과 과학 수업을 수강하면 분명 여자들도 꽤 높은 성적을 받지만, 여성들 대부분은 이런 수업 자체를 수강하지 않는다. 수학과 과학 분야에 흥미를 갖고 그 분야의 직업을 갖는 이들의 다수는 남자다. 남자들이 즐기는 오락물에서도 숫자는 절대적으로 중요하다. 야구나 축구에서 타율, 방어율, 드리블 횟수, 성공률 등 숫자가 해설의 중요한 부분을 차지한다. 액션물에서도 숫자가 사용된다. 병사가 몇 명인지, 총이 몇 구경인지도 주요 관심사다. 게임에서도 마찬가지다. 온라인 게임이든, 비디오 게임이든 남자들이 즐겨하는 게임들은 숫자로 가득하다. 점수뿐 아니라 건강 포인트, 방어 포인트 상대의 파워 지수 등 챙겨야 할 숫자들이 많다. 그러나 여자들이 즐겨하는 엔터테이먼트인 드라마 같은 것에서는 이런 숫자들이 등장할 일이 거의 없다.

섹스는 인간의 가장 기본적이고 보편적인 욕구 중 하나다. 하지만 섹스에 대한 욕망은 남녀에 따라 다르고, 여성보다 남성에게 더 강하다. 그래서 자유와 평등을 찬양하는 오늘날도 데이트 비용만큼은 남성들의 몫인 경우가 많다.

일에서는 어떤가? 직장에서 남녀 업무시간 차이는 평균적으로 연 400시간 정도 된다. 영국에서 이루어진 연구에서는 주당 49시간 이상 일하는 사람들의 80%가 남성으로 밝혀졌다. 일 중독자 대부분도 남자다. 암스테르담 대학교의 피셔 교수는 네덜란드의 주요 대기업 중 한 곳과 연구 협력을 하였는데, 이 기업에서 신입사원들과 고위 간부들을 대상으로 설문 조사를 실시해 유리천장과 여성문제에 대해 알아보고자 했다. 그 결과 신입사원 단계에서는 수적으로 남녀가 비슷했지만 일과 기업에 대한 태도에서는 남녀가 다른 모습을 보였다고 한다. 남성들은 여성에 비해 야망이 더 크고, 기업과 동질감을 느끼는 경향이 훨씬 강했다. 달리 말하면 적어도 신입사원 수준에서는 남성들이 동기 부여가 더 많이 되어 있었다. 고위 간부 수준에서는 그런 남녀 차이가 존재하지 않았다. 단지 차이가 있다면 고위 간부급에는 여성보다 남성이 훨씬 더 많았다. 피셔 교수는 비록 자신이 여성이지만, 유리천장은 없다는 결론을 내릴 수밖에 없었다. 단지 정상에 오르기 위해 많은 시간을 투자하려는 동기가 여성이 남성에 비해 부족하다는 것만을 확인했다.

여성들이 비교적 많이 진출해있는 약사 업계도 마찬가지다. 여성들은 가정생활을 병행할 수 있도록 최소한으로 이동하면서 업무시간도 고정된, 상대적으로 수월한 직장을 선호한다. 반면 남성들은 책임이 크고, 업무시간도 길어도 높은 임금만 보장된다면 그 직장을 선택하는 편이다. 이런 이유로 약사 업계에서도 여성에 비해 남성들이 평균 27% 높은 연봉을 받는다. 앞서 언급한 대로 같은 이유로 직장에서 사망하는 비율이 남성들이 압도적인 것도 바로 높은 연봉을 위해 직장에서의 위험을 수용하는 경향이 높기 때문이다.

창의성에 있어서도 남자들은 여자들보다 한발 앞서나간다. 19세기 미국에는 남성들보다 중산층 여성들 가운데 피아노 연주자가 훨씬 많았다. 하지만 이 피아노 연주자들은 창의적 결과물을 생산하지는 못했다. 여성 피아노 연주자들은 가족이나 저녁 식사 손님들을 흥겹게 하는 피아노 연주 외에 새로운 무언가를 만들려는 동기가 없었다. 반면 미국 흑인 남성들은 비슷한 시기에 블루스와 재즈 장르를 만들었다.

블루스와 재즈는 음악 세계를 송두리째 바꿔버린 새로운 장르였다. 당시 대부분 노예 출신이었던 이 흑인 남성들은 중산층 여성들에 비해 훨씬 열악한 조건에 있었다. 하지만 결과를 보면 남성이 여성에 비해 새로운 것을 만들려는 동기가 더 컸던 것으로 보인다. 오늘날에도 보면 미국에서 특허권자의 90% 이상은 남자들이다.

3. 남성과 여성의 다른 사회성

남녀 간 성차의 모습은 이뿐만이 아니다. 여성이 남성보다 사회적이라는 생각은 오래되었다. 여성은 남성보다 자신의 감정을 더 잘 표현하고, 다른 사람의 감정을 이해한다고 한다. 뇌 연구는 여성이 남성보다 더 관계 지향적이라는 고정관념의 일부를 강화시켰다. 사이먼 배런-코헨의 연구에 따르면 여성의 뇌는 '공감'에 맞추어진 경향이 있지만, 남성의 뇌는 '체계'를 이해하는 것 즉 사물이나 사회체계 등이 작동하는 원리를 이해하는 것을 지향한다. 남성의 뇌는 추상적 개념이나 사물의 연관성에 매료되고, 여성의 뇌는 인간의 정서와 개개인의 독특한 특성들에 매료된다.

여성이 남성보다 더 사회적이라는 생각은 크로스와 메드슨의 연구에 자세히 묘사되고 있다. 그들은 여성이 대인 관계적으로 더 능숙하다는 논지를 뒷받침하기 위해 남성이 여성보다 공격적이라는 사례들을 나열했다. 또 다른 근거로 자아개념을 들었다. 남성은 자신이 얼마나 남들과 다르고 독특하며 독립적인지를 강조하는 경향이 있지만, 여성은 자신이 얼마나 다른 이들과 관련되어 있는가에 초점을 맞추는 경향이 있다고 보고한다. 그들의 논문 결과에 따르면 남녀 모두 사회적 관계와 그로 인한 혜택을 원하지만, 여성이 이에 더 능하도록 설계되었다. 반면 남성은 독립을 좇고, 싸움질을 하고, 관계를 망치는 등 스스로에게도 손해가 되는 일들을 한다. 따라서 사회성 측면에서 여성은 남성보다 우월하다는 보는 시각이 일반적으로 통용되고 있다.

그러나 이는 핵심을 놓치고 있다. 만일 '사회적'이라는 말이 친밀한 일대일 관계로만 정의한다면 여성이 더 사회적이라고 말할 수 있다. 예컨대 가족이나 친인척 관계처럼 가까운 관계에서는 여성들은 남성 이상으로 돕는다. 아픈 사람을 간호하고, 다른 누군가를 돌보기 위해 출세를 포기하는가? 바로 여성들이다. 하지만 더 큰 규모의 집단으로 정의한다면 오히려 남성이 여성보다 더 사회적이다. 남성은 여성보다 낯선 이를 더 잘 돕는 경향이 있다. 한 연구실의 실험을 보면, 가짜 응급상황(연출된 상황인지 모르는) 속에서 참가자가 피해자를 돕는가를 살펴본다. 이런 환경에서는 남성이 여성보다 더 잘 돕는다. 놀이터에서 노는 아이들을 관찰한다면, 여자아이들이 한 시간 내내 짝을 지어 붙어 다니지만, 같은 시간 남자아이들은 상대를 바꾸어 가며 일대일로 놀거나 크게 무리 지어 놀았다. 두 아이가 함께 놀고 있을 때 새로운 아이를 들여보내는 연구도 있다. 이때 여아들은 대개 새로운 아동을 배척한 반면 남아들은 자신들의 게임에 흔쾌히 끼워주는 모습을 보였다.

이상의 내용을 종합해보면, 사회성에는 두 종류가 있으며, 거기에 상응하는 다른 종류의 관계 형태가 있다는 것이다. 여기에 전문화된 남녀의 영역은 다르다. 한 영역은 가깝고 친밀한 상호작용을 포함한다. 여기서 대표적 관계는 가족처럼 가깝고 친근한 일대일 상호관계나 유대관계다. 반면 다른 영역은 친밀함은 덜하지만 더 많은 사람들을 포함한다. 이 영역을 대표하는 관계는 집단으로 이루어지는데, 적게는 수 명에서 많게는 수천 명 이상으로 구성된 집단이다. 친밀한 일대일 관계, 즉 한 쌍의 유대관계에 주목한다면 여성이 남성보다 사회적이다. 그러나 큰 규모의 집단을 따지게 되면 오히려 남성이 더 사회적으로 보이기 시작한다.

여성의 방식은 수는 적지만 강하고 긴밀한 사회적 유대를 구축하며, 남성의 방식은 다양하지만 좀 더 약한 유대관계를 형성한다. 끈끈한 가족애로 뭉친 결혼 관계에서는 여성의 방식이 필요하다. 사냥팀이나 축구팀처럼 함께 작업하는 집단을 원한다면 남성의 방식이 더 나을 것이다. 중요한 점은 이러한 것들이 트레이드오프를 필요로 한다는 것이다. 이상적인 인간은 긴밀한 관계와 큰 집단 활동 두 가지 모두를 잘하는 사람이라고 생각할 수 있을지 모른다. 그러나 이는 자연의 섭리 상 불가능하다. 하나를 잘한다는 것은 다른 하나에는 약하다는 것을 의미한다. 주어진 한 시간 동안 운동장에서 놀아야 할 때 결국 아이들은 친한 친구 한 명과 놀거나 여러 아이들과 노는 것 중 하나를 선택해야 한다. 그리고 이 두 가지 사회성은 우열을 논할 수 없는 것이, 이러한 두 종류의 사회성이 결여될 때 인류의 존속과 문화 발전은 불가능하기 때문이다.

4. 두 가지 종류의 공정성

공정성에는 두 가지 종류가 있다. 공평(equity)과 평등(equility)이다. 평등은 모든 사람을 똑같이 대하는 것을 의미하고, 공평은 각 개인이 공헌한 바에 따라 보상을 주는 것을 말한다. 공평의 개념에서는 더 많이 기여하거나 더 잘한 사람이 그만큼 더 많은 몫을 가지게 된다.

차고 페인트칠을 하는 40만 원의 아르바이트 광고를 보고 4명을 모집했다고 치자. 이때 아르바이트생이 일을 했을 때, 지각하거나 농땡이를 치거나 일찍 퇴근한 사람들과 하루 종일 성실히 근무했던 사람이 동일한 임금을 받는 것이 옳을까? 아니면 작업량에 따라 차등 배분하는 것이 옳을까?

한 연구에 따르면 참가자 집단에 특정 과제를 수행하게 했다. 실험이 끝날 무렵 연구자는 한 참가자에게 집단이 일정 금액의 돈을 벌면, 이를 자유롭게 분배할 권리를 주겠다고 말한다. 돈을 혼자 가질 수도 있으며, 원하는 어떤 방법으로든 분배할 수 있다. 대부분의 사람들은 돈을 독차지하려 들지 않았다. 하지만 남녀의 반응은 달랐다. 여성들은 돈을 평등하게 나누어 주는 경향이 있었고, 남성들은 공평하게 분배하는 경향이 있었다. 어느 것이 더 공정한가? 본질적으로 더 낫거나 옳은 건 없다. 단지 이 두 가지 시스템은 공정함에 대한 서로 다른 생각을 반영한다.

친밀한 관계에서는 평등이 효과적이다. 매우 다양한 형태의 상호작용이 있기 때문에 어떤 상황에서 누가 더 많이 기여했는지를 추적하기가 어렵기 때문이다. 가족의 경우 한 사람은 마당을 청소하고 다른 사람은 저녁을 준비한다. 누구의 공헌이 더 값진 것인 결정하려는 시도는 불화를 일으킬 수 있다. 차고 페인트칠 사례 속에서 나머지 사람들이 당신의 형제자매라면 불만이 있더라도 균등한 분배 쪽을 선택할 확률이 높을 것이다.

공산주의 구호는 '개인의 능력에 맞게, 개인의 필요에 맞게'였다. 오늘날 대부분의 가정에서는 그 구호 하에 돌아가는 소규모 공동체나 마찬가지다. 친밀한 관계에는 공산주의가 잘 맞는다. 그러나 낯선 이들로 구성된 큰 사회 집단에서는 그렇지 않다. 모든 큰 조직들이 사람들에게 금액을 차등 지급하는 것은 우연이 아니다. 경비원부터 대표이사까지 모든 이에게 동일한 급여를 지급한다면 좋은 성과를 산출해내지 못할 것이기 때문이다. 지난 20세기 전 지구의 반은 공산주의의 사회적 실험 대상이었고, 그것이 한 세기가 채 지나지 않아 파탄이 나게 된 것도 바로 이러한 이유였다.

남성은 큰 집단에 잘 맞는 공평을 선호하고, 여성은 친밀한 일대일 관계에 이상적인 평등을 선호하게 된다. 그리하여 남성은 큰 규모의 집단 내에서의 위계 관계에 대해서도 긍정적이다. 모두가 평등하여 명령을 내릴 사람 없이 잘 돌아가는 군대나, 사장 없는 회사를 상상할 수 있겠는가? 위계는 큰 집단에서 더욱 효과적이다. 반면 평등은 친밀한 관계를 더 강화시킨다.

남녀 간의 이러한 다른 성향은 도덕성과 공정성에 기반을 둔 판단에서도 차이를 보인다. 죄를 지은 자를 처벌하는 것이 대다수 시스템의 선택이다. 이는 여성의 동정심보다는 남성의 정의감과 어울린다. 최근의 뇌 연구들에 의하면, 남녀는 유죄인 사람이 처벌받는 것을 볼 때 다르게 반응한다고 한다.

타니어 싱어와 동료들의 연구에서 참가자들은 먼저 2명의 다른 사람들과 신뢰 게임을 했다. 이 사람들은 자신들도 실험 참가자인 양 가장했지만, 사실은 각본에 따르고 있었다. 사전 각본에 따라 그들 중 한 명은 공정하게 게임을 했고, 나머지 한 명은 거짓말을 하고 신뢰를 저버렸다. 그 후 실제 실험 참가자들은 이 둘이 고통스러운 전기 충격을 받는 것을 보았으며, 그동안 일어나는 뇌 반응이 측정되었다.

공정하게 게임을 한 사람이 고통받는 것에 대해서는 남녀 모두 괴로운 반응을 보였다. 그러나 불공정하게 게임을 한 사람이 겪는 고통에 대한 반응은 남녀에 따라 달랐다. 여성들은 그들에게도 공정한 사람에게 느꼈던 것과 동일한 공감적 괴로움을 느꼈다. 그러나 남성들은 불공정한 사람의 고통에 대해 훨씬 적은 공감과 동정을 나타냈다.

이 결과는 남녀의 뇌가 다르게 반응한다는 것을 시사한다. 여성들은 상대가 집단의 암묵적 규범과 신뢰를 위반했는지 여부에 따라 달라지지 않았다. 이는 친밀한 관계에 있는 사람을 대할 때 적절한 것이다. 반면 남성들의 반응은 큰 집단에 더욱 적절하다. 공정함이나 호혜와 같은 올바른 집단행동에 대한 추상적 원칙을 위반하는 사람들은 벌을 받는 것이 당연하다고 보기 때문에 남성들은 그런 자들을 안쓰럽게 여기지 않는다.

5. 경쟁 대 협동

집단이 클수록 경쟁의 중요성과 대가도 커진다. 예를 들어 배우자보다 자신이 더 똑똑하거나 강하다는 것을 확인해서 무엇 하겠는가? 이러한 관계에서는 경쟁은 관계를 긍정적으로 변화시키지 않을 것이다. 그러나 큰 집단에서는 자신의 가치를 입증하면 그에 상응하는 보상이 주어지며, 이는 공평성 및 위계와 직결된다. 정상에 오르는 것은 많은 이점을 가진다. 이 자리를 노리는 다른 많은 사람들을 이기는 방법은 경쟁을 통해서다. 따라서 큰 집단에 잘 맞는 사람들은 경쟁적 성향을 가졌을 확률이 높다.

남자들은 어렸을 때부터 이러한 기질을 생득적으로 내재해 온 것 같다. 나의 어린 시절, 노는 것 중의 하나는 누가 더 용기 있는 모험을 할 수 있는지를 시험해보는 것이었다. 누가 더 높은 곳에서 뛰어내릴 수 있는지를 갖고 경쟁했다. 그래서 처음에는 비교적 낮은 높이 담벼락에서 뛰어내리고 점차 그 높이를 올려 나갔다. 그런 무모한 경쟁 놀이를 남자아이들은 즐겨 했다. 성인 남자들도 간단한 놀이조차도 유달리 승부욕에 불타서 게임에 임하는 경우도 적지 않다.

남자들도 집단의 공동의 목표를 위해서 협동을 잘한다. 그리고 그 협동은 다른 집단과 경쟁할 때 더 잘 발휘된다. 경쟁의 규모가 클수록 협동의 범위도 그만큼 커진다. 그렇더라도 집단 내부에서 남자의 경쟁심은 줄어들지 않는다. 더 높은 지위를 열망하기 때문이다. 남성의 경쟁심은 확고한 생물학적 근거에 기반한다. 진화의 여정에서 정상에 오르기 위해 치열하게 경쟁하지 않았던 남성은 섹스를 할 수 없었고, 유전자를 물려줄 수도 없었다. 그 결과 오늘날 우리들 중 그들의 후손은 없다. 경쟁에 열을 올렸던 사람들은 그렇지 않은 사람들보다 정상에 오를 확률이 더 높았을 것이며, 우리는 이들의 유전자와 함께 정상에 오르고자 하는 열망까지 물려받았다.

이 같은 성향은 남녀의 자아개념에서도 차이를 드러낸다. 잉마르 베리만의 고전영화 [결혼의 풍경]은 이를 잘 보여준다. 영화 초반 인터뷰 진행자가 남녀에게 각자 자신에 대한 이야기를 간략히 해줄 것을 요청한다. 남성은 자신의 특별한 점들이 무엇인지에 초점을 맞추어 자신에 대한 설명을 장황하게 늘어놓는다. 반면 여성은 어떻게 대답할지 몰라하다가 남편과 미래 자녀들에 대한 사랑을 여러 번 강조한다.

남성의 독립적이고 고유한 자아개념으로 미루어 그들이 사회적이지 않다고 생각하는 경향이 있지만, 사실은 그렇지 않다. 남성은 바로 자신만의 독특한 능력을 이용하여 자신의 사회성을 발휘한다. 인간 집단은 각기 다른 사람이 다른 역할에 전문성을 가질 때 번성한다. 그리고 큰 집단일수록 전문화된 분업은 더욱 효과적으로 일을 수행해나갈 수 있다. 이런 집단에서 성공하기 위해서 각 개인은 특별한 능력과 기술을 개발하여 다른 사람들과 차별화되어야 한다. 따라서 남성은 자신을 남과 차별화시키는 자아를 발달시키고 강조하게 된다. 여성이 선호하는 친밀한 일대일 관계는 대개 상호성을 수반한다. 이것이 남성의 자아개념이 차별성을 강조하는 반면 여성의 자아개념이 사회적 관계를 강조하는 이유다. 타인과의 차별성을 타인과의 분리로 곧잘 오해하지만, 남성에게 차별성은 타인에게 소속되고, 집단 내 자신의 위치를 공고히 하는 하나의 방법일 뿐이다.

요약하자면 남성들이 형성하는 사회적 관계에 있어서는 종종 사랑스러움보다 능력이 더 중요하다. 특히 상대적으로 드물고 귀한 능력을 갖추는 것이 중요하다. 바로 여기서 주체성이 필요해지고, 이것은 곧 남성 자신의 경쟁력을 갖추는 토대가 된다.

6. 남녀 성차의 진화적 기원

그렇다면 이와 같이 남녀 간의 성차가 발생하게 되는 메커니즘은 어디서 기원하게 된 것일까? 생물학자들을 비롯해 대부분의 과학자들은 바로 오래된 진화의 결과로 설명할 것이다. 이 사실에 대해 본격적으로 살펴보자.

지금까지 태어난 모든 인류의 절반은 남성이었고, 모든 부모의 50%는 남성이지만, 인류 조상 중 남성은 불과 33%이고, 여성은 67%다. 사람들은 대부분 오늘날 인류 조상 중 여성과 남성이 5:5에 가깝다고 생각할 수 있겠지만, 전문가들이 볼 때는 생각보다 의외로 남성의 비율이 높아서 오히려 놀랄 것이다. 많은 동물 세계에서는 고작 20%의 수컷들이 90%에 육박하는 암컷들과 번식을 한다. 인류가 속한 포유류는 이보다 더 심해서 불과 5%만이 일부일처제를 하고 있다. 선사시대로 거슬러 올라갈수록 이런 불균형은 더 심했을 것이다. 몇 세기 전에 연구를 했더라면 비율은 여성 대 남성의 비율은 3:1 혹은 4:1이었을 것이다. 어떻든 간에 여성이 현재에 이르는 후손들을 가질 확률은 남성의 2배였다. 이는 곧 성인기까지 생존했던 대부분의 여성은 최소한 한 명 이상의 자식을 두었을 것이며, 그 후손은 지금까지도 살아 있다. 하지만 대부분의 남성은 자신의 유전적 흔적을 남기지 못했다.

진화론이 확실히 옳은 게 한 가지 있다면 그것은 재생산에 관해서다. 자식을 낳는 것이 그 핵심에 있다. '적자생존'이라는 용어는 다윈주의를 대표하는 말이지만, 이 용어는 진화론을 제대로 대변하지 못한다. '생존'은 진화론자들에게 점차 부차적인 것으로 여겨지고 있다. 진화의 핵심은 '생존'이 아닌 '재생산'에 있다. 진화를 이끄는 자연선택의 결론은 결국 재생산을 위함이다.

인류 역사 전체를 돌이켜보고 자신의 유전자를 다른 이에게 남긴다는 자연의 성공 기준을 적용해 볼 때 대부분의 남성은 실패했다고 할 수 있다. 반면 대부분의 여성은 성공했다. 다시 말해 남성으로 산다는 것은 여성으로 사는 것과 달리 생물학적 실패를 수반한다. 자연은 이에 따라 남녀의 마음을 다르게 만들었다. 이는 남녀가 다른 것을, 다른 방식으로 원하도록 설계되었다는 강력한 근거다.

여성에게 있어 성공을 향한 길은 상당히 명백했다. 여성 스스로 기회를 잡거나 독립할 이유가 거의 없었다. 다른 이들과 구분되고자 노력할 필요도 없었다. 기껏해야 조상 여성들은 좋은 상대를 고를 수 있도록 스스로 더 매력적으로 가꾸고 싶어 했다. 인정사정없는 자연의 관점에서 보았을 때 여성의 관심거리는 자녀들이 어떻게 될 것인지 그리고 어떻게 보살핌을 받을 것인지에 대한 것이지, 그녀가 자녀를 갖게 될지에 대한 여부가 아니었다. 여성이 자녀를 가질 확률은 대체로 양호했기 때문이다.

이와 반대로 일반적인 남성은 유전자를 남기지 못한 채 사라지는 운명이었다. 안전을 강구하고, 다른 모든 이들과 똑같이 행동하는 것은 현명하지 못한 짓이었을 것이다. 대부분의 남성이 재생산에 실패한다는 현실을 극복하지 못하는 남성은 낙오자가 되는 것이다. 이것이 바로 우리가 안전을 취하는 여성과 위험을 감수하는 남성의 후손인 이유다.

남성은 미지의 장소를 향해 배를 건조하고 바다를 탐험하기 위해 항해를 시도하지만, 여성은 그럴 필요가 없었다. 여성이 미지의 장소로 항해를 떠나는 것은 바보 같은 일이었을 것이다. 그들은 물에 빠져 죽거나 식인종에게 잡히거나 새로운 질병으로 쓰러졌을지 모른다. 대신 집에 머무르며 나머지 다른 여성들처럼 행동하면 아이를 가지게 될 것이다.

그러나 남성의 계산법은 다르다. 남성이 집에 안전하게 머무는 것은 결코 유리한 전략이 아니었다. 이런 평범한 남성은 자손을 남길 운명이 아니었다. 미지의 바다를 탐험하는 것은 남성으로서도 매우 위험한 도박이긴 마찬가지다. 그래도 이 도박을 하는 것은 그래도 남성에게 여전히 최고의 도박이다. 남성이 집에 가만히 있는 것은 어차피 지는 것을 의미하기 때문이다. 집을 떠났던 남성들 중 일부는 여행으로부터 아내 한둘을 얻거나 자녀들을 부양할 재물을 가지고 돌아왔다.

결론적으로 여성에게 있어 위험 추구는 불확실한 기회를 위해 상대적으로 확실한 것을 포기한다는 것을 의미한다. 그것은 어리석은 짓이다. 남성에게 있어 위험을 감수하는 것은 확실한 손실을 버리고 잠재적인 실패와 분명한 실패를 바꾸는 것이다. 재생산에 대한 생물학적 기준으로 보았을 때 남성은 위험을 감수하는 것이, 여성은 위험을 피하는 것이 이치에 맞다.

늘 그렇듯이 남성들은 극단으로 치우친다. 자식 수에 있어서도 대부분의 여성은 최소한 한 명 이상의 자식을 가지지만, 대다수 남성은 자식이 하나도 없는 반면 소수의 남성은 가장 다산한 여자들보다 훨씬 많은 자손을 남긴다. 칭기즈칸은 세계에서 손꼽히는 정복자였다. 그에게는 적게는 수백 명에서 많게는 천여 명에 이르는 자녀가 있었다고 전해진다. 실제로 그는 젊은 나이에 죽을 고비를 숱하게 넘겼다. 자칫하면 한 명의 자식도 남기지 못했을지 모른다. 그러나 그는 성공했고, 자신의 DNA를 넉넉할 정도로 남겼다.

우리가 남성에 비해 약 2배 정도 많은 여성들의 후손이라는 사실은 두 가지를 의미한다. 남성들은 가장 큰 실패자인 동시에 큰 승리자였으며, 여성들은 대체로 그렇지 않았다. 인간의 마음 및 욕구와 필요들이 재생산에 기반한 진화에 의해 형성되는 한, 남성들은 안전을 강구할 가능성이 낮다. 자연이 남성으로 하여금 보상이 큰 게임을 하도록 강요했기 때문이다.

이런 사실은 남성의 심리와 행동 양태에 대해서도 여러 면에서 큰 영향을 끼쳤다. 다른 남성을 이기는 데 신경 쓰지 않고, 편하게 느긋하게 사는 것에 만족하며, 다른 이들이 앞서는 것을 방치했던 남성들은 자손을 남기지 못했다. 다른 남성을 능가하는 경쟁에 뛰어드는 남자일수록 자손을 남길 확률은 높았다. 이러한 끝없는 경쟁 욕구에서 남녀 차이는 분명하게 나타난다. 여성들은 친구를 만들고, 다른 사람들을 기분 좋게 하며, 수다를 떨면서 서로 잘 지내고자 한다. 그러나 남자들은 컴퓨터 게임에서부터 스포츠에 이르기까지 같이 어울리더라도 항상 경쟁을 염두에 두는 놀이에 열중하는 경향이 있다.

각각의 남성들은 조금씩이나마 위대해지고자 하는 열망을 가지고 있다. 인생의 포부를 형성할 젊은 시절에는 아마 특출한 위대함을 꿈꿀 것이다. 소년기에 소소한 게임이나 경주 등에서 상대를 이기고자 할 것이며, 성인이 되어서는 가까이에 있는 다른 이들보다 더 잘할 수 있는 무언가를 찾고자 할 것이다. 대상을 받는 것, 발명을 하거나 수백억 원을 버는 회사를 설립하는 것을 꿈꿀 수도 있다. 다른 남성을 넘어서고자 했던 남성의 후손이 된 현 인류 남성의 핏줄 속에는 위대함을 추구하고자 하는 열정이 흐르고 있다.

창의성도 같은 맥락에서 살펴볼 수 있다. 새롭고 놀라운 멋진 무언가를 만들어내는 창의성은 다른 남성으로부터 존경과 지위를 얻고, 여성들의 관심을 끌 수 있도록 했다. 따라서 창의적인 것은 그들의 재생산 성공률을 높였다. 부와 지위 그리고 힘이 여성을 끌기 때문에 자연은 그러한 남성에게 동기를 심어놓았다.

성적 충동 역시 마찬가지다. 자연은 재생산을 전혀 하지 못할 수 있는 현실에서 남성들이 살게끔 만들었다. 따라서 주어진 기회를 극대화하는 것이 중요했다. 숲속에서 우연히 만난 아가씨와의 섹스를 거절했던 젊은이는 어쩌면 자손을 남길 유일한 기회를 놓쳤던 것일지도 모른다.

이러한 걱정거리들은 여성에게는 적용되지 않는다. 인류 역사를 통틀어 대체로 여성은 아이를 낳는 데 필요한 것보다 훨씬 많은 섹스 기회를 가질 수 있었고, 이는 현대에 들어서도 마찬가지다. 여성에게 있어 이 게임의 관건은 유전자적으로 우수하며 그녀와 아이들을 보살펴줄 수 있는 최고의 배우자를 찾는 것이다. 여성은 섹스를 할 수 있는 모든 기회에 덤벼들도록 하는 생물학적 장치가 필요 없지만 남성에게는 필요하다. 더 많은 자손이라는 성과를 올릴 가능성을 높이기 때문이다.

남성은 왜 극단적인가? 유전적으로 더 극단적인 경향을 보일 법한 이유가 있다. 돌연변이는 진화를 이끄는 힘이다. 필연적으로 이 실험들은 대부분 실패다. 신중한 계획과 숙고를 거친 인간의 실험과 달리 자연의 실험은 그저 새로운 유전적 조합이 무작위로 진행되는 과정이기 때문이다. 진화는 시행착오를 끝없이 반복하는 실험인데, 성공보다는 실수나 실패가 더 많다.

만약 돌연변이가 실패자라면 자식이 없어야 하며, 자연의 실험이 성공하면 좋은 돌연변이를 유전자 풀에 신속하게 퍼진다. 남성은 여성보다 이런 자연의 실험 대상 역할에 훨씬 더 적합하다. 여성은 1년에 단한 번밖에 자식을 낳을 수 없지만 남성은 같은 해 많은 아이의 아버지가 될 수 있다. 예를 들어 야생마의 경우를 보자. 번식 경쟁에서 승리한 우두머리 수컷은 많은 암말들과 교미를 하게 된다. 이때 새로 태어난 망아지 무리에 두 돌연변이가 있다고 가정해보자. 둘 중 하나는 평균보다 힘이 세거나 빠르거나 준수하거나 청력이 좋다. 다른 돌연변이는 평균보다 생물학적으로 열등하다. 힘이 없고, 병약하고 아둔하다고 치자. 이러한 이점들에 힘입어 우월한 수망아지가 우두머리 경쟁에서 승리할 확률은 평균 이상이다. 그 결과 우월한 수망아지는 모든 암컷들과 교미를 하게 될 것이다. 따라서 다음 세대들은 모두 그를 우월한 개체로 만든 유전적 특성들을 보유하게 될 가능성이 크다. 낙오된 수망아지는 번식에 실패할 확률이 높아, 열등한 유전적 특성은 그와 함께 사라질 것이다.

반면 암컷을 생각해보면, 우월한 암컷은 그해 한 마리의 새끼를 가지게 될 것이다. 하지만 그보다 못한 암컷 역시 마찬가지다. 무리의 유전적 품질은 크게 달라지지 않는다. 그래서 암컷을 대상으로 하는 실험은 변화를 만들어내는 데 실패한다. 우월한 특성과 열등한 특성 모두 다음 세대로 이어지기 때문이다.

이런 이유로 자연이 실험을 한다고 가정한다면, 수컷을 대상으로 한 실험은 종에 중대한 발전을 가져왔다. 열등한 특성이 한 세대 내 유전자 풀에서 없어지는 동안 우월한 특성은 집단으로 빠르게 퍼지기 때문이다. 이 차이는 남성이 극단으로 치닫는 패턴을 설명해 줄 수 있다. 자연은 여성보다 남성에게 더 공격적으로 내기를 건다. 왜냐하면 남성 쪽의 유전적 실험이 이득을 퍼뜨리고 손해를 막기에 더 유리하기 때문이다.

7. 문화는 어떻게 형성되었는가?

통상적으로 문화에 대한 정의는 다음과 같다. "집단 전체에 공유되어 있으며, 다음 세대로 전달되는 정보들을 바탕으로 학습된 행동양식이다." 두말할 나위 없이 문화는 인간이 갖고 있는 고유의 특징이고, 인류라는 종이 성공한 비밀이기도 하다. 문화는 공동체의 집단 두뇌가 켜켜이 쌓여서 이루어진 산물이기도 하다. 하버드대 교수 조지프 헨릭은 인간의 유전적 진화를 주도하는 중심이 되는 힘이 수십만 년 동안의 문화적 진화였다고 단언한다. 우리 생리와 해부 구조의 많은 측면들, 예컨대 작은 치아, 짧은 결장, 작은 위, 정확한 던지기 실력, 낮은 후두, 커다란 뇌 등은 불, 조리, 자르는 도구, 의사소통 등 문화적 진화의 결과였다. 그만큼 문화의 영향은 인간의 생물학적 변화를 수반하였다.

문화적 진화가 축적되고, 그것의 문화적 산물 모두가 인간의 유전적 진화에서 중심적인 추동력으로 발전했다. 문화-유전자 공진화 과정은 인간이 생태계의 지배적인 존재가 될 수 있게 만든 인류의 특징이기도 하다. 그래서 인간은 문화적으로 습득한 커다란 노하우 덩어리에 막대하게 의존한다. 만일 현대인이 아무런 문명의 이기(利器) 없이 한 무리가 밀림 속에 내던졌다고 한다면, 과연 생존을 장담할 수 있을까? 아마 얼마 못 가 굶어 죽거나 독충에 물리거나 해서 생존 확률은 지극히 낮을 것이다. 그런 환경 속에서 사는 원주민 부족 사회는 아주 단순한 생활을 하는 것처럼 보여도, 그 안에는 수백 세대를 거치며 쌓여온 생존 노하우와 사회적 관계가 있다. 인간은 그런 문화의 힘에 절대적으로 의존한다.

문화가 우리에게 무슨 일을 했는지 생각해보자. 오늘날 분업화된 사회는 우리 대부분이 재배하거나 사냥하지 않아도 음식이 존재할 뿐 아니라 최고의 주거 공간을 제공한다. 아무리 형편없는 주택이라도 나무나 동굴에서 사는 것보다 훌륭하다. 이것은 문화의 핵심 중 하나다.

문화란 물질적 필요를 제공하기 위한 시스템이며, 이를 통해 대규모 집단의 사람들을 관리한다. 식량과 물, 안전 그리고 자녀를 양육하는 기회를 제공하는 데 실패한 문화는 살아남지 못한다. 문화의 또 다른 목적은 사람들이 함께 살 수 있게끔 하는 것이다. 대부분 동물 사회의 갈등은 '힘이 곧 정의다'로 요약된다. 하지만 인간 문화는 갈등을 해결하는 더욱 정교한 시스템을 가지고 있다. 이를 통해 인간 집단 사회의 지속성은 높아졌으며, 이는 문화의 축적이 더 고도화할 수 있도록 했다.

문화는 사람들 집단이 함께 살아가기 위해 사용하는 시스템이다. 문화는 생물학적 전략, 다시 말해 사람들 집단이 생존과 번식의 향상을 위해 추구했던 방식이다. 문화는 다른 시스템을 상대로 경쟁한다.

성공한 문화는 특정한 것들을 촉진시킨다. 여기에는 지식의 축적,

시스템의 효율적이고 효과적인 발전에 부분적으로 기초한 진보가 포함된다. 문화는 혁신, 부의 창출, 군사적 효율성, 인구 증가를 촉진하는 한 이웃과의 경쟁에서 성공한다. 집단이 커질수록 시스템은 강력해지며, 사람들이 필요로 하는 것들을 더 잘 제공할 수 있다. 그러므로 문화는 집단이 클 때 가장 잘 번영한다. 문화는 이론적으로 성 중립적이지만, 실제로 여성은 시스템의 혜택을 누릴 한정된 기회만을 제공해주는 친밀한 일대일 관계에 끌리며, 남성은 여성보다 더 큰 집단을 지향한다. 따라서 문화는 여성 집단보다는 남성 집단에서 형성되는 경향이 있다.

선사시대 인간 집단은 수렵과 채집을 하는 사람들로 이루어져 있었다. 대체로 남성들은 짐승을 사냥했고, 여성들은 견과류나 과일 같은 식량을 채집했다. 즉 남녀는 서로 다른 생산활동 영역을 담당하고 있었으며, 그들의 지위는 크게 다르지 않았다.

8. 남녀 불평등의 기원; 문명의 발전

지위란 집단의 안녕에 얼마나 공헌했는지에 따라 정해지는 경향이 있다. 식량에 있어 남성의 기여도는 여성과 거의 동일했다. 남성은 가끔 큰 동물을 사냥해 와서 잔치를 벌이기도 했지만, 안정적으로 식량을 제공한 쪽은 여성이었다. 식량을 채집했던 여성들은 집 근처에 머물며 아이들을 돌보았고, 남성들은 더 먼 곳으로 돌아다녔다.

농작물을 재배하기 시작하면서 중요한 국면에 접어들었다. 농업의 시작으로 노동량이 많아지기는 했지만 식량 공급이 극적으로 증가하였으며, 이와 더불어 인구도 늘어나기 시작했다. 문화 또한 땅의 소유권과 같이 다양한 방면으로 발전했다. 이 시점에서 남녀 간 지위의 격차가 벌어지기 시작했다. 남성들은 재산의 소유자이자 농장의 주인이되었다.

농경사회에서 남녀는 각자의 영역에서 서로 분리된 일을 하게 되었다. 모두 중요한 일들임에는 틀림없었지만, 남성의 일과 역할은 여성보다 더 높게 인식되기 시작했다. 농경이 시작되면서 인간 사회에는 매우 큰 변화들이 나타났다. 인구의 증가로 공동체 규모는 더욱 커졌고, 그 결과 최초의 도시가 탄생했다. 농경을 통해 사람들은 이전보다 더 많은 식량을 얻게 되면서 잉여 생산물이 발생했다. 인구 증가 때문에 문자나 회계, 법과 제도 등이 탄생했고, 결국 도시와 국가가 탄생하게 되었다. 그 결과, 인류 사회는 이전보다 훨씬 복잡해지고 빠른 속도로 변화하게 되었다.

이런 문명의 발달은 남녀 불평등의 기초가 되었다. 남성이 높은 지위를 얻게 된 것은 부와 지식, 권력과 조직이 그들의 영역에서 만들어졌기 때문이다. 남성 영역의 큰 집단은 점차적으로 다양한 영역의 발전을 가져다주었다. 남성들은 예술과 문학, 종교, 철학, 과학, 군사 조직, 무역과 경제 관계, 기술, 정치구조와 정부 그리고 나머지들을 창조했다. 이러한 영역들은 일반적으로 유대감이 약한 사회관계들로 이루어진 큰 집단으로부터 생긴 이점들을 이용했다. 반면 하나의 쌍으로 이루어진 친밀한 유대관계에는 그다지 의존하지 않았다.

남성성의 가치; 남자는 무엇으로 사는가?

문화 발전의 측면에서 부와 지식, 권력은 굉장히 중요하다. 이 세 가지 요소들이 주로 남성의 영역에서 만들어졌다는 점을 고려해볼 때, 여성의 영역에서 이를 따라잡기는 어려웠을 것이다. 필연적으로 여성들이 뒤처지는 경향이 나타나게 된다. 여성들도 분명 몇몇 특정 영역(요리, 건강, 민간요법 등)의 지식을 모으고 발전시켰다. 여성의 영역은 삶의 필수품들을 제공한 반면, 남성의 영역은 큰 문명을 포함한 선택적인 것들을 제공했다.

만약 누가 더 중요한 일을 했는지 굳이 따진다면 여성이다. 다음 세대를 양육하는 애정 어린 보살핌이 없었다면 조그만 부족도, 인류도 지속되지 못했을 것이다. 반면 남성들은 문명을 창조했기 때문에 문화의 관점에서는 남성의 활동이 더 많은 주목과 인정을 받게 된다. 따라서 남성들에 의해 빚어진 문화 안에서 권위나 가치를 판단하는 잣대는 여성에게는 다소 불공평하게 적용되기 마련이다.

9. 문화와 남성의 소모성

발전에는 언제나 어두운 이면이 존재하기 마련이다. 문화의 발전은 개인과 사회구성원 전체를 더 나은 삶으로 이끄는 것은 분명하다. 문화가 혁신을 거듭할수록 사람들은 더 건강해지고 행복해지고 부유해졌다. 하지만 여기에는 당연히 부정적인 면들도 존재했다.

산업혁명은 그 진원지였던 대영제국이 세계 최고 권력으로 군림하게 된 원동력이었다. 산업혁명의 중심이 되었던 제조공장들을 움직이기 위해서는 에너지가 필요했다. 그리고 당시 주요 에너지 공급원은 석탄이었고, 광산업은 그 핵심 산업이었다. 그런데 당시 광산에 종사하는 노동자들의 작업 실태는 매우 열악했다. 하루 16시간의 장시간 노동에 시달리고 있었고, 사고도 다반사로 이루어졌다. 심지어 4살짜리 아동까지 탄광 깊숙한 곳에서 일하고 있었다. 광부들에 대한 대우는 처참한 수준이었다. 그곳에서 일하는 아동의 평균수명은 고작해야 17세였다. 여성들도 그곳에서 일했는데, 심지어 일하다가 탄광에서 출산하는 경우마저 있었다.

당시 주요 지도자급 정치가였던 셰프츠버리 경은 인도적인 작업환경 조성에 적극적인 노력을 펼쳤고, 의회의 지원으로 광산에 대한 작업환경 조사가 이루어졌다. 1842년 광산의 작업 실태에 대한 조사보고서가 출판되자 대중들은 충격에 빠졌다. 대중들의 분노에 힘입어 영국 정부는 광산의 업무 환경을 개선하는 조치를 하기로 결정했다. 영국 광산법 제정으로 10세 미만(이후 12세로 조정)의 어린이와 모든 여성들이 광산에서 일하는 것이 금지되었다. 결국 따지고 보면 광산법 제정 이후 이런 더럽고 위험한 일은 약 10세 이상 남성들만의 업무가 되었다고 볼 수 있다. 이런 일들은 상대적으로 가난한 남성들의 몫이 된다. 사실 이런 일은 당연시되고 있다. 문화는 남성들의 삶의 가치를 상당히 차등적으로 평가하고, 어떤 문화에서는 이 차등이 유난히 더 심하게 나타난다. 부유한 남성의 삶은 가난한 남성의 삶보다 더 가치 있는 것으로 여겨진다.

여기에 남성 극단성 경향을 적용해 보면, 삶의 가치 양극단에는 여성보다 남성이 더 많을 것이다. 상위 극단에 위치한 남성들은 여성들에 비해 더 귀한 대상으로 여겨질지도 모르겠다. 하지만 대다수 남성들은 훨씬 가치가 낮은 존재로 여겨진다. 그리고 대부분의 남성은 긴급 상황에 처했을 때 기꺼이 자신들의 목숨을 버려야 하고, 그 대신 한 여성을 구조하게 된다는 점을 익히 알고 있다.

타이타닉 침몰 사건을 보자. 타이타닉호가 침몰할 당시 구명보트는 턱없이 부족했다. 몇 개 안 되는 구명보트는 여성들에게 주어졌고, 남은 남성들은 배가 가라앉는 동안 갑판에 머무를 수밖에 없었다. 이때 사회적 지위도 생존율에 영향을 미쳤다. 부유한 사람들은 가난한 사람들에 비해 더 많이 살아남았다. 하지만 아무리 부유한 남성들(34%)도 3등석에 탄 가난한 여성(46%)에 비해 더 낮은 생존율을 보였다. 배가 가라앉기 시작했음에도 불구하고, 구명보트에 탄 여성들 대부분은 돌아가길 거부했다. 돌아가 물에 빠진 남성 몇 명을 더 구할 수 있음에도 불구하고 말이다. 사실 구명보트에는 빈자리도 약간 있었고, 노를 저어 나갈 뚜렷한 목적지도 없었다.

재해 관련 보도를 듣다 보면 사상자 중 여성과 아이들이 있을 때 "심지어 여성과 아이들도"라는 표현이 종종 사용된다. 이 표현은 바로 남성의 목숨이 상대적으로 가치가 떨어짐을 간접적으로 보여준다. 즉 "보통 성인 남성들이 사망할 수도 있는 재해가 일어났는데 예상보다 상황이 훨씬 더 끔찍해서 여성과 아이들까지 사망하게 되었다. 그래도 남성들만 사망했다면 좀 더 나았을 텐데"의 준말인 것이다. 이제껏 본 영화 중에 한 남성의 생명을 위해 여성이 대신 삶을 포기하는 장면이 있었는지 생각해보자. 쉽게 떠오르지 않을 것이다. 대조적으로 여성을 보호하고 구하기 위해 목숨을 버리는 남성들은 너무나 보편적인 캐릭터다.

전쟁은 남성이 얼마나 소모적 존재인지를 극명히 보여주는 예다. 모든 군대는 불복종과 비굴한 행동 혹은 여타 일탈 행위를 하는 병사들을 처형한다. 하지만 연구자들에 따르면 독일군은 제1차 세계대전 당시 처형한 병사 수의 1,000배에 달하는 병력을 2차 세계대전에서 처형했다고 밝혔다. 독일과 전면전을 벌였던 소련군은 2차 대전 초창기 독일군이 공격해 오자 어찌할 바를 몰랐다. 당시 스탈린은 전쟁 전에 유능한 장교들을 대규모로 숙청해서 제대로 지휘할 숙련된 장교가 없었다. 그래서 일단 무조건 공격의 전술을 선택했다. 공격은 방어보다 비용이 크다. 방어 집단은 배수로 안이나 참호 속에서 사격하는 반면 공격집단은 열려 있는 바깥 공간에서 뛰어다녀야 하기 때문이다. 이런 전투방식은 말 그대로 소련 청년들의 대규모 학살을 초래했다. 또한 초기에 장비가 부족했던 탓에 맨몸으로 기관총과 탱크를 상대하며 전투에 투입된 경우마저 있었다.

키예프 전투 같은 군사작전 하나에서 소련군이 입은 손실은 미국과 영국이 태평양전쟁과 제2차 세계대전을 통틀어 계산한 사망자 수를 넘어섰다.

리처드 도킨스의 책 제목으로 널리 알려진 '이기적 유전자'라는 용어가 있다. 유전자가 '이기적'이라는 심성을 지닐 리 없지만, 자가 복제를 끊임없이 해대는 유전자의 입장에서 생물학적 매커니즘을 설명하기 위해 고안된 비유다. 마찬가지로 문화는 어떤 동기를 갖는 행위자는 아니지만, 번성이라는 측면에서 생각해보면 문화 역시 하나의 주체로서 비유적으로 가정해 볼 수 있다.

왜 남성은 소모적 존재로 남게 되었을까? 문화는 근본적으로 도덕적 주체가 아니라 실용적이고 냉정한 시스템이다. 따라서 무자비하고 실용적인 관점에서 보았을 때 문화는 충분한 번식 활동을 위해 모든 여아들과 소수의 남아들만 오래 건강하고 안전한 삶을 살도록 하면 된다. 다른 문화와 경쟁하기 위한 여성들의 주 임무는 아기를 만드는 것이고, 여기엔 정자를 제공할 몇 명의 남성들만이 필요하다. 나머지 남성들은 소모적 존재다. 농경사회 이래 모든 문화는 만성적으로 다음 세대의 인구 생산에 필요한 수 이상의 남성이 존재하는 상태, 즉 음경 과잉 상태에 있다. 문화는 남성들이 가정을 얻고 유지하고자 하는 열망을 이용해 그들이 서로 경쟁하고 탁월함을 추구하도록 몰아붙인다.

남성들이 만들어낸 대규모 기관들을 살펴보면 그들이 일상적으로 구성원을 교체한다는 것을 확인할 수 있다. 경찰이나 군사 조직, 대기업, 국회와 프로축구팀들을 생각해보자. 이런 각 기관에 속한 개인의 자리들은 이미 다른 사람으로 교체된 적이 있고, 현 구성원들도 언젠가는 다른 사람들로 교체될 것이다. 이렇게 구성원이 계속 교체되는 동안 그 기관은 지속적으로 존재한다.

자신이 다른 사람으로 대체될 수 있다는 점은 사람들이 그 집단의 목표를 이루기 위해 최선을 다해 일하도록 격려한다. 덕분에 개인들은 대체되지만 그 집단 자체는 존속할 수 있게 된다. 자신이 대체될 수 있다는 위협은 큰 집단에 유용한 기능을 제공한다. 구성원들이 그 기관에 쓸모 있는 존재가 되기 위해 열심히 일하도록 하고, 그래서 그들이 계속 그 집단의 구성원으로 살아남게 한다.

따라서 남성이 소모적이라는 의미는 남성이 만들어낸 사회관계 종류들과 밀접하게 연관되어 있다. 소모적이라는 개념 덕분에 남성 집단들은 구성원들이 어떤 애정이나 친밀감이 없이도 공동의 목표와 업무 달성을 위해 함께 일할 수 있다. 이것이 바로 여성의 영역에서 이루어지는 가깝고 친밀한 관계들과 뚜렷하게 대조되는 점이다.

현재 젊은 남성들에게 세상은 점차 험난해지고 있다. 가뜩이나 소모적인 존재로 남자들이 자리매김되어 있는 판국에, 페미니즘의 영향력으로 남성들이 여성에게 적대적인 음모를 꾸민다는 선동 때문에 기관들은 여성을 보호하려고 한다. 그렇게 여성은 기관들에 의해 보살핌을 받고 네트워크 지원을 받는다. 남성은 언제나 그랬던 것처럼 스스로 헤쳐나가야 하지만 여기에는 어려움이 있다. 여성에게 더 너그러운 여러 제도와 시스템이 체계적으로 자리 잡고 있기 때문이다.

그럼에도 여전히 유일하게 남성의 편에 있는 것은 그들이 가진 자원, 즉 주체적인 자아와 남성으로서의 자부심이다. 거기에 더해 남성에게는 매우 강하고 절실한 동기가 있다. 이들은 자신이 소모적인 존재이고, 무언가 해내지 못하면 가차 없이 버려질 것임을 알기 때문이다.

이제 문화가 어떻게 남성의 소모성으로 이득을 얻는지 보자. 문화는 그 문화권의 권리와 영토, 시스템에 대한 특정 관념들로부터 힘을 얻는다. 따라서 그 문화의 관념들에 도전하는 적이 나타나면 문화는 피와 돈을 희생하는 전투를 치러야 한다. 세계 역사에 등장한 대부분의 문화는 이런 전쟁에 필요한 생명과 부를 그 문화의 남성들에게 의존했다. 따라서 문화는 남성들의 희생으로 그 문화의 관념을 유지한다.

이런 위험 감수는 전투에만 그치지 않는다. 앞서 언급한 위험한 직종에 근무하는 일 대부분은 남성들로 구성되어 있고, 산재 사망의 약 95% 이상이 남자에게 집중된다. 위험부담과 대체 가능성은 남성성에 있어 중요한 부분이다. 이런 위험부담을 추구하는 사람들은 소모적인 존재여야 한다. 사회는 많은 개인들이 막다른 길에 몰리고, 인생이 무너지고 실패하는 것을 받아들여야 한다. 자신들의 상품 가치가 상대적으로 떨어지는 제조업자들은 파산할 것이고, 잘못된 이론을 선택한 과학자들은 부끄러운 실패와 함께 직업을 잃게 될 수도 있다. 위험부담은 사회 밑바닥에 놓인 사람들만의 몫이 아니다. 대체로 큰 성공은 대개 큰 실패의 위험부담을 진다. 인구를 유지하기 위해서 문화는 이런 일들에 여성을 소모할 수 없다. 하지만 남성의 일부를 버리고 잃는 것은 큰 문제가 되지 않는다.

한 문화가 최고의 답안을 얻으려면 가능성 있는 아이디어에 도전하고 노력할 많은 사람들이 필요하다. 이런 도전은 자기 삶의 큰 부분을 걸어야 하고, 많은 경우 실패를 경험할 수밖에 없는 일종의 게임이다.

남성의 소모적인 특징은 문화가 불평등한 보상패턴을 강화하는 데 크게 기여한다. 궁극적으로 문화는 파이를 키울 수 있을 때 경쟁하는 문화들 사이에서 가장 성공할 수 있다. 문화의 파이를 키우기 위해서는 혁신과 실험, 위험부담을 동반할 필요가 있다. 남성은 이런 종류의 업무에 잘 맞는다. 여러 특성에 있어서 남성은 여성에 비해 극단적인 형태를 띠는 경우가 많고, 남성들 간에도 정도의 차이가 큰 편이다. 성공 요소가 불확실한 상황에서는 바로 남성의 이런 독특함이 장점으로 작용한다.

문화의 입장에서 유일한 관심사는 '보물'을 가져오는 사람, 즉 문화에 혜택을 가지고 오는 사람이다. 문화는 이 남성에게 충분히 후한 보상을 할 여유가 있다. 이런 보상은 크고 공개적으로 이루어져 다른 젊은 남성들이 미래의 비슷한 기회에 뛰어들도록 한다. 이런 불균등함은 남용될 수 있고, 불평등 자체가 바람직하거나 혜택을 주는 것도 아니다. 하지만 불평등은 창의성과 혁신, 경쟁, 이득과 발전을 가져올 수 있는 행동들을 하도록 자극하는 데 사용될 수 있다. 보상에 차등을 둠으로써 문화는 구성원 전체에게 이익을 주는 경쟁과 노력을 촉진시킬 수 있다. 기본적으로 문화는 큰 승리자들과 큰 실패자들로 시스템을 구성할 수 있다. 이것이 남성의 역할이며, 여기에는 최고와 최악의 면이 동시에 내포되어 있다.

10.남성성의 획득과 남성의 자존심

남성성과 여성성은 정확히 대칭되는 용어지만, 그 말에 내포된 의미는 좀 다르다. 여성성은 여성으로서 태어남과 동시에 지니지만, 남성성, 즉 남자다움은 획득해야만 하는 것이다. 모든 성인 여성은 여자이지만 모든 성인 남성이 남자는 아니다. 한 아프리카 부족에서는 소 세 마리를 한 번에 뛰어넘어야만 그 부족의 성인 남자로서 인정해주는 풍습이 있다. 여성은 여성으로서 존중받을 권리가 있지만, 남성은 남성으로서 존중을 받으려면 무언가를 입증해야만 한다. 사실 남성들 자신이 형성한 사회 집단들은 종종 의도적으로 존중의 결핍을 사용한다. 그것이 품위의 손상이든 언어 비하든 간에 많은 조직의 남성들은 존중받을 가치가 있음을 스스로 입증하기 전까지 일상의 무례를 참아왔다.

보통 남성은 성취로 평가받고, 여성은 외모로 평가받는다. 분명 오늘날 그 경계는 과거보다 좀 모호해진 측면이 있다. 우리 사회는 남녀를 어느 정도 유사한 토대 위에 올려놓았다. 남성의 외모는 이전보다 중요해졌고, 여성의 성취도 그렇다. 하지만 이중 잣대는 여전히 남아 있으며, 여성에 비해 남성은 여전히 '성취'를 통해 존경을 얻어야 한다. 한 연구에 따르면 오늘날 성인들이 여전히 남자다움과 여자다움을 매우 다른 것으로 여기고 있다고 밝혔다. "소년은 남자라고 불리기 위한 권리를 노력으로 얻어야 한다"와 같은 인위적으로 만들어낸 격언에 동의하는지 물었을 때 대다수 학생은 그렇다고 답했다. 그러나 '소년'을 '소녀'로, '남자'를 '여자'로 바꾸어서 질문했을 때는 동의하지 않았다. 남녀를 대상으로 하는 또 다른 연구에서는 남자가 여성의 평균에 가깝다고 통보를 받았을 때 남성들은 불편해했다. 그들은 불안 및 공격적 감정의 증가와 같은 다양한 부정적 반응을 나타냈다. 반면에 여성은 남성을 닮건 여성을 닮건 상관없이 비교적 침착했다.

요약하자면 남자다움은 성취해야 하는 것이며, 남자답기보다 여자답다고 여겨지는 남성은 그것을 쟁취하는 데 실패했음을 의미한다. 여성들은 잘 이해되지 않겠지만 이 문제는 남성 자아의 핵심을 건드리는 중요한 이슈다.

사회학자 스티븐 L. 녹은 문화 내에서 남자다움을 정의하는 핵심 업적은 "소비하는 것보다 더 많은 것을 생산하는 것"이라고 말했다. 여성은 그녀가 무엇을 생산하고 소비하든 간에 여성이다. 그러나 예비 남성들은 남자다움을 얻기 위해 그가 소비하는 것 이상을 생산해야만 한다. 자신조차 제대로 부양하지 못하는 남성은 거의 자동적으로 남자다움이 박탈된다. 자립은 분명 여성이 되기 위한 조건은 아니다. 많은 여성이 남성의 부양을 받았지만 이것이 그들의 존중받을 자격을 떨어뜨리지는 않는다. 반면 다른 사람에게 얹혀사는 남성은 완전한 남성이 아니다.

남성으로 산다는 것은 소비하는 것 이상으로 생산한다는 것을 의미하지만, 이것이 전부는 아니다. "남자답게 굴어라"라는 말에는 "더 많이 벌어라"의 의미보다는 "지저분하거나 위험하고 힘든 일들을 두려워하지 말라"는 뜻이 내포된 경우가 더 많다. 대체로 남성들은 위험한 일들이 자신들의 몫이라는 것, 그리고 더 중요하게는 남자가 되기 위해서는 그것들을 받아들여야 한다는 것을 인식하며 살아왔다.

큰 성공을 거둔 일부 남성들의 경우도 무의식적으로라도 남성성을 지키기 위해 각고의 노력을 다한다. 위대한 것을 성취하기 위해서는 특별한 남성들이 편안하고 호사스러운 생활과 특혜에 안주해서는 안 된다. 성공한 기업인이든 지도층이든 엘리트들이 그런 삶에 만족하게 되면 문화의 이익은 감소한다. 그것이 보편적 양상이 되면 문화는 타락과 침체에 접어든다.

일론 머스크는 전 세계에서 손꼽히는 갑부이지만, 수천억 달러에 달하는 테크 기업 몇 개를 운용하며 잠도 안 자고 일한다. 테슬라 공장에서 일주일 넘게 숙식하며 일에 매달리는 경우도 흔하다. 마찬가지로 억만장자인 빌 게이츠도 자신이 설립한 마이크로 소프트의 경영 일선에선 물러났지만, 여전히 전 세계를 대상으로 인간 복리를 증진할 기술과 방법을 연구하고 투자하는 데 여념이 없다. 한국의 기업인들도 마찬가지다. 한국은 사회주의 국가는 아니지만 기업 활동에 국가 개입이 워낙 강한 전통을 갖고 있기도 하고, 조선시대로부터 내려온 도덕주의적 사회문화 심리 탓에 여론에 따라 기업인의 처벌이 자주 일어난다. 삼성 재벌 3세인 이재용 회장은 두 차례에 걸쳐 투옥되었지만 경영 일선에 복귀하여 치열한 반도체 경쟁을 진두지휘하고 있다.

일반인의 시각에서 보면 자신이 한평생 편히 즐길 뿐만 아니라 후손들이 수 세대 걸쳐 써도 고갈될 수 없는 재산이 있음에도 그런 치열한 경쟁의 한복판에서 자신의 열정을 쏟아붓는 것이 이해 안 될 수 있다. 사실, 화려한 집과 가구로 부를 누리는 것은 어떻게 보면 그들의 부인이나 자식들이다. 상위 계층의 남성들은 잠깐의 휴가를 빼고 보면 자신의 부를 누릴 시간이 없다.

더 사실적인 그림은 가장 뛰어난 남성들이 부를 쌓기 위해 열정적으로 일하기 때문에 문화가 이득을 보고 있는 것이다. 정상에 오른 남성들만이 섹스를 하고 자손을 남길 수 있다는 진화적 선택 덕분에 최고를 향한 갈망은 남성 심리에 상당히 깊이 뿌리 박혀 있다. 영웅적인 성공담은 다음 세대 남성들로 하여금 불가능해 보이는 일에도 움츠러들지 않도록 격려하고 자극하는 데 핵심적인 역할을 한다.

11. 여성의 경우는?

반면 여성은 어떠한가? 낸시 프라이데이는 저서 『나의 어머니, 나 자신』에서 여성을 움직이는 게 무엇인지 이해하고자 애썼다. 그녀는 여성이 사랑을 위해 경쟁한다고 말했다. 그들은 가장 멋진 남성의 사랑을 얻고자 한다. 프라이데이가 상당히 인상 깊었던 것은 희망과 꿈에 대한 많은 설문 조사 결과들이었다. 그녀는 많은 여성들의 이상은 백만장자와 결혼하는 것이었다고 말했다. 매우 대조적으로 백만장자가 '되기를' 원한다고 말한 여성은 오히려 적었다. 남녀 모두 부를 소유하기를 원하고 즐기겠지만 돈을 벌기 위해 필요할 법한 지루한 일, 추한 타협, 더러운 희생에 대해서는 입장이 달랐다. 남성은 돈을 벌만한 일에 착수하는 것 말고는 다른 방도가 없었다. 여성의 본능적인 충동은 이미 부를 소유한 사람을 유혹할 만큼 매력적인 여성이 되어 그것을 얻는 것이며, 차선책은 돈을 잘 벌 것으로 기대되는 사람과 결혼하는 것이다.

다니엘라 드레이크가 쓴 베스트셀러 『똑똑한 여자는 돈과 결혼한다』

가 많은 공감을 얻은 이유는 결혼을 통해 부자가 되는 전략을 재확인 시키기 때문이다. 이 책의 유일한 소설적 전개는 부자 남편과 이혼하는 여자들에 대한 열렬한 찬사인데, 여기에는 전남편의 재산을 상당 부분 챙기는 과정이 포함된다.

아이비리그의 한 최고 대학에서 실시한 설문 조사에서 학생들에게 졸업 후 무엇을 하고 싶은지 물었다. 많은 여학생들은 아이와 함께 집에 머물고 싶다거나 혹은 파트타임 정도의 일을 하고 싶다고 대답했다. 본질적으로 그들은 어머니로서의 역할과 자신과 아이들을 부양해 줄 사랑하는 사람과의 결혼에 만족을 느끼는 안락한 삶을 원했다.

이는 우연한 예측의 문제가 아니다. [타임]지가 2004년에 실시한 조사에 의하면, 현재 석박사 학위를 가진 여성의 22%가 전혀 일을 하지 않은 채 아이들과 함께 집에 머물고 있다. 여성 MBA 소지자 3명 중 1명이 정규직 일을 하지 않는 것으로 나타났다. 2001년 하버드 비즈니스스쿨의 조사 결과도 비슷하다. 여성 졸업자의 3분의 1이 전혀 일을 해본 적이 없으며, 다른 3분의 1은 파트타임 혹은 계약직으로 일하고 있었다. 이 학교 졸업생들은 대체로 사회에서 상당히 인기가 높으므로 이들의 낮은 취업률이 직장을 구할 수 없었기 때문이라는 것은 말이 안 된다. 그보다 여성들은 책임이 막중한 직장에 얽매이는 것을 원치 않았을 것이다.

바이마우스터 교수는 자신의 동료 여교수의 경험담을 소개한다. 그 여교수는 자신을 가장 좌절하게 만드는 것 중 하나가 많은 여성 대학원생들의 패턴이라고 말했다. 가장 촉망받는 여학생을 뽑고, 그녀를 실험실로 데려가 성공을 위한 기술과 방법들을 가르치고, 그녀의 학위논문을 지도했다. 연구 발표도 함께했다. 그리고 그 여학생이 조교수로 임용될 수 있도록 도와주었다. 이 모든 것은 막대한 시간과 에너지를 필요로 하기에 교수는 극소수의 학생들에게만 이를 지원할 수 있다.

그러나 이 사이클 중도에 많은 유능한 여학생들이 찾아와 결혼한다거나 남편과 다른 곳으로 떠나야 하기 때문에 연구를 잠시 보류해야 한다고 말한다는 것이다. 그것은 대개 영원한 보류로 끝난다. 학생들에게 아낌없는 시간과 에너지를 쏟았던 여교수는 모든 게 낭비였다고 느끼게 되었다고 한다.

12. 남성의 자존심과 존경에 대한 갈구

이런 여성들과는 반대로 왜 남성들은 그토록 위대함을 추구하는 열망이 지속되고, 그 열망이 꺾이지 않는 것일까? 앞에서 거듭 말했지만 수컷들 대부분은 번식을 위해 우두머리 수컷에 도전해야만 했다. 충만한 자신감으로 도전했다가 실패한 녀석들이 있었지만, 자신감 없이는 성공도 없다. 이러한 진화적 압력은 점차 남성 심리에 지나친 자신감을 새겨 놓았다. 비록 대부분은 패하여 섹스를 못 했지만, 간혹 운이나 기운 좋은 녀석은 우두머리를 물리쳤으며 따라서 과도한 자신감은 부족한 자신감보다 이득을 주었을 것이다

사실 야망보다 더 필요한 것은 자신감이다. 자신감은 섹스 그 자체

를 위해서도 필수적이다. 인간의 짝짓기에서 오늘날까지 남성은 주도권을 갖도록 요구된다. 현대 사회의 술집, 친목회, 클럽 등에서 남성은 청하고, 또 숱한 거절을 견뎌내고 있다. 명백한 생물학적 이유로 인해 여성들은 까다롭다. 여성은 겨우 몇 명의 아이밖에 가질 수 없으며, 자식을 위한 그녀의 최선은 훌륭한 유전자를 지닌 아빠를 선택하는 것이다. 이는 남성들에게 선택받고자 노력해야 하는 과제를 남겼다. 남성 자존심의 일부는 그가 이미 위대하다는 실제 믿음보다 위대해지고자 하는 열망으로 이루어져 있다. 동기와 믿음의 줄다리기는 자기애 성향을 가진 사람들에게서 두드러진다. 자아도취에 빠진 사람들은 스스로 좋게 생각하거나 적어도 그렇다고 주장하는 특징을 보인다. 이들은 다른 모든 사람들도 자신을 칭찬해 주길 바란다. 존경받고자 하는 그들의 바람은 자기애의 가장 보편적이고 잘 알려진 모습 중 하나다. 자기애는 존중감 중독의 한 종류로도 볼 수 있다.

문화 속에서 사는 남성들이 큰 집단에서 제대로 기능하기 위해서는 자부심이 필요하다. 그들은 집단에 유용하고 가급적 대체가 어려운 특별한 재능과 특성들을 통해 입지를 다질 수 있는 자아가 필요하다. 그들은 탐나는 지위를 놓고 다툴 만큼 자신감 넘치는 자아가 필요하다. 그들은 다른 남성들을 앞질러 서열의 꼭대기를 향해 오르고 싶게끔 만드는 자아가 필요하다. 많은 문화가 남성들을 자극하고 활용하는 결정적인 방법은 존경의 결핍을 유지하는 것이다. 남성의 자존심과 다른 요인들을 고려했을 때 남성들은 존경받고 싶어 하고, 존경받을 수 있는 일들을 하고자 한다. 따라서 문화 시스템의 입장에서는 사람들에게 돌아갈 존경이 충분치 않아서 남성들이 그것에 목말라하고, 이를 위해 치열하게 싸워야만 하는 환경을 유지하는 것이 유용하다. 존경받을 가치가 있다는 건 명예의 중요한 차원이다. 명예에 관심을 가지도록 사회화되면서 남성들은 문화의 규범에 따라 살고 그 기준에서 탁월하고자 노력하는 법을 배운다.

● 남성성의 가치

지금까지 바우마스터 교수의 저서 [소모되는 남자]를 다소 장황하게 소개한 이유가 있다. 남성성은 여성성에 대항해 만들어진 심리적 기제도 아니고, 그 특성이 사회적으로 여성과 사회에 부정적으로 작용하는 것도 아니다. 오히려 인류 발전에 유용함과 많은 이점을 가져왔음을 잊어서는 안 된다. 물론 모든 심리적 특성이 100% 장점으로만 작용하는 경우는 없다. 남성성은 어떻게 보면 매우 잔인한 폭력과 패권적 경쟁 그리고 많은 범죄적 양태로 나타나는 경우도 있다. 그러나 전체적으로 보면 결국 문명 발전에 필수적으로 요구되었던 심리적 특성인 것은 분명하다. 거대한 문화 시스템에 의존하는 현대의 사회일수록 남성성의 가치는 더욱 필요할 수도 있다.

하지만 오늘날 페미니즘의 발호로 인해 남성성에 대해 논하고, 그 가치를 살펴보는 일은 극히 드물다. 그리고 남성성에 대해서는 가부장제의 유산으로서 대체로 부정적인 의미로 언급되고 있는 것이 보통이다. 사회문화적 분위기는 남성성을 구시대적 면모로 몰아가는 측면도 있다. 마초적 남성상은 과거 전근대적 유물로 여기는 경향이 있을 뿐만 아니라, 조롱받고 희화화되기까지 한다. 남성성에 대한 언급은 공적인 자리에서 거의 금기시되다시피 했다. 현시대의 이런 분위기는 남성들의 심리적 위축을 유발하고 있고, 이것은 남성성의 특징 중의 하나인 도전정신의 상실로까지 이어진다.

분명 남성성은 위협받고 있다. 이것은 남성 못지않게 여성의 사회진출이 활발해지면서 경제력을 갖추게 된 것에도 부분적인 이유가 있겠지만, 무엇보다 페미니즘에 의해 침식된 사회문화 전반의 변화가 주된 요인으로 작용한 탓이 크다. 남성성이 거세된 사회는 역동성이 사그러질 뿐만 아니라, 근대 문명 자체의 부식을 불러일으킬 위험성마저 있다.

남성과 여성은 각자의 특성으로 인류를 번성시켜왔고, 또 앞으로도 그래야만 한다. 이와 같은 남녀 간 특성을 모두 부정한 채, 오늘날처럼 페미니즘이 득세한다면 인류 문명의 존속은 장담할 수 없는 일이 될 것이다. 현재 PC주의와 페미니즘으로 테라포밍 당한 서구 사회는 특히 젊은 남자들 대부분이 책임감을 갖고 가정을 꾸리고 사는 것에 대해 가치를 상실해 가고 있다. 삶의 질, 워라벨, 소확행 등 여성들이 주도하는 가치에 짓눌려 혁신과 열정으로 도전정신을 발휘할 생각도 못하고 있다. 이로 인해 미혼 현상은 글로벌적으로 확산되어 가고 있으며, 이것은 전 세계적인 저출산 현상의 근본 원인이 되기도 한다.

이제 남성성과 여성성은 대립적인 것이 아니라 상호보완적인 요소로 생각하며, 그 특성의 긍정적인 측면이 잘 발휘될 수 있도록 사회문화적 분위기가 새롭게 조성되어야 한다.

10장

저출산고령화 사회를 극복하기 위한 첫걸음

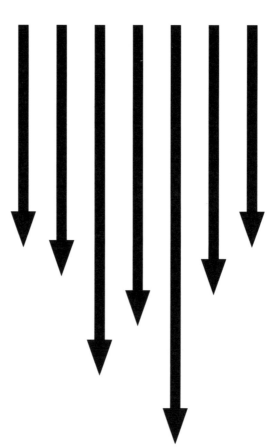

1. 페미니즘 정책의 전면 폐기

아인슈타인이 말했다던가? "미쳤다는 것은 매번 같은 일을 반복하면서 다른 결과를 기대하는 것이다." 지난 근 20여 년 동안 우리 사회는 여성의 사회진출을 고무시키고 제도적으로 우대하며 여성의 사회적 지위를 높이는 것에 미친 듯이 몰두했다. 그 결과는 세계 최저 출산율이다. 그런데도 여전히 이런 미친 짓은 관성적으로 계속해서 이어지고 있다.

여성의 지위가 올라가고 소득이 높아질수록 어떤 결과가 도출되는가? 결과는 비혼이다.

인구보건복지협회가 19~34세 미혼 청년 1,047명을 대상으로 조사한 결과 미혼 청년이 결혼을 꺼리는 이유로 남성은 경제적 여유가 없다는 점을, 여성은 혼자가 좋다는 점을 각각 들었다. 2명 중 1명꼴로 앞으로 결혼·출산할 의향이 모두 없다고 답했다. 그리고 더욱 중요한 사실은 성공하거나 재정적으로 여유가 있는 사람들이라면 결혼과 비혼 어떤 것을 선택하는지를 묻는 말에 남성 대부분(76%)은 결혼을 선택했지만, 여성의 다수(67.4%)는 비혼을 선택했다.

이제 여성 우대를 강제화시키는 모든 정책은 폐지되어야 한다. 사회정책적으로 마이너스 효과만 나타날 뿐만 아니라, 공정성의 원칙에도 어긋난다. 여가부 폐지는 물론 양성평등원 등 여성 정책을 위해 억지로 만든 공공기관 전체는 문을 닫아야 한다.

특히 모든 정책과 인사에 남녀라는 성을 인지하여 균형을 이루겠다는 황당한 성인지 정책과 예산은 반드시 폐지되어야 한다. 예컨대 경찰이면 경찰의 직무에 맞는 사람을 채용하고 활용하면 되는 것이지, 여기에 남녀라는 성을 억지로 대입시켜 남녀 균형을 맞추겠다는 것은 정신 나간 페미니즘 정책의 대표적인 악폐나 다름없다.

2017년 정부는 OECD 평균에 맞춘다는 명목으로 공공부문 고위직에 여성의 비율을 사실상 강제로 할당시키는 정책을 펼쳤다. 2022년 목표로 고위공무원단, 4급 이상, 5급 이상, 공공기관 임원 및 관리자, 국립대 교수 등 직종별로 현직 여성 고위공무원 비율을 적게는 20%에서 많게는 50% 이상 급증시키도록 했다.

인사 행정에서 신상필벌은 기본 중의 기본이다. 그러나 단지 성별을 기준으로 어떤 수치를 목표로 두고 승진이나 채용을 이렇게 끼워맞추는 것은 조직의 존립 기반 자체를 뒤흔드는 것일 뿐이다. 예컨대 똑같이 남성 1명, 여성 1명을 균형에 맞춰 승진시킨다고 하더라도, 남녀 비율이 5대 1인 경우 남자는 여자에 비해 무려 4배의 승진 불이익을 받는 셈이다. 게다가 홍수나 산불 등의 재해로 비상사태가 발생하면 긴급 호출로 비상 근무하는 공무원들 대부분은 남자들이다. 야근과 특근의 비율도 월등히 남자 직원들이 높다. 그런데 능력과 공과 그리고 헌신도 등의 사유가 아닌 단지 성별을 이유로 승진시킨다면 조직에 대한 충성도는 급격히 무너져 버릴 수 있다.

국가 재정 지출에 대해 남녀의 수혜 비율을 일일이 따진다는 성인지 예산 또한 황당한 것은 마찬가지다. 가령 서울시는 성인지 예산 명목으로 여성안심보안관, 성중립 화장실, 은평구의 여성 가구의 야식비 및 취미 활동비 등 어처구니없는 사업비를 집행해 왔다. 특히 여성 관련 예산 대부분은 운동권 여성단체에 흘러 들어가며, 이런 예산은 그들의 주요 먹거리 사업이라는 것 외에 가난하고 소외된 자들의 삶의 질 향상과는 전혀 관계가 없다. 또 그 단체들은 자신들의 사업비를 얻기 위해 없는 문제도 만들어내며 남녀 갈등을 부추겨 왔다. 혈세를 투입해 사회 갈등을 증폭시키며, 운동권을 양산시키는 황당한 예산 낭비가 숱한데도 불구하고 이에 대해 연구, 조사한 보고서조차 한 장 없다.

'망치를 든 사람에겐 모든 문제가 못으로 보인다'라는 격언은 페미니즘에 그대로 적용되는 말이다. 개인이 겪는 모든 어려움을 성 문제로 치환해 버리는 페미니즘은 한 사회의 문명을 근간에서부터 침식시킨다. 결혼하면 여성이 손해를 보고, 아이를 키우는 것은 여성의 일방적 희생이며 남성은 잠재적 범죄자라는 망상을 주입시키는 페미니즘 사상과 교육이 제도적으로 이루어지고 있는 것은 미혼율이 극심해지는 현 사회에 치명타를 날리는 것이나 다름없다.

이런 사실은 실제 여론 조사에서도 극명히 드러나고 있다. 시사 주간지 [시사 IN]과 여론 조사 전문기관 한국리서치는 '연애-결혼-출산'이라는 생애 모델을 거부하는 사람들이 누구인지에 대해 조사했다. 이 조사에서 페미니즘은 결혼 의향과 상당한 상관관계를 보인다. 페미니즘에 긍정적인 응답자 가운데, 무려 70.1%가 결혼 의향이 없다고 밝혔다. 반면 페미니즘에 '보통'이거나 '부정적'인 태도를 갖는 사람들은 반대로 65% 이상 결혼하겠다는 의사를 보였다. 이런 페미니즘으로 저출산 문제를 해결한다는 것은 자가당착의 극치를 보여주는 것이다.

여성을 우대하는 모든 페미니즘 정책을 폐지한다고 해서, 당장 저출산 문제가 해결되는 것은 아니겠지만, 저출산 현상의 가속화를 막는 첫 출발점이 된다. 이는 흡연 암 환자가 담배를 끊는다고 해서 암이 당장 치료되는 것이 아니겠지만, 암 치료의 출발이 금연이 되어야 하는 것과 마찬가지다.

혹시라도 모든 여성 정책을 일시에 단절시키는 것이 너무 극단적인 선택이 아니냐고 묻는다면 하고 싶은 말은 이것이다. 불과 수십 년 후면 한국이 소멸할 지경에 다다르고, 최단기간에 수십조 원의 세금을 투입하고서도 세계 최저의 출산율을 보이는 것보다 더한 극단적 상황이 있냐고 되묻고 싶다.

2. 사회문화 의식개혁

● 중하층 남성 노동자를 위한 정책 마련이 시급하다.

한국의 초저출산 문제의 1차적 원인은 여성의 사회적 지위 향상과 상향혼 본성에 있지만, 극단적인 출산율 저조에는 한국 사회문화의 특질이 크게 작용한다. 그 특질의 핵심에는 동양적 집단주의 문화와 조선 양반의 지위의식과 위신 문화가 있다. 과거 조선 사회는 양반의 지위로 국가 관료로서 중용되는 것에 대한 모든 개인과 사회적 역량이 그 한 과녁을 향해 질주하는 양상이었다. 현대 한국은 산업사회로서 개인의 출세 영역은 국가 관료만이 아니라 대기업, 전문직 등 다양화된 듯 보이지만, 사회적 인정을 받는 몇몇 직군을 향한 집단적 쏠림 현상은 조선시대의 양상과 별로 달라지지 않았다.

과거 사농공상(士農工商)의 관습적 인식이 남아 있어, 산업 국가로 진입한 이후에도 직업별 위계의식은 여전하다. 중하층 노동자들이 많이 밀집해 있는 생산직, 노무직 등 3D 업종은 한국에서 대표적으로 천시 받는 직종이다. 대체로 이런 직업은 남성들의 영역인 경우가 일반적인데, 이런 업종에 일하는 사람들은 고학력시대의 여성에게 어필할 수가 없다. 그래서 청년들은 이런 일을 갈수록 기피하게 되고, 그 빈자리는 외국인 노동자들이 채우고 있다. 그러다 보니 이 업종의 근로 여건은 개선될 기미가 보이지 않는다. 대표적인 예로서 건설업종을 들여다보자.

이른바 '노가다'로 불리는 이 업종에서 일하는 사람들은 날품팔이 노동자처럼 취급되며 살아간다. 한국 사회가 후진국에서 선진국으로 발돋움한 지가 오래되었지만, 사회 중하층 노동자들이 일하는 근로 여건과 노동환경은 후진적 관행에서 좀체 벗어나지 않는다. 그래서 생산, 노무직에서 일하는 사람들은 직업적 자긍심을 갖기도 힘들고, 기능 축적이 체계적으로 이루어지지도 않는다. 이것은 곧 질이 낮거나 부실한 시공으로 이어진다.

이렇게 된 배경에는 수십 년째 온존해 있는 건설업의 후진적 제도가 있다. 건설경제연구소의 신영철은 저서 『정의로운 건설을 말한다』를 통해 이 문제를 심층적으로 진단한 바 있는데, 그 요지는 다음과 같다.

우리나라 공공공사는 시공 가능 금액보다는 수주 가능성이 있는 금액을 제시해야 낙찰 가능성이 커진다. 민간 부문은 여전히 최저 입찰가다. 그리고 이렇게 낙찰받은 시공사는 하도급 업체에 가장 낮은 금액으로 경쟁시킨다. 빠듯하게 하도급을 주면서 각종 불공정 특약이 따라붙는다. 이렇게 최저 입찰가로 수주받은 하도급 업체는 하도급 금액에 맞는 저가의 건설노동자를 수배한다. 결국 이런 최저임금에 준하는 일당으로 일할 사람은 외국인 노동자밖에 남지 않는다. 이러한 하향식은 하도급 문제를 확대 재생산한다. 영세한 하도급 업체의 부실은 급격히 커지고, 각종 노임 및 장비 대금 체불이 만성화되어 있다. 체불은 단순한 금전적인 문제에만 그치지 않고, 공사 중단 및 시공 품질을 저하시키는 상황으로 확대된다. 최근 아파트를 비롯해 여러 건축물에서 시공 부실이 심심치 않게 발생하는 것도 이와 무관하지 않다.

외국의 수주 및 시공 형태는 우리나라와는 정반대다. 가격경쟁을 기본으로 하고 있지만, 시공 가능한 금액으로 입찰한다. 노임과 같은 직접 공사비를 깎아서 수주하면 그만큼 손실을 보기 때문이다. 미국은 적정임금제를 통해 건설노동자 노임이 깎여나가는 것을 차단하고, 서유럽의 경우에는 산별노조에 의한 단체협약을 통해 적정한 수준의 임금이 지켜지고 있다. 그래서 이러한 노임을 염두에 두고 입찰 금액을 산정할 수밖에 없다.

선진국은 수주공사의 주요 공정 수행을 위해 원청에서 건설노동자를 직접 고용하고 장비도 직접 보유한다. 직접 시공을 당연시하고 있는 것이다. 반면 한국에서는 수주자가 하청에 재하청을 주고 이 단계가 내려갈수록 임금은 대폭 하락하게 되며, 이런 층층시하 구조의 최말단에 건설노동자들이 고용되는 시스템이다. 이런 하도급 시스템은 건설 분야만 아니라, 조선업이나 기타 생산직에도 유사하다. 그러다 보니 중하층 노동자들은 그저 날품팔이 노동자로 미래에 대한 희망 없이 근근이 살아간다.

이 같은 후진적 관행을 유지한 채, 일할 사람이 없다는 타령은 사회적 기만에 불과하다. 이런 상황이 수십 년째 지속되었는데도, 여론의 주목을 못 받는 하층 노동자들의 일이라 방치되고 있었던 것은 무엇보다 정부의 책임이 크다. 이제라도 전면적인 제도 개혁에 나서야 한다.

수주 원청자의 직접 시공과 직접 고용을 제도화하고, 노동자들이 땀흘린 만큼 보상을 받고 평생 직업인으로서 안정적인 생활을 할 수 있도록 해야 한다. 모든 3D 업종에 적용시키지 못한다고 하더라도, 국가기간산업 분야에 대해서만큼은 국내 인력이 유입될 수 있도록 제도를 선진화시켜야 한다. 이것은 비단 중하층 노동자들의 삶의 질 개선뿐만 아니라, 부실한 시공을 방지하고 국가 경쟁력을 키우는 데도 중요하다.

이런 환경을 위해서는 직접 고용이 큰 부담이 되지 않도록 고용을 유연화하는 노동 개혁도 필수적이다. 한국은 사실상 해고가 불가능할 정도로 고용이 경직되어 있어, 대기업은 물론 중견기업들도 직접 고용은 최소화하고 업무를 외주화하는 관행에 빠져 있다. 따라서 소수 정규직들은 성안에서 고임금 속에 각종 기업복지 혜택 속에 일하고 있고, 계약직과 외주화된 노동자들은 성밖의 차가운 그늘 속에서 시들어가고 있다. 노동 시장의 절대다수는 바로 이 성밖의 노동자들이다. 더욱이 정규직들의 정년을 보장해줘야 하기에 청년 고용은 갈수록 줄어들고 바늘처럼 좁은 문을 통과하기 위해 청년들은 불필요한 스펙을 갖추면서 취업 연령은 갈수록 높아져만 간다.

이처럼 노동 개혁 문제는 한국 경제의 경쟁력을 위해서도 필요하지만, 저출산 문제와도 직결되는 사안이기도 하다. 앞서 살펴본 자료에서 보았듯이 남성의 경제력은 혼인율과 정비례 관계가 있다. 2018년 조사에서 30대 남성 노동자 하위 10%의 혼인율은 불과 20%에 그쳤다. 이는 2008년도의 혼인율 57%에서 무려 두 배 이상 감소한 수치다. 하위 5분위 이하의 30대 남성 노동자들의 혼인율도 50% 미만으로 추락했다. 반면 30대 여성 중 가장 혼인율은 높은 계층은 하위 10% 이하의 근로소득자로 무려 87%에 달한다. 그러나 페미니즘의 영향으로 정부 정책의 수혜는 대부분 여성을 위한 몫이었다. 저출산 문제 해결을 위해 정부 정책이 겨냥해야 할 대상은 분명하다. 바로 중하층 남성 노동자들이다.

고되고 위험한 일에 종사하여, 산업재해율의 가장 많은 부분을 차지하는 남성 하층 노동자들의 삶에 대해 그동안 우리 사회는 너무 무관심했다. 무관심 정도가 아니라, 멸시와 천시를 당연시하며 그저 소모적인 존재로만 취급해 왔다. 한국의 저출산은 그 대가의 가장 큰 부분이다. 중하층 남성 노동자들의 혼인율이 가장 급감하고 있는 현실에 비추어 볼 때, 정부의 저출산 정책은 이들에게 초점을 맞추어야 한다.

이제 한국의 중하층 남성 노동자들을 위한 시스템을 갖추기 위해 본격적으로 사회적 논의를 해야 한다. 더불어 3D 업종에 대한 인식 개선을 위해 범정부적인 대책이 필요하다.

● 미디어 문제

한국의 방송국이나 신문 등 전통적인 미디어 매체는 유튜브나 넷플릭스 그리고 기타 SNS 등에 밀려 이제는 사양 산업이 되어가고 있다는 진단이 일반적이다. 방송국의 프로그램은 과거의 영향력에 비해 많이 퇴조하였다고 하더라도, 전 세대에 걸친 매체의 영향력은 아직도 위력적이다. 본방송을 보지 않더라도 유튜브나 넷플릭스와 같은 뉴미디어에도 레거시 방송 매체에서 나온 프로그램 조회수는 여전히 높다.

언젠가부터 방송 매체에서는 시청률을 위해 아주 자극적인 소재의 예능이 판을 치고 있는데, 주로 극단적 갈등이 증폭되는 내용의 프로그램이 인기다. 정신과 의사 오은영은 문제아나 부부 갈등을 케어하는 역할을 하면서 국민적 멘토로 자리 잡았다. '금쪽같은 내 새끼'나 '결혼 지옥' 등은 그 대표적인 프로그램이다. 이 프로그램에서는 아주 극단적인 갈등을 겪는 가정생활이 주요 테마다. 명분은 문제 상황에 놓인 가정을 슬기로운 방법으로 해결하여 화목한 가정을 이룬다는 것이겠지만, 사실상 시청자들이 주목하게 되는 것은 아주 자극적인 갈등 상황이다.

이런 프로그램을 보는 시청자는 자신들이 결혼 생활을 제대로 할 수 있을지, 원만한 부부 생활을 할 수 있을지에 대해 두려움을 갖게 되지 않을 수 없다. 결혼과 육아가 전쟁터인 양 묘사하는데, 과연 이런 프로그램이 저출산 시대의 한국 사회에 어떤 의미로 다가오겠는가? 화목하고 행복한 가정생활을 꾸리는 집안을 보여주고, 시청자들이 이를 롤모델로 삼아 결혼과 육아에 긍정적인 가치관을 갖도록 함양하는 게 더 올바르지 않을까? 시청률에 눈이 멀어 육아 전쟁과 극단적 부부 갈등을 집중 조명하여 무자식 상팔자라는 가치관을 심어주고, 혼인율을 급감시키는 데 일조하는 이런 프로그램 등은 사실상 폐지해야 한다. 공영 방송에서부터 저출산 문제에 대한 사회적 책임 의식을 갖고 혼인과 육아에 대해 올바른 가치관을 심어줄 방송 프로그램을 제작해야 한다.

유감스럽게도 미디어 매체들 대부분에서 페미니즘 가치관에 잠식된 여성 작가나 여성 기자들이 결혼 생활에 부정적인 면을 묘사하기를 즐겨한다. 그리고 이것이 시대적 대세인 양 대부분 매체들이 여성계 여론에 휘둘린다. 이제 이런 미친 굿판은 멈춰야 한다.

3. 이민 정책

한국의 저출산 문제가 지속된 지 어언 30년 가까이 흘렀다. 한 세대 전체가 통째로 쪼그라들었다. 이 저출산 현상이 오늘 당장 멈춘다고 하더라도, 현재의 인구로 회복되기에는 너무 늦었다. 한국 경제 규모에 걸맞은 노동력이 부족해지는 건 명약관화하다. 특히 연금 등 사회보장 제도의 지속 가능성이 위협받게 될 미래도 크게 변화할 것 같지 않다.

결국 이 부족한 노동력을 해소하기 위해서는 대폭적으로 이민을 받아들일 수밖에 없을 것이다. 문제는 유럽에서의 예를 보듯이 이민 인구가 대거 유입되면서부터 사회 갈등이 크게 발생하는 부작용을 어떻게 방지할 것인가에 있다.

얼마 전 한동훈 법무부장관은 대한상공회의 포럼에서 이민 관련하여 매우 의미 있는 연설을 했다. 그는 이 자리에서 저출산 시대의 이민 정책에 대한 비전을 밝혔다. 우선 이민 정책의 컨트롤 타워 필요성을 언급했다. 법무부가 출입국과 비자를 담당하고, 외국인의 노동은 노동부, 다문화 가족은 여가부가 담당한다. 이와 같은 담당 부처의 분산은 결국 이민과 외국인 노동자 문제에 대한 책임소재를 모호하게 하고, 외국인 정책에 대한 일관성을 어렵게 만드는 요인이다. 따라서 이민 관리 정책을 전반적으로 수행하고 책임질 컨트롤 타워는 중장기적으로 반드시 설립되어야 한다고 역설했다.

한편 현재 노동력 부족에 허덕이는 분야는 대부분 외국인 노동자로 채워지는데, 이들이 숙련화되면 본국으로 송출되는 문제를 시정하기 위해 이민 정책을 탄력적으로 운용할 것을 예고했다. 그는 한국 기업에서 열심히 일하고, 국가 경쟁력에 기여한다면 기업 추천을 통해 가족 초청이 가능하고 장기 체류가 가능한 E-7-4 비자 발급을 대폭 늘리겠다고 공언했다. 이와 함께 외국인 노동자 중 한국어 능통자에게 가점 등의 인센티브를 부여해서 이민자들이 한국 사회에 동화될 수 있도록 한다는 것이다. 사회 갈등의 여지를 만들지 않겠다는 의지의 표명으로 보인다. 이것은 기존에 서구 신좌파들의 PC운동의 일환이었던 이른바 '다문화주의'와는 결이 다른 듯 보인다.

사실, 이 다문화주의는 애초부터 길이 잘못 들어선 것이다. 서구의 신좌파들은 이민자 동화정책을 다수자들이 소수자들에게 특정 정체성을 빼앗으면서 자신들의 가치를 강요하려는 시도라고 보았다. 그럼으로써 다문화주의자들은 다양한 사회 집단들에 대한 폭넓은 접근 능력, 그리고 공동체로의 욕구와 책임에 대한 강조를 포기해버렸다.

그 결과 소수자들의 정체성을 옹호한다는 취지로 자유민주주의와 인본주의적 사상을 적대시하는 정치문화에 젖어있는 집단들에게도 고유문화를 존중해야 한다는 명분으로 그들을 옹호하거나 방관하는 정책을 지지한 것이다. 실제로 한동훈 장관은 서구 유럽의 여러 국가들에서 정치인들로부터 자국의 이민 정책이 실패했다는 얘기를 한결같이 들었다고 한다. 이들 국가들 대부분은 다문화정책을 기본으로 삼고 있었기 때문이다.

그동안 한국 사회는 서구의 조류를 무분별하게 수입하는 경향이 있었다. 다문화주의도 그중의 하나다. 사회단체만이 아니라 정부 기관들도 이 '다문화'라는 말을 무분별하게 사용하고 있다. 그 함의는 자신들이 살고 있는 나라의 사회문화 규범과 가치보다, 본국의 문화를 고집하고 살라는 말과 다름없다. 다행히 한동훈 장관은 이민 정책을 표방하면서 '다문화주의'라는 용어를 사용하지 않았다. 비록 희미하지만,

기존의 좌파 사회단체로부터 테라포밍 당한 정부의 정책과는 사뭇 다른 결이다.

좌파들의 상대주의와 다문화주의는 우리 사회의 공동체성을 유지하는 것에 큰 장애물로 작동한다는 점을 인식하는 것이 무엇보다 중요하다. 이제 우리 사회의 공동체는 민주주의적 규칙과 규범의 수용 위에 세워져야 한다는 점을 분명히 해야 한다. 즉, 혈연적, 종족성의 접착체에서 가치의 접착체로 대체되어야만 하는 것이다.

사회 동화정책에 있어 언어 사용 문제는 중요하지만, 그것이 전부는 아니다. 우리 사회의 규범과 문화, 관습에 이르기까지 총체적인 고민이 있어야 한다. 그것은 한국 사회가 전 세계 누구나 본받을만한 사회를 만드는 것과 무관하지 않다.

현재 한국의 관습과 문화는 여전히 전근대적 수준에 머물러 있다. 앞서 반복해서 언급했듯이, 양반 문화의 잔재인 육체노동에 대한 천시, 하층 노동자들에 대한 멸시 등 직업적 위계의식 등이 한국 사회문화로 여전히 남아 있는 한 저출산 문제가 해소되지 않는 건 물론이고, 이민과 관련해서도 큰 갈등의 요소로 작용하게 될 것이다. 내국인 사이에서조차 괄시하는 마당에 피부색과 언어가 다른 이민자들에게는 오죽하겠는가. 이민 1세대는 감내하더라도 한국 사회에서 태어난 2세대들에게는 사회 갈등의 뇌관으로 작동할 것임은 분명하다. 따라서 우리 사회에 여전히 잔존하는 전근대적인 시스템 개선과 사회의식 개혁에 대해 정부는 지속적으로 관심을 갖고 이에 대한 대책을 세워야 한

저출산고령화 사회를 극복하기 위한 첫걸음

다.

이민을 대폭 받아들이더라도 국내 중하층 노동자들의 고용 보호를 위한 다양한 방안을 강구해야 한다. 아무리 저출산 시대라고 하더라도 청년들이 선호하는 직장을 구할 수 있는 인구는 한정적이다. 그 나머지는 어떻게 할 것인가? 앞서 말한 대로 적어도 국가 기간산업 분야에서만큼은 내국인들 고용을 법제화하고, 그들의 임금과 근로조건을 개선하는 데 더더욱 노력을 기울여야 한다.

저출산 사회에서 인력이 부족한 분야는 비단 3D 업종만이 아니다. 고급 두뇌 역시 인력난에 처할 것은 자명하다. 인구 부족을 느끼는 선진국들 대부분은 경쟁적으로 고급 두뇌 유입을 위해 다양한 인센티브를 주고 있다. 우리도 이런 경쟁에 적극적으로 나서야 할 때다. 정부는 해외의 고급 두뇌 유치를 위한 마스터플랜을 아직 마련하지 못한 듯한데, 시급한 대책 마련이 필요하다.

또 하나는 그런 고급 인력을 끌어들일 만한 사회적 환경을 구축하는 것이 중요할 터인데, 그중에는 언어 문제를 빼놓을 수 없다. 고급 인력들은 대체로 자국의 언어와 더불어 영어를 잘 구사할 수 있는 편인데, 언어 장벽을 덜 느끼고 고임금이 보장되는 미국을 제치고 한국에 오려는 동기가 얼마나 될까?

영어 공용화를 적극적으로 검토할 필요가 있다. 싱가포르나 홍콩처럼 언어정책을 이중화하여 영어 사용자들이 큰 불편함이 없는 환경을 구축하는 것은 한국의 사교육비를 낮추고, 국제경쟁력을 높일 뿐만 아니라 고급 인력이 언어, 문화적 장벽을 크게 느끼지 않고 자연스럽게 한국 사회에 스며들 수 있는 유력한 방안 중의 하나다. 이제 20세기의 민족주의적 사고에서 벗어나 보다 과감한 정책 변화를 고민할 때가 되었다.

4. 다자녀 출산 부모에게 최대치 노후 연금 보장

현재 출산과 관련한 복지비용은 너무 분산되어 있으며, 양육비용에만 초점을 맞추고 있다. 그리고 주택구입 자금을 지원하는 것도 빈익빈 부익부를 조장하는 정책이다. 현재 고소득 남성일수록 결혼할 가능성이 높다. 이는 출산 복지 정책이 고소득자에게 돌아가게 만드는 소득 역진적인 정책이기도 하다. 사실 자녀 출산 및 양육과 교육비용은 각 부모가 자기 형편에 맞게 지출하면 된다. 그리고 사교육비를 제외하면 소득이 있는 부모들에게 양육과 공교육 비용은 과거와 비교해볼 때 그렇게 많지 않다.

다만 한국 사회문화의 특징상 고등학교를 졸업한 장성한 자녀에게도 큰 교육비가 끝없이 투자되는 현실 때문에 노후에 대한 걱정으로 자녀를 안 갖는 경향이 크다. 따라서 다자녀 부모에게 보장되는 연금 최대치는 자녀의 양육에 대한 부담을 크게 경감시키는 가장 현실적인 방안이다.

이 정책의 장점은 첫째, 복지 때문에 발생할 모럴헤저드가 없다. 가정을 꾸리고 수십 년 이후에나 탈 연금 때문에 현재의 근로를 게을리

할 사람은 없기 때문이다. 둘째는 소득비례 정책이기도 하다. 고소득자는 어차피 높은 연금 보험료를 내고 연금 최대치를 받기 때문에 추가적으로 얻을 이익은 없다. 그 혜택은 소득이 적은 근로자일수록 더 크게 돌아간다. 따라서 이는 저소득층에게 결혼에 대한 유인책으로 더없이 훌륭한 정책일 수 있다. 문제는 재정 부담인데, 현재 정책 효과 없이 소모적으로 소요되는 여성 관련 예산과 출산 관련 잡다한 복지 예산을 전면적으로 재정비하고, 그것으로 절감된 재정을 매년 일정 금액 이상 연금 보조금으로 충당시킨다면 미래세대가 짊어질 부담은 한결 덜어질 것이다. 필요하면 '싱글세'라도 신설해서 다자녀의 연금 보조금으로 활용해야 한다.

한때 우리 사회에 공무원 고시 열풍이 거세게 불었던 이유 중의 하나가, 공무원의 높은 연금으로 인한 노후 보장이었다. 이 점을 상기한다면, 노후 연금 최대치 보장은 그 어떤 복지 정책보다 높은 효과를 기대할 수 있을 것이다. 이로 인해 출산율이 반등하게 된다면 현재의 연금과 건강보험의 지속 가능성이 커져서 정책의 실효성은 더욱 높아질 터이다.

5. 사회보장 제도 개혁 및 노인 건강 케어

● **연금 개혁**

저출산 시대에서 현행 9%의 국민연금 보험료율은 지속 가능하지 않다. 현재의 추세대로라면 국민연금은 2055년에 고갈되고 그 이후에는 건강보험처럼 미래세대가 연금을 짊어져야 한다. 그리고 가분수형의 인구 구조상 미래의 노동 인구로서는 현 제도가 보장하는 연금액을 감당할 수 없다는 것은 명확하다. 따라서 연금 제도의 지속성을 유지하기 위해서는 현세대가 어떻게 해서든 책임지고 미래세대를 위해 다소 희생을 감수해야 한다. 이것을 미룬다면 연금 제도는 붕괴할 수밖에 없다.

현재 독일은 연금보험료율은 18.9%로서 우리보다 거의 2배 이상인데, 소득대체율은 45%로서 40%인 우리와 큰 차이가 없다. 프랑스는 민간 보험금보다 더 많이 받아 가는 공무원 연금 등 공적 연금을 개혁하면서 보험료율을 큰 폭으로 올렸다. 한국에서는 공무원 연금, 사학 연금, 군인 연금 등 공적 연금이 일반 국민연금보다 훨씬 많은 보험금을 챙긴다. 물론 그들이 내는 보험료율이 18%로서 일반 국민연금보다 두 배 이상이지만, 소득대체율은 61%로서 국민연금 40%보다 훨씬 높다.

이제 연금 개혁은 더 이상 미룰 수 없는 과제가 되었다. 더 내고 덜 받는 수밖에 없다. 이를 위해서는 공공 연금과 국민연금을 통합시키고, 보험료율을 인상하고 평균수명이 길어진 만큼 연금 수령 연령을 점차 높여야 한다. 연금 개혁이 미뤄질수록 미래세대가 감당해야 할 부담은 눈덩이처럼 커질 것이다. 유럽은 사회 폭동을 감내하면서 이 문제에 대해 정치권이 과감히 개혁에 나섰다. 이는 연금의 지속가능성뿐만 아니라 한 사회의 존속을 좌우할 문제이기 때문이다. 정치권이 당장의 정치적 불이익이 무서워 이 개혁을 늦춘다면 역사적 죄인으로 단죄받아야 마땅하다.

● 노인 건강관리

한편 연금과 더불어 초고령화 사회에서 가장 큰 사회적 부담으로는 건강보험료가 있다. 노인 인구가 기하급수적으로 늘어날수록 연금 못지않게 건강보험료 부담도 사회적으로 감내할 수 없을 만큼 늘어날 것이다. 이 또한 현재의 건강보험 제도를 위협하는 큰 요소다. 선제적으로 보험료율을 올리고 적립하여 미래세대가 감당할 수 있는 수준으로 관리해야 한다.

노인성 질환의 대부분은 운동 부족으로 인한 바가 많다. 노인 3명 중 2명이 운동 부족이다. 신체 활동 저하는 근육뿐 아니라 뼈, 혈관 등 몸 전체에 나쁜 영향을 준다. 골다공증을 증가시키고, 심장과 폐·혈관의 기능을 떨어뜨려 원활한 대사를 방해하고, 만성질환을 일으킨다. 인지와 정서 기능도 떨어뜨린다. 심지어 음주 등 잘못된 생활 습관보다 체력이 낮은 사람의 사망률이 더 높다는 연구도 있다.

노년에 의료비가 가장 많이 지출되는 만큼 국가적으로 노인의 건강관리에 적극적으로 개입할 필요가 있다. 동네마다 노인들이 쉽게 운동을 할 수 있도록 각종 인프라를 현재보다 더 많이 구축하고, 동네 헬스장을 저렴하게 이용할 수 있도록 지원하는 방안을 적극 고려해야 한다.

꾸준하고 성실하게 운동하는 노인들이 각종 요금 할인이나 복지 제공 등과 같은 인센티브를 받을 수 있는 제도를 마련해서, 노인들이 운동에 적극적으로 나서게끔 유도하는 것도 생각해볼 만한 일이다. 이를 관리하기 위한 과학기술도 많이 발달해 있다. 스마트폰이나 각종 센서 등 여러 테크 기술을 활용하여 지방 정부가 노인들의 운동과 건강관리에 적극적으로 개입할 수 있다. 노인들의 운동 관리는 건강수명을 연장시키면서 재정 부담을 줄이는 유력한 방안이 될 수 있다. 초고령화 사회에 대비하여 정부가 나서야 한다.

감사의 말

현재 나는 완치를 기대할 수 없는 암에 걸려 투병 중이다. 삶을 회고하기에는 이른 나이지만, 앞으로 남은 생이 얼마나 될지 장담할 수가 없다보니 지나온 생애를 되돌아보게 된다. 돌이켜보면 사업이든, 정치에서든 무엇 하나 성취한 것 없이 실패로 점철로 된 인생이었지만, 가정을 꾸려 건강하게 아이들이 자라난 것만으로도 감사함을 느끼게 된 삶이었다. 변변치 못한 형편 때문에, 누군가에게 베풀기보다는 도움만을 받아왔던 기억에 부끄러운 심정 한 가득이다. 신세진 분들에게 평소 고마움을 표현하지 못한 바, 지면을 빌려 그 마음을 밝히고 싶다.

빈농 집안의 태생인 부모님께서는 적수공권으로 시골을 떠나 서울에 정착해 갖은 고생을 하시면서 7남 1녀의 대가족을 부양하셨다. 이제는 홀로 되어 치매로 고생하시는 어머니께서는 평소에도 나이 오십다 된 못난 자식 걱정에 밤잠을 못 주무셨다. 오로지 자식들을 위해 한평생 우직하게 일만 하시고 헌신적인 사랑으로 자녀를 길러주셨던 부모님을 떠올리면 불쑥 솟구치는 눈물을 감출 수 없다.

모두가 어려웠던 60~70년대 시절, 보통 집안에서는 장남을 위해 동생들이 뒷바라지하는 경우가 많은데, 우리 집안에서는 반대였다. 옥범 큰형님은 명민한 두뇌로 초등학교에서 빼어난 성적에도 불구하고, 상급학교에 진학하지 못하고 어린 나이에 생업 전선에 뛰어들어 동생들 뒷바라지를 하셨다. 교복을 입은 모습의 급우들을 보며 그 어린 마음이 어쨌을 지 가늠이 안 된다. 대가족에 시집 온 큰 형수님은 어머니처럼 자애롭게 어린 나이의 막내뻘 시동생들을 돌봐주셨다. 고교를 졸업하자마자 취업해서 동생들 학비를 대며 집안을 키워갔던 둘째 의범 형님과 형수님께서는 현재 칠순을 바라보는 연세에도 치매 어머니를 모시고 있다, 셋째 명범 형님, 넷째 일범 형님, 누님, 용범 형 등도 형님들을 뒤따라 동생을 챙기는 것을 마다하지 않았던 존경스러운 분들이다. 형수님들도 한결같이 마음씨가 고와서 시동생들을 항상 따뜻하게 대해주셨다. 나는 8남매 중 7번째 자식으로서 유복한 가정이 아니었지만 이처럼 형님들과 누님 덕분에 크게 부족함 없이 자랐다. 뿐만 아니라 내가 장성하여 가정을 꾸린 이후 사업적 어려움을 겪을 때조차 형님과 누님, 심지어 종범 동생으로부터 많은 도움을 받았다. 특히, 누님은 아픈 동생을 위해 몸에 좋다는 음식을 자주 사다주며, 어머니를 대신하듯 나의 투병을 돌봐주셨다. 부모님은 물론이고 형제들의 따뜻한 사랑에 어떻게 보답할지 모르겠다.

나의 평생 사상적 은사이신 주대환 선생님을 떠올리지 않을 수 없다. 대학시절부터 그 분을 알게 되어, 그 사상적 깊이를 좇으려 애썼지만 그때마다 스승님은 언제나 저만치 앞서 나가셨다. 내가 같은 또래들의 386 사고방식에 머무르지 않았던 것은 스승의 발걸음을 열심히 따라간 덕분이다. 무엇보다 내가 그 분께 얻었던 가장 소중한 것은 인식론적 태도다. 기존의 사고에 얽매이지 않고 세상을 정직한 눈으로 바라보려는 자세를 선생님을 따르다보니 알게 모르게 배워나갔다. 이렇듯 사상적 세례만으로도 선생님으로부터 큰 혜택을 받았지만, 이에 그치지 않고 선생님께서는 나에게 많은 훌륭한 분들을 소개하여 인연을 맺어 주고, 정치판 일각에서 일할 기회까지 마련해주셨다. 최근 투병하는 나를 위해 물심양면으로 지원을 해주시는 선생님께 평생 갚을 수 없는 은혜에 감사한 마음을 전하고자 한다.

보수주의 사상에 대해 일천했던 내 지식을 넓히는데 황성준 선배님의 저서로부터 큰 도움을 받았다. 또 주동식 선생님으로부터는 지역문제와 한국 정치 현실에 대한 인사이트를 얻고 있다. 이 분들께서는 나의 투병 소식을 접하자 후배를 위해 눈물을 흘리며 기도회까지 개최해주셨다. 기도회에 참석했던 신도 분들께서는 생면부지의 나를 위해 기도는 물론 후원금까지 아끼지 않았다고 한다. 새삼 종교적 숭고함을 느낀다. 특히 당신 자신이 투석으로 힘겨운 투병 생활을 하고 계신 주동식 선생님께서는 매일같이 나의 완치를 위해 간절히 기도해주시고 있다. 황성준 선생님은 보잘 것 없는 이 책의 출판기념회를 위해 발품을 아끼지 않고 준비해주셨다. 이루 말할 수 없이 감사할 따름이다.

자유한국당 혁신위원으로 있을 때 알게 된 연세대 류석춘 교수님에게도 깊은 감사의 말씀을 드린다. 공적인 자리에서 맺은 인연이었음에도 항상 나를 친동생처럼 아껴주셨다. 그 연세에도 천진난만할 정도로 정직하신 성품과 따뜻한 마음씨, 그리고 솔직한 학문적 태도는 나에게 큰 귀감이 된다. 좌파들과 기자들의 모함에 가까운 보도로 인해 고초를 겪고 있지만 시간이 흐르면 그 분의 진가가 드러날 것으로 믿는다.

나 역시 페미니즘에 막연히 우호적이었던 젊었을 때가 있었다. 페미니즘에 대한 진지한 숙고 없이 그것을 여성 일반을 위한 사상이라 판단했기 때문이었으리라. 오세라비 선생님의 저작을 통해 페미니즘의 실체와 그 진실을 알게 되었다. 그 분의 선구적 작업이 없었다면 이 책은 많이 빈약했을 것이다. 여기에 본서의 추천사까지 흔쾌히 써주셨다. 고마운 마음 이를 데 없다.

관악산 계곡가 안양 예술공원의 한 작은 사무실에서 이 글은 집필되었다. 그 공간을 마련해주시고 집필하는데 여러 가지 지원을 아끼지 않았던 박세형 사장님께도 감사의 마음을 전한다. 또 내가 글을 쓸 때마다 날카로운 비평과 조언을 해준 나의 지적 동반자 신종혁 씨에게도 큰 도움을 받았다. 이 책의 출판을 흔쾌히 맡아주신 길도형 대표님께도 감사의 말씀을 드린다.

나의 투병 소식을 접하자마자 한 걸음에 달려와 따뜻한 위로를 건네고, 연락해주던 고마운 친구들이 생각난다. 진우석, 김병우, 김용규, 이종석, 김승섭, 이종화...그리고 아내의 친구들인 최현숙, 최은조, 김영미 등은 내 생애 가장 아름다웠던 청춘 시절을 함께 보낸 소중한 사람들이다.

나의 처형은 처녀 적부터 일을 하면서 가족에게 헌신했다. 모성애와 효심이 남달랐던 처형은 자신의 생활보다 가족을 최우선으로 여겼다. 이모로서 우리 아이들에게도 엄마 못지않은 사랑을 베풀었다. 내가 잘되든 안되든 언제나 항상 나를 응원해주었던 처형이 있었기에 나는 힘을 얻을 수 있었다. 처형을 볼 때마다 가족애의 소중함을 새삼 깨닫는다.

무엇보다 인생의 의미는 아내와 자식으로부터 나오는 것 같다. 어리석게도 이를 깨닫기 까지는 좀 오랜 세월이 걸렸다. 장녀 나은이는 태어날 때 미숙아로 태어나 인큐베이터에서 생사를 넘나들었지만, 다행히 건강하고 예쁘게 자라났다. 큰 축복을 받은 셈이다. 성정이 아빠를 닮아 어렸을 적 부녀간 갈등이 때론 있었지만 그래도 원만한 성격에 폭넓은 대인관계를 맺으면서 잘 성장하여 주위의 칭찬이 자자하다. 너무도 자랑스러운 딸로 자랐다. 누나로서 동생을 챙기는 일 뿐만 아니라, 투병으로 인해 아빠가 가장 노릇을 못하고 있는 형국에도 불구하고 아빠의 빈자리를 채우고 있다. 항상 아빠를 응원하고 책의 집필을 재촉하는 딸이 눈물 나게 고맙다. 막내아들 강민이도 원만한 성격으로 무탈하게 잘 자라주어 다행이다. 늦둥이로 태어난 아들로 인해 우리 가정은 더욱 화목해졌다. 돌이켜보면 막내를 키울 때가 우리 가정이 웃음이 끊이지 않았던 가장 행복한 시절이었다.

내 인생에 제일 큰 성취라면 아내 안수인을 만나 결혼한 것이다. 세상의 그 어떤 세속적 성공도 아내와의 인연과 맞바꿀 수 없다. 못난 남편을 만나 30년 가까운 결혼 생활 동안 풍요한 생활은커녕 지금 이 순간까지도 투잡을 뛰며 고생하는 아내에게 한없이 미안하고 고마운 마음뿐이다. 나를 믿고 지원하며 끝까지 행복하게 살자고 다짐하는 아내의 모습에 삶의 의지를 불태운다. 아내의 희생적인 사랑이 없었다면

이 책은 출간되지 못했을 것이다. 아내의 헌신에 보답하는 것이 내 남은 인생의 목적이며, 앞으로 살아갈 이유다. 이 작은 소망이 끝내 이루지 못할 꿈이 아니길 간절히 기도한다. 사랑하는 아내 안수인에게 이 책을 바친다.

PS: 이 책에는 페미니즘에 대한 비판이 한가득이다. 엘리트 페미니스트들은 페미니즘 비판을 여성혐오로 치환하기 일쑤다.

내가 투병하는 동안 나를 케어하고, 일상적으로 돌봐주며 멀리서라도 달려와 챙겨주는 이들은 모두 여성이었다. 아내는 물론이거니와 딸, 처형, 친누님 등이다. 아마 건강하셨다면 어머니께서도 매일같이 아들을 케어하기 위해 나섰을 것이다. 이처럼 이 순간까지도 항상 안부를 묻고 먹을 것을 챙기며 나를 돌봐주려는 가족들 대부분이 여성들인데, 어떻게 여성을 혐오할 수 있겠는가? 나는 병에 걸림으로써 여성성의 위대함을 새삼 느끼게 되었다.

이 책에 대한 내용을 일부러 오독하여 '여성혐오' 프레임을 씌우는 어리석은 일이 생기지 않기를 바란다.

감사의 말

K 저출산의 불편한 진실

2023년 9월 15일 초판 1쇄 펴냄
2024년 1월 25일 개정판 1쇄 펴냄

지은이 | 최해범

펴낸이 | 길도형
편집 | 이현중
표지 디자인 | 이현중
인쇄 | 삼영인쇄문화
펴낸곳 | 타임라인(장수하늘소)
출판등록 | 제406-2016-000076호
주소 | 경기도 고양시 일산서구 덕산로 250
전화 | 031-923-8668 팩스 | 031-923-8669
E-mail | jhanulso@hanmail.net

ⓒ 최해범, 2023

ISBN 979-11-92267-04-3 03330